謝家福檔案（貳）

謝家福書信集

［清］謝家福 著
蘇州博物館 編

文物出版社

責任編輯　竇旭耀
封面設計　肖　風
責任印製　梁秋卉

圖書在版編目（CIP）數據
謝家福書信集 / 蘇州博物館編. —北京：
文物出版社，2015. 1
（蘇州博物館藏謝家福檔案 / 陳瑞近主編）
ISBN 978-7-5010-4132-9

Ⅰ. ①謝…　Ⅱ. ①蘇…　Ⅲ. ①謝家福（1847~1896）-
書信集　Ⅳ. ①K825.38

中國版本圖書館CIP數據核字（2014）第253280號

謝家福書信集

［清］謝家福　著

蘇州博物館　編

文物出版社出版發行
（北京市東直門内北小街2號樓）
http://www.wenwu.com
E-mail:web@wenwu.com
北京聯華宏凱印刷有限公司印刷
新華書店經銷
889×1194　1/32　印張：16.25
2015年1月第1版　2015年1月第1次印刷
ISBN 978-7-5010-4132-9　定價：128.00圓

《蘇州博物館藏謝家福檔案》編委會

主　編

陳瑞近

副主編

茅　艷　徐亦鵬　魏保信　程　義

執行主編

程　義

點校（以下按姓氏筆畫排序）

呂　健　李　軍　李　喆

邱少英　顧　霞

覆　校

呂　健　李　軍　趙　偉

統　稿

李　軍

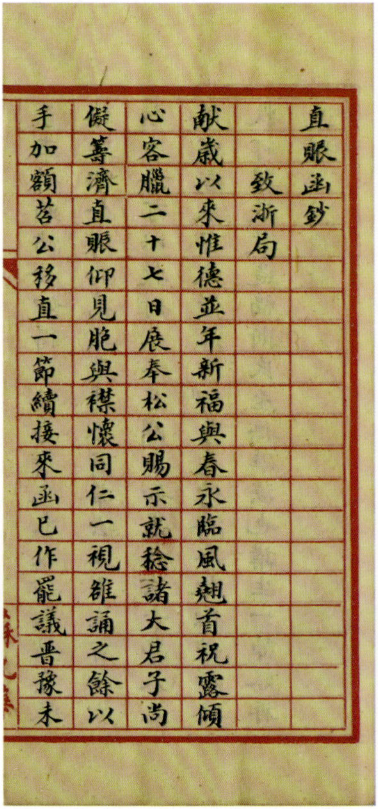

圖一 《直賑函鈔》 謄清本

圖二 《賑函叢鈔》 謄清本

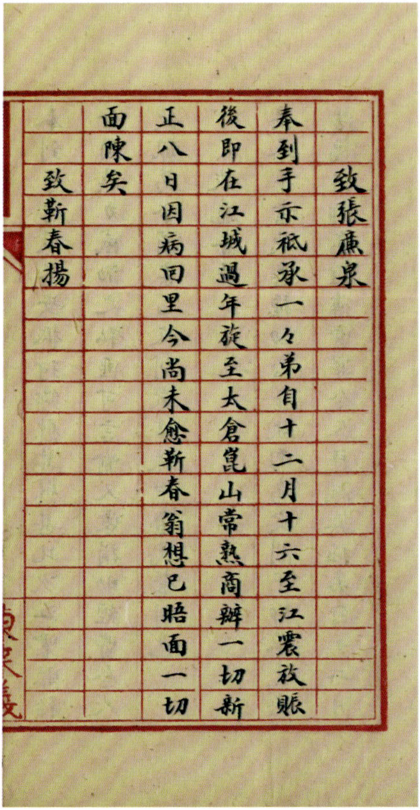

致張廉泉
奉到手示祇承一々弟自十二月十六至江震放賑
後即在江城過年旋至太倉崑山常熟商辦一切新
正八日因病回里今尚未愈靳春翁想已晤面一切
面陳矣
致靳春揚

圖三　《蘇賑函鈔》謄清本

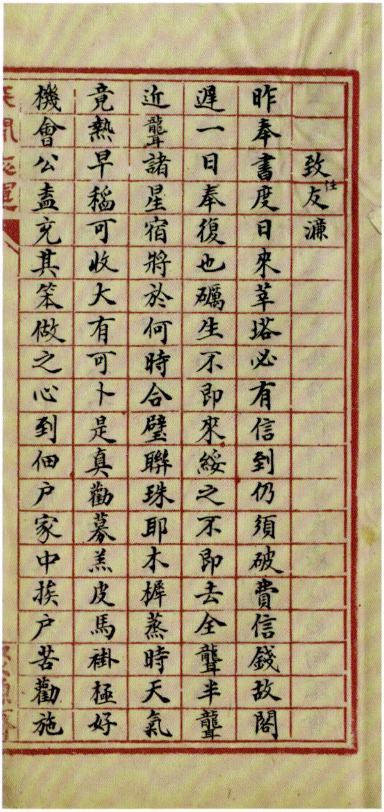

致友濂[汪]
昨奉書度日來華塔必有信到仍須破費信錢故閣
遲一日奉復也礪生不即來緣之不即去全聾半聾
近聾諸星宿將於何時合璧聯珠耶木樨蒸時天氣
竟熱早稻可收大有可卜是真勸募羔皮馬褂極好
機會公盡充其笨做之心到佃户家中挨户苦勸施

圖四　《雜著》謄清本

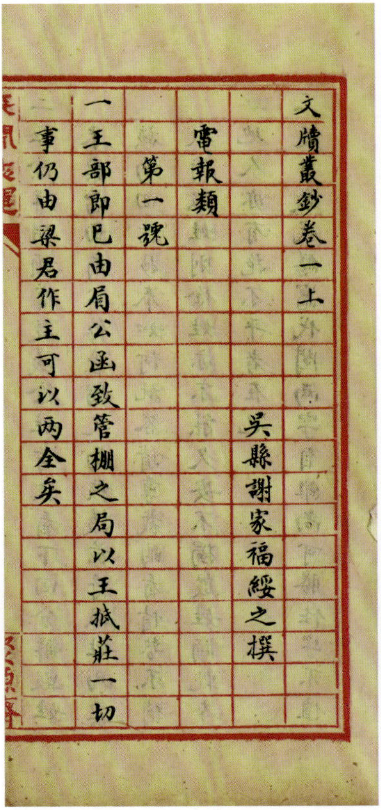
文牘叢鈔卷一上
吳縣謝家福綏之撰
電報類
第一號
一王部郎已由眉公函致管棚之局以王抵莊一切
事仍由梁君作主可以兩全矣

圖五　《文牘叢鈔》謄清本

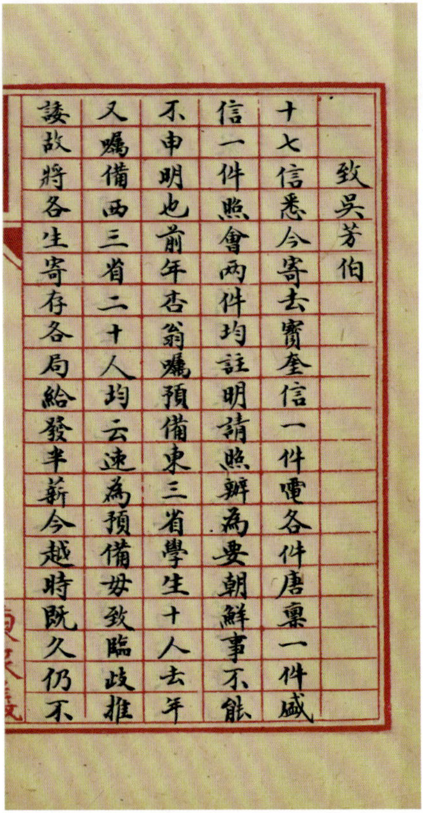
致吳芳伯
十七信悉今寄去賓奎信一件電各件唐稟一件感
信一件照會兩件均註明請照辦為要朝鮮事不能
不申明也前年杏翁囑預備東三省學生十人去年
又囑備西三省二十人均云速為預備毋致臨歧推
諉故將各生寄存各局給發津薪今越時既久仍不

圖六　《電報》謄清本

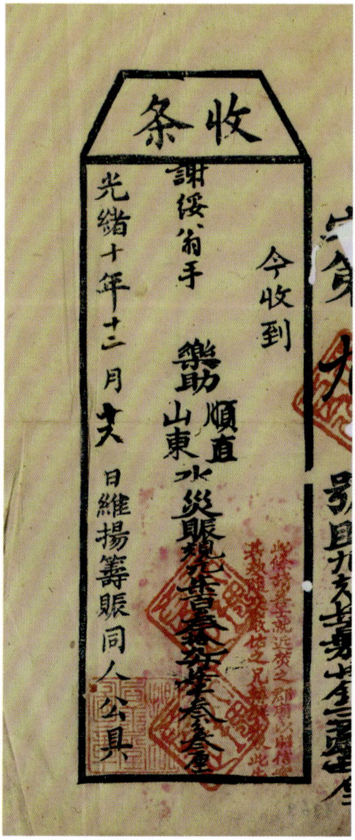
收条

謝綏翁手

今收到

勸助順直山東水災賑

光緒十年十二月廿日維揚籌賑同人公具

圖七　收條

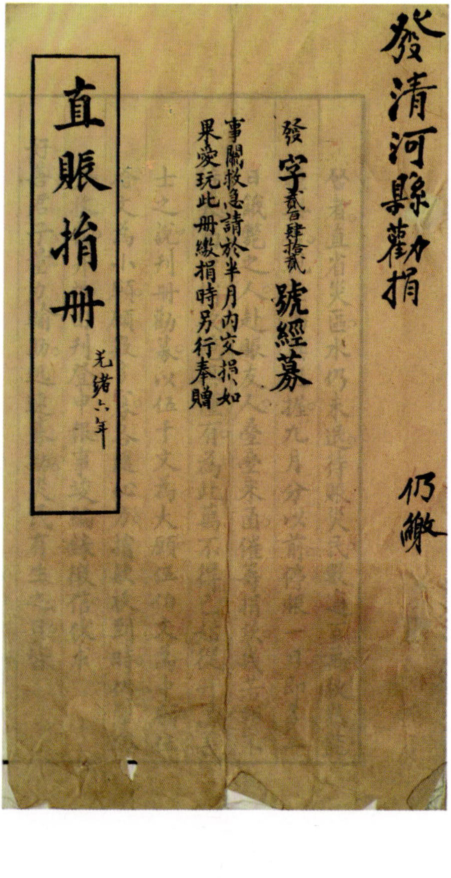
發清河縣勸捐

直賑捐冊

光緒六年

號經募

事關救急請於半月內交捐如果愆玩此冊繳捐時另行奉贈

仍繳

圖八　直賑捐冊

序　言

晚清以降，中國社會内外交困，危機四伏。有西方列强堅船利炮打開國門、侵犯主權的戰争危機；有帝國主義殖民掠奪的貿易危機；有周邊國家虎視眈眈侵吞領土的邊疆危機；有海關、税收被列强把持的財政危機；有太平天國運動、武昌起義風起雲湧的革命危機；有藩國不斷「獨立」、中國的宗主權不斷喪失的外交危機……林林總總，不一而足。晚清政府既要應對外侮，又要平息内亂，七十餘年幾無寧日。與此同時，吏治腐敗，賄賂公行，社會矛盾尖鋭。誠如李澤厚先生所言：「這的確是一個暴風雨前異常沉悶昏熱的時刻，一切都在無聲息的崩毁，這裏充滿著貪污腐化卑劣無耻，同時也迅速地成長著無可遏制的憤怒和仇恨……」[一]不僅如此，從第一次鴉片戰争開始，西方的工業文明即「以入侵者的姿態首先從軍事上，既而從經濟上、政治上和文化上給中國人以當頭棒喝，宣布東方農耕文明優勢地位及封閉狀態的歷史性終結」[二]。西洋文化飄洋過海來到中國，它帶來的全新文明形式，給中國傳統文化、思想觀念和生活方式帶來了巨大的衝擊。身處於劇烈的社會動蕩和變革中的中國近代知識分子，也敏感地觸及到了

[一] 李澤厚《中國近代思想史論》，人民出版社，一九七九年。
[二] 馮天瑜等《中華開放史》，湖北人民出版社，一九九六年。

時代的脉搏，感受到一種「日之將夕，悲風驟至」、「山中之民有大音聲起，天地爲之鐘鼓，神人爲之波濤」㊀的隱痛和憂患。

我們不禁要問：雄踞世界東方的中華民族，曾以悠久燦爛的文化，對人類文明進程施予了極大影響，爲什麽在近代會落伍，使近百年的歷史充滿屈辱。當一個民族以文物禮儀隆盛的「天朝上國」自居，固步自封，夜郎自大，就會使往昔的榮耀變成一個沉重的包袱，滯緩本民族繼續邁進的步伐。流動的歷史，不等待任何一個民族。你沉溺于「十全武功」、「萬國嚮化」的舊日迷夢，人家却經歷了文藝復興、工業革命和政治變革，當這個人類發展最新階段贏得歷史的恩寵時，一切蹣跚其後的民族，便面臨被征服的命運。然而歷史有時强加給一個民族的命題是不容選擇的，要擺脱敵人的奴役，首先要國强。但是，國人認識這一點時，却走過了曲折的路，付出了沉重的代價。中華民族總在慘遭劫難之後，纔省悟奮起。有成千上萬的愛國者，爲尋求救國真理前仆後繼，執著地求索，他們或許過於輕率但却不乏清醒，他們或許還帶著未開化的愚昧但却不缺少睿智，他們或許過於輕信但絶不怕犧牲，他們在困惑中奮鬥，在徘徊中探索，在曲折中前進，從而爲中國走嚮近代化種下了契機。

當我們邁入新的世紀，在中華民族偉大復興的新征程上闊步前行的時候，再一次地回顧近百

㊀ 龔自珍《龔自珍全集·尊隱》，上海人民出版社，一九七五年。

年來中國人的奮鬥史，我們可以清楚地發現，中國歷史上幾乎没有任何一個時期可以與其相比較——困惑與希望的交織，污穢與崇高的輝映，黑暗與光明的搏擊，構成了中國近代史上波瀾壯闊、跌宕起伏而又驚心動魄的歷史畫卷。悠悠中華數千載，幾經强盛幾經衰。作爲新世紀的文化工作者，我們研究歷史，審視歷史長河中的過往之人、過往之事，絶不僅僅是尋幽探古，爲先人傷懷吊古，而是以史爲鑒，以過人的膽識、超常的毅力，去汲取文化知識，以求真的態度、務實的作風，去參與社會實踐，以開拓的思路，創新的理念，去探求人生的新境界，從而在社會主義文化大發展大繁榮的時代去真正實現當代知識分子的人生價值和社會價值。

謝家福（一八四七—一八九六），又名家樹，字綏之，一字鋭止，號望炊，晚又號鋭庵、蘭階主人、桃園主人，室名望炊樓。江蘇吴縣（今蘇州）人。其故居位於蘇州城北桃花塢大街，宅基爲明代養真老人沈均之「廢園」，清初時歸謝家所有，謝家福在此築「望炊樓」。

謝氏先世居陽夏（今河南太康縣），晉太康間，先祖謝衡南遷會稽之東山。明洪武初年，謝善現再遷余姚之孟家葑。崇禎間，禮部儒士謝振龍携族人避寇遷吴，遂居蘇州，占籍吴縣。其父謝元慶（一七九八—一八六〇），字肇亨，號蕙庭，又號補香，晚號淡然。以醫名世，尤喜携藥深入鄉里街巷，救人貧病。同里潘功甫（曾沂）嘗拈「一生行脚衲，斯世走方醫」聯句爲贈。

咸豐十年（一八六〇）庚申之變，太平軍攻陷蘇城，謝家死難者二十餘人。時家福年十四，獨爲太平軍所俘，越二十日以智脱，後遇其父於臬安橋，迎先祖母於鄉，避居黄埭。元慶蒿目時艱，遭家慘變，憂鬱成疾，遂捐館舍。咸豐十一年（一八六一），家福奉母張太夫人遷上海，并從彭復齋先生（名福保）受業。偶於客邸遇日本使者松窗，遂發憤留心時務，推究古今，窮極利病，時則同治元年（一八六二）。

翌年，蘇城克復，謝家福分理閶門善後事宜，「修廢舉墜，臬聲大和」㊀。同治七年（一八六八），謝家福補府學博士弟子員，明年應上海輿圖局聘，董理江北輿圖，後又分校各國輿圖。同治十年（一八七一），入廣方言館，從德人金楷理學習其語言文字，後充任翻譯館筆述。時國家整頓海防，謝家福又遍歷海口、長江諸要隘，相度形勢，搜尋西人著述，凡有關於防務及洋務實用者，手自摘録，輯成《兵事紀略》二卷，《通商簡要》四卷，《善後私議》四卷，《善後章奏》四卷，《和約彙鈔》、《交涉新案》八卷，《柔遠成案》十卷。

光緒三年（一八七七），山東爆發饑荒，謝家福聞灾訊後，親赴青州賑灾，「義聲傾動，聞者風起。自上海、蘇、揚及杭、湖，願助賑者衆。日賚錢至家福門，或千金，或數千金，不一

㊀ 費樹蔚《謝公家福傳》，《碑傳集補》卷五十五。

年得銀四十三萬有奇」㈠。是乃謝家福創辦義賑之始。此後河南、山西、安徽、直隸、山東及江蘇諸地頻歲告饑，謝家福皆以身任之，先後通解賑銀二百五十二萬二千兩有奇，活人無算。謝家福義賑之舉，爲時所重。先是，以江蘇巡撫吴元炳奏，蒙恩特賞國子監學正銜，尋議叙知府銜。後李鴻章薦舉人才，略云：「謝家福有體國經野之才，民胞物與之量，畀以官守，必能造福於民。」奉上諭「謝家福著以知縣發往直隸」。又叙兩廣電綫勞，擢同知直隸州。復奉檄委會辦上海電報局、上海織布局，尋委會辦蘇州電報局，調辦上海電報局，檄委上海輪船招商運漕局，檄調會辦輪船招商總局。謝家福均以母老多病辭不赴任。惟電報總局提調一職，謝家福因電政之事關乎軍國機要，且身爲創議之人，佐理擘畫，積有年所，欲竟其功，乃受命赴滬。

光緒十四年（一八八八），謝母張太夫人卒，謝家福丁憂回籍。服闋，奉檄督理電報學堂，三年間造就電報生八百餘人，盛公宣懷亟稱之。謝家福又於宋梅宣義五畝園故址中捐資創設儒孤學堂，延師教授，名曰正道書院，後又於五畝園拓屋，增設中西學堂，爲國育材。光緒二十年（一八九四），中日兵戎相見，謝家福心縈時局，屢屢上書，爲當軸者謀。越明年，和議告成而《馬關條約》訂，謝家福聞之，憂憤交集，日夜思慮，由是致疾。光緒二十二年（一八九六）十一月初八日寅時，謝家福溘然長逝。

㈠ 趙爾巽等《清史稿》卷四百五十一，列傳二百三十八，中華書局，一九七七年。

謝家福於暇日喜搜羅未刻之書，又喜爲人集資刻印遺書，其手輯手録之書，除上文所舉《兵事紀略》等七種外，尚有《東齊孩捐徵信録》一卷，《青齊日記》（又名《齊東日記》）二卷，《南豫徵信録》六卷，《西晉徵信録》二卷，《北直徵信録》三卷，《直皖徵信録》一卷，《直東江浙徵信録》一卷，《粤蘇直東徵信録》一卷，《豫皖徵信録》二卷，《蘇灾録》三卷，《晉飢篇》二卷，《重修孟蕣宗乘》六卷，《蘇州謝氏譜》四卷，《校補孟蕣宗乘》一卷，《五畝園小志題咏》二卷，《桃塢小志》四卷，《桃塢名勝記》八卷，《燐血叢鈔》四卷，《李金鏞行狀》，《望炊樓文稿》未定卷，《柔遠全書》六種四十二卷，《望炊樓叢書》七種十三卷，《桃塢謝氏彙刻方書》九種十三卷，《庶幾堂今樂初二集》二十八種，可謂著作等身。

綜觀謝家福一生，先後經歷了太平天國庚申之亂、光緒丁戊奇荒、中日甲午戰争，他親眼目睹了戰争與天灾給自己的家庭、給窮苦的百姓、給積貧積弱的國家帶來的血淚和苦難。從少年時代起，出身中醫世家的謝家福就銘記父親的教誨——行醫者以救死扶傷、金針渡人爲本。成年後的種種遭遇，更激發了他强烈的悲天憫人的士人情懷。因此，當丁戊奇荒發生後，謝家福振臂一呼、首倡義賑也就不爲突兀了。再者，作爲一個深受中國傳統儒家文明熏陶的江南文人，謝家福的身上又有著極爲濃重的文化本位意識與民族認同感。謝家福於《齊東日記》開篇曾作如下描述：「耶穌教之洋人慕惟廉、倪惟思、李提摩太及烟臺領事哲美生等在東齊賑給灾民，深懼敵國沽恩，異端藉肆，不能無動於中。顧以才微力薄，莫可挽回，耿耿之懷，言難自已。……竊恐民心外屬，異教橫恣，爲中國之大患。是非裒集巨款，跟踪濟賑，終無以杜外人之覬覦，固中國之藩籬云云。」可見，謝家福親赴山東賑灾的一個重要原因之一就是聽聞西方傳教士李提摩太、慕威廉等在山東賑灾，并廣爲收養被灾小孩。强烈的民族主義情感，促使謝家福等必須從李提摩太等西方傳教士手中奪回灾區賑灾的主導權。在外交和軍事上已經一敗塗地的中國，如果連救民於水火的賑灾慈善之主導權，也要由洋人掌控，那麼對於謝家福這樣的中國傳統知識分子來説，不啻於是喪失了最後的民族尊嚴，這是其萬萬無法接受的。因此，不論賑灾一事如何巨細繁雜，艱險叢生，使他困厄不堪、身心俱疲，謝家福仍然一往無前，萬死不辭。

當然，身處社會巨變的大背景，個人的進退取捨亦是無法回避種種變革所帶來的衝擊和震撼，它必然緊密地與國與時相附相生。所謂窮則變，變則通，通則久。作爲一個與時俱進的清季鄉紳，謝家福入輿圖局，洞曉世界地理；入廣方言館，掌握外語，進而熟讀西籍；督辦電報局、電報學堂，殫精竭慮，成爲中國電信事業的開拓先行者之一；策劃籌創織布局、輪船招商局，成爲近代中國民族工商業的拓荒者；創辦中西學堂、正道書院，春風化雨、教書育人，澤被後世。

綜上所述，蘇州地方鄉紳謝家福一生的主要成就可以歸納爲三個方面：近代賑灾史之「丁戊奇荒」、近代洋務之電報局事務以及近代蘇州教育事業之籌畫創辦。這三方面不僅是近代史和晚清史研究的熱點，同時也是蘇州地方史研究的重要方面。謝家福檔案對於研究晚清蘇州，乃至江南社會政治、經濟、文化等都是極其重要的第一手資料，對於我們瞭解中國近代史上的許多重要事件如賑灾、洋務、中日戰争等，都是不無俾益的，可謂是窺斑全豹、見微知著。

蘇州博物館藏有大量謝家福的文獻檔案，在衆多文博單位中是最爲完備的，計有三千餘件，包括日記、詩文稿、家譜、書札、電報稿等多個門類，内容豐富，涉及人物衆多。其中，除了謝家福自己的手稿，更有李鴻章、曾國荃、盛宣懷、鄭觀應、陸潤庠、王韜、薛福成、經元善、費延釐、唐廷樞等中國近代史上重要人物的書札手稿。這批書札大都具有重要的文獻價值和史料價值，可謂彌足珍貴。爲了更好地實施館藏謝家福檔案的整理出版計劃，蘇州博物館圖書館於二〇〇九年申報了館級科研項目「謝家福檔案整理與研究」。該項目對館藏所有謝家福檔案進行了全面系統的分類整理。二〇一〇年十二月，「謝家福檔案整理與研究」項目如期完成各項工作，通過了我館學術委員會的考評，順利結項。項目實施期間，圖書館編寫了詳細的《蘇州博物館藏謝家福檔案目録》，并對重要的日記、信札、行述等原始文獻做了點校和整理，積纍了比較豐富的成果。

二〇一二年，在張欣館長和蘇州博物館學術委員會的大力支持下，「謝家福檔案」正式進入出版程序。此次出版的《謝家福日記》（外一種）將作爲謝家福檔案的第一輯與廣大讀者見面。未來幾年，我們還將陸續出版《謝家福書信集》、《謝家福詩文稿》、《謝家福友朋書札》，以求完整地、原汁原味地爲大家展現蘇州博物館所藏謝家福檔案，同時也爲廣大史學工作者提供最真實的文獻資料。

近十餘年來，國内近代史學界對晚清史的研究日趨重視，推出了一大批新的研究成果。與此同時，原本非屬史學界的一些研究者也對晚清史表現出濃厚的興趣。隨著越來越多的研究者開始關注晚清史，他們對晚清史料的使用必然會愈加頻繁。上海圖書館多年運作的「盛宣懷檔案」便是此類項目的成功典範。謝家福檔案的整理與研究在内容上與「盛宣懷檔案」有著相輔相成的關係，尤其是在近代洋務運動和民間義賑方面。我們相信，充分地挖掘和解讀「謝家福檔案」，高質量地整理和出版「謝家福檔案」，不僅能提高蘇州博物館的學術研究水平，同時也一定會對蘇州地區晚清史的研究起到積極的推動作用。

蘇州博物館圖書館

二〇一二年八月二十七日

凡例

一、本輯所收謝家福檔案資料，均限於蘇州博物館收藏。

二、《欺天乎日記》、《齊東日記》二種，按年月先後爲序，據清稿整理，參校原稿，凡有異同，均出校記。《燐血叢鈔》雖類屬筆記，然多按年月紀事，故合謝氏行述及其父母家傳，并載於後。

三、謝氏書信集據清稿整理，并參校底稿。清稿未收者，均按册逐録於後，以爲補編。

四、謝氏詩文稿及所編桃花塢、五畝園史料，稿抄本之外，頗有已刊者，兹兼收并采，分别類次，以存全貌。

五、友朋書札按各家生卒年先後爲次，人繫小傳，佚名者附於末。因書札多未詳注年月，故未能皆依日期先後爲序，敬希注意。

六、全書繁體竪排，采用新式標點，不使用破折號、省略號、着重號、連接號等。

七、各稿均重新分段，尤其書札中换行、擡頭等格式，均不保留。

八、所收各書，多係稿本，其中避諱字均徑加改正，不再一一出校。

九、原稿之中，偶有訛脱蠹蝕處，今訛字以「（ ）」標出，改字以「［ ］」標出，缺疑處則以「□」標出。

十、凡原稿中附註作小字雙行者，今皆改單行排印。

目録

直賑函鈔

致浙局

獻歲以來，惟德并年新，福與春永，臨風翹首，祝露傾心。客臘二十七日，展奉松公賜示，就稔諸大君子尚擬籌濟直賑，仰見胞與襟懷，同仁一視，雒誦之餘，以手加額。苕公移直一節，續接來函，已作罷議。晉豫未了事件，頭緒紛如，得苕公專精收束，大妙大妙。直賑於客臘合解二萬二千，潘振翁帶去五千五百兩，以人手論，可以敷衍至二月間矣。如果天河一帶冬已得雪，春麥有收，僅此任邱等邑待濟，春賑似愷澤所敷，可期救澈，造福斯民，至無涯涘也。講生一節，容再遵辦。

復嚴壽彭

大江間隔，耳盛名久矣。秋初奉訪介弟，匆促歸帆，不及一候起居，良用歉仄。一昨展奉賜書，愧承藻飾，捧讀之餘，慚惶無地。弟一介庸愚，毫無知識，年來晉豫助賑，負同人之委托，襄事轉輸，始既因人成事，終致獵人之名，清夜捫心，無所逃罪。賢者不察，采及虛聲，并以借錢局事下望推行，語重心長，仁至義盡。捧書循誦，并檢舊賜章檄拜讀數過，既仰仁心周沛，兼徵世德作求，惟思尋常善舉尚不妨失之於寬，此事欲圖經久，必須寬嚴得當，非得結實司事三四人常川駐局，董事一二人全力主持，其事萬不能濟。弟識短才踈，性喜疏散，實不足與於斯，非謙也。擬先於知交中擇請有品有才者任其事，以收臬徵之效，人才既得，經費再籌，能副台囑與否，總以得人爲準。昨已走謁數友，皆以歲事匆匆，允許緩議。知關仁注，先復以聞。鄉先正周忠介公居鄰義市巷，爲痞棍叢集之地，曾出錢五千貫分貸之，一時改業者千百輩。今人幹濟，豈遂遜於古人。惟弟自愧不才，懷忠介之仁風，衹增汗顏耳。

致龐芸皋

客歲垂注直賑，現在已解款項，約可支至二月杪。前次來信，至爲急切，以後如再請款，當以奉聞。惟弟尚有一願未了，查揚州素有借錢局辦法，另有章程，要而言之，奪汾州人之生意，爲手藝肩挑者作債主。辦理三年，頗著成效，不獨靖乞丐盜賊之源，且免無數性命之憂，亟擬在蘇試辦。惟經辦人頗不易易，現在竭力招羅，一俟得人，即擬酌籌款項，以爲資本，并募同人分認局費，約每月四十千文。即行開辦，如執事可以移款相濟，并認局費若干，實爲感激不盡。此事較尋常善舉，尤爲事半功倍，即使稍有虧折，終不致一蹶即竭。約以每户借錢二千文計之，千串可以活五百家，苟其辦理得當，源源推廣，則受惠者豈有涯涘？苟其辦不得法，即行截止，亦不致漫無收束，且度執事可以獨任其事，故引以相請是否。諸候裁復。

復王賡保

承詢移獎一案，前因直賑告急，曾已函詢各處。揚州擬於今秋事竣後，照例銀六四折實銀出售，以作善堂之用，四百八十兩合實銀三百零七兩二錢。俟得確信，再行奉聞。中江尚無定議，蘇州以浙爲歸，否則不擬舉辦也。抑又思之，執事年未强仕，正途功名，總可唾手，雖謄録不必不考，然舉業亦不宜棄。年來閲歷世故，每見士非科甲出身者，鐘銘在列，謗書隨之。其實此中大有人在，而一概目之曰躁進，冤抑至矣。欲於功名中苟圖富貴，執事既無是心，欲藉手有爲，恐非科甲不辦，中則用，不中則止，食芹而美，謹以奉獻，盍嘗試之？

致嚴佑之

弟於十二月二十一日接奉振翁十一月二十三日來函，欣悉台旌於十二月上旬束裝赴直，快慰無似。所示掩埋之款劃歸不獎之中，極可使得，但須清造報銷爲要，所囑帶籌另項，當即遵照，足紓遠注。又於正月初六日，由得見齋傳示啓翁來函，商囑在賑款内支備《小學》、《千家詩》等書，分送卿相大員，此事斷使不得，已詳十二月二十一復函中，兹再抄稿奉覽。初七日又奉十二月初九日佑公賜函，諄諄以勤始怠終相教，并以有一分力盡一分力相勖，謹當奉爲韋佩。惟示内所載，閣下爲辦賑領袖及青、齊、豫、晉，如彼振作數語，乃係執事誤會，不可不逐爲辯白。弟於齊賑一事，仗同人之力，籌捐二萬八千串，僅僅收養二萬餘孩，半年之間，一齊撤散，流爲乞丐，此乃平生第一傷心抱歉、對不住天地鬼神之事。豫、晉兩賑，承純叔諸君見囑事事躬親，代收所募捐款，尚不能事事躬親，至於揚、滬、浙諸君子所集巨款，更於弟渺不相涉。上游不察，謬以賤名入告，是始則因人之力，終則攬人之名，清夜捫心，當入地獄。自問三年以來，凡所作爲，一上海之露天通事而已。閣下不察，竟以「領袖」二字加之，捧誦之餘，殊覺置身無地。至於直賑一事，弟實漫無成見，始則囊隨滬紳協籌，毫無成效，繼因有人擬爲助集，須仍民辦，因請赴京友人代爲散放，旋爽所約。因此各處善友疑弟揑信誘捐，且謂某人不辦，必是直灾不重。當此疑謗紛乘之際，即有可籌之捐，豈能羅致，况乎來源本竭耶？是時執事及殿翁、啓翁來函，内有直灾遠重於晉之説，當因現在直賑借資，晉捐斷不可有比較輕重之語，致塞捐路。曾經有函奉致，非不欲聞直灾情形，而爲諸君子迎合憲意，遂不能兼顧也。乃執事誤會及此，静言思之，實因弟病後精神不振，函札不詳所致，謂非弟之過歟？至於以後款項情形，蘇州斷然絶望，因弟已失信於衆，無可補救。惟浙江一路自經疊函往商，已許悉解台端。如果賑事未艾，弟祇能趨赴台端，稍盡半分之力，若欲弟勉力籌款，竟無能爲役矣。滬、揚願力宏深，或有一二搜括之處，但望執事將灾况情形隨時細細示知，切不可與山西比較，俾諸君子有所藉手也。

致浙局

頃接苕公來函，繕寫呈覽。晉、直兩處比較情形，此時略有把握，灾况則不分軒輊，形勢則直急於晉。細查苕公所撥萬金，即係原撥潘振翁之款，今祇須找撥二千金而已。如果專辦查賑，應可餘銀三四千金。與其在晉苦思力索，覓得當之用，似不如請其取道天津回南，盡數沿途賑訖，且嚴、潘兩公得苕公行經直省，亦可調劑其間，續後尊處如有意外來源，亦可徑解苕公。芻蕘之獻，倘蒙俯采，可否藉重鼎函，速爲關照？福默揣苕公意見，當亦樂從也。

再啓者，直賑無告止之期，晉賑已經停解，福或將他往，不能不將十月底以前晉賑收款，先造徵信。此件前承渭公面諭，囑福代辦，義不容辭。惟尊處收款是否仍照豫式，不列細數，未敢擅便徑解。晉撫三千金似乎必須登列，庶有總核之數，未知灼見以爲然否？謹將四柱册解晉賑款細數同繕，以解作收之數，抄呈主政。再前奉賜示，以晉、直款項糾輵，從緩稟報，現在苕、佑公撥直之款，無一不經報明，此節可以無慮。核獎事雖未定，暫可不顧，然總須報明，以作交卸。直省兩次解款，亦尚未報，總須尊處稟報，行咨存案，以作着落，謹將解直各款另開清單呈覽。

致揚局

昨奉上海轉到少翁賜書，謹悉一切。頃適接到苕、振翁來函，抄呈台覽。佑翁情事，以添往人手爲第一要義，振翁、起翁竟不欲與佑翁合辦。殿翁來函，又是衆情不附。佑翁既帶去六萬，前次又解去二萬二千兩，如果專意查賑，而諸君子如此各分疆界，豈能辦理裕如？弟已信致振翁、起翁、殿翁，請其融洽，然而此信寫與不寫同也。至限於查賑人少之後，勢必以工代賑，全行築堤，一經築堤之後，在淺見者，必然議論紛起，非但捐款路絶，必議及從前剜肉補瘡之捐，用之緩不濟急之地。故論近日情形，爲嚴佑翁籌人爲第一着，賑款尚是第二着也。如果尊處無向與佑翁意同道合之友前赴，弟恐已往之款似嫌太多矣。近日李秋翁又奉爵相札子，飭其督率佑翁經辦。秋、佑兩公趨向各殊，佑翁之大才，豈肯爲秋翁督率之人？佑翁進退情形，現實爲難之至，弟明知其難，而實無可設法。因添去之友須與佑翁同去方妙。如果尊處置之不問，則佑翁心力兼勞，必難支持。佑翁係諸君延往之人，弟旁觀局外，似宜早爲設法也。蘇州實無來源，如有意外來源，弟總解交佑翁，然而無望矣。

天下勞心之人不能勞力，勞力之人不能勞心。從前佑翁辦賑，祇須八分勞力、十分勞心，此時種種爲難，心力均須勞到十分。人非銅鐵鑄造，豈能任此？弟實爲重憂，務祈早爲設法爲感。

致浙局

拜奉華械，誦稔一切。晉、直兩處解款，昨已核造簡明清册，寄呈公覽。兹再另摘總數，送候牘呈。揚、鎮、直捐却尚有可集之數，上海因爵相催取，秋亭屢同佑之發極。解一處，則得罪兩處，解三處，則恐受人言，遂一概答之曰：「無」。弟曾略探，秘而不宣，恐爲秋翁作奸細歟！一笑。今得來書，忽聞巨款，法力之宏，駕乎各處，聲聞所及，必有興起。惟蘇州則追隨有志，籌措已窮，請勿見笑。解款一層，向因來源已竭，未計解交何人。今奉來書，頗爲躊躇，務祈惠寄之時，先行示明：任肖翁歟？李秋翁歟？嚴佑翁歟？潘振翁歟？祇能惟命是聽。匠作主謀，理當若是，否則更有爲難之處，想蒙心照。再，昨函中曾請函致茗公，取送天津一千元，如蒙俯允尤妙。惟昨發信後，又接佑之書，及申、揚抄到佑之書，大意相同。總之，佑之之意，專任放賑。任邱已放四萬六千，平安州約略相同，所帶之款，所餘無幾，合諸客臘之二萬二千兩，可以敷衍至二月望，振聲年初二由晉動身，帶銀一萬五千五百兩，約來二月半，亦必用完矣。是所請茗公水程回南一層，仍可辦得。至於暫留待解之請，斷不可俯從末議矣。關書即遞。

浙、蘇解晉九萬二千零三十三兩五錢二分七釐一毫。鄒渭翁手解三千零六十兩在外。

上海七萬五千五百兩。

揚、鎮四萬二千五百九十四兩六錢七分三釐。

共念一萬零一百廿八兩二錢零零一毫。

除佑之帶直六萬三千兩，振□□又八千兩，茗撥一萬兩。

淨解晉銀十二萬九千一百二十八兩二錢零零一毫。

上海解嚴九千二百五十兩。

浙、蘇八千七百五十兩，除去二千五百兩已由茗公。淨六千二百五十兩。

揚、鎮四千兩。

嚴、潘帶金撥八萬一千兩。

共歸民辦直賑銀十萬零零五百兩。

上海、揚、鎮解爵相銀三萬五千兩，蘇、浙解李秋翁六千四百七十四兩九錢七分三釐在外。

致金茗人

獻歲以來，惟新猷煥發爲頌。月之三日，由汴梁信中，轉奉不列號賀函及振翁信，想已達照。旋奉十一月二十八日、十二月十二日兩次公函，另函、附函，一一抄寄、拜讀、轉發訖。尊處賑事二月可竣，全始全終，勞心勞力，實爲無量大德。振翁携款赴直，又見一視同仁，拜佩拜佩！慈幼局事，附呈崧翁來函，請垂覽。總之，客紳設立善堂，而必權自我操，即使紙上寫得十分好看，總難持久，爲今之計，莫如遴選土紳全盤交出，如無其人，立即撤局，將本來救急之錢，移之緊要之用，一轉移間，功德無量。豫賑請廣中額而必南紳具禀，似既辭奬在前，不便乞恩在後。晉、直情形，現始比較，原當晉重而在災後，直則災輕而當其際，且晉係內地，直近海疆，較爲緊要耳。續款有無，尚不敢説，然執事二月間竣事後，如以海道捷速，由津南下，福當在嚴、潘兩公處奉迓台旆。核奬事，蘇則惟浙是從。保案則行者有車馬之勞，辭不獲已，受之何害，執事切勿過謙。居者人數太多，全保亦可以受。梅閣甥身在事外，將來稟上，斷不列名，萬無得保之理，福與佩孜屆時總從衆也。再潘振翁劃來錢七十三千二百文、銀五十一兩七錢一分，係送慈幼之款。又銀三十兩，係還孫君馬款。匯奉不便，拜煩執事代付，回南再行奉繳。

致嚴佑之

連接十二月廿二、廿八日所發手示，祇悉種種。殿翁既請秋翁督辦，則必與執事異局。此意弟於一月以前已見端倪，故十二月二十一日信中有和衷共濟之説，閣下幸勿誤會。夙知尊處人手過少，因於前日連發兩信，諄勸揚、鎮諸公於籌捐之外，加延善士。弟亦擬投效台端，聯絡振翁，正在清理各事，候揚鎮信到，如有伴友，一同起身。乃今接奉抄件，則弟如果動身，又必被人議論。適逢其會，非比閣下也。直行已决計停止，捐款本無可望，今得殿翁懇請於上，懸賞招徠，必有起而應者，惟弟等再無顏面向人説項矣。執事之心，天日爲鑒，幸勿自灰，災民幸甚。弟處如有自來捐款，無不解交台端，與振翁一局也。浙江聞尚有來源，一至即匯。

致潘振聲、繆啓泉

前奉手示，知起翁台旆已抵安州，先辦恤嬰。振翁於正月初三前起身，想已抵安南中。捐款本已絶望，今得殿翁懇請上游懸賞招徠，必有起而應者。惟弟等久蒙想得保舉之名，今更爲之一顯，實無顔面再向人説項矣。請爲轉致殿翁，南捐不振，職此之故。兩君心事，天日爲鑒，仍祈如常辦理，灾民幸甚。弟處如有自來捐款，無不解交執事，與佑翁一局也。佑翁處人手愈少，倘蒙兩君合局，分鄉聯絡辦理，尤弟所千萬拜禱者耳。

致楊殿臣

南北迢隔，結想爲勞，比稔馳驅游説，功德無涯。惟奮勇之中，不能不稍顧大局。前者上海因聞直灾提倡籌募，浙、揚繼起，限於願助直賑者寥寥無幾，不得已以晉賑餘波資爲直用。正在千難萬難之際，執事書來，謂晉賑一舉，以有用之錢置之無用之地。弟接書之後，未敢抄發，而常屬各處業已接到台函，直賑不能因此而旺，晉賑實在由此而止。且前此捐户無不同聲懊悔，以爲人人曉得之晉灾猶且不確，何况直隸，此害於事情者一也；繼奉來函，敦囑趕緊集捐，救此垂斃之灾民，復囑於賑款中酌辦善書。既云人手不多，復云親自進京。弟接書之後，亦未敢抄發，乃各處均已盛傳來示矣。旁觀議論以爲苟其賑務緊急，何有餘閑進京，何有餘款印書，直賑必然不急，此害於事情者又一也。前七八日，風傳閣下獨赴憲署，乞請札調，秋兄并飭南中籌捐。今見各友所述，似已的確，在執事救灾苦衷，原非得已，然南中捐款支絀情形，我兄早有所聞，何必多此一舉？且同寅貴乎協恭，即欲陳明上游，總應與同事者一再斟酌，萬全無弊，方可見諸行事。乃竟孑然長往，獨抒所見，復不能將事勢曲折一一陳明。上游因執事之言，加以公牘。秋翁得此，甚覺躊躇。蓋我輩經辦賑務之人，蒙想得保舉之謗者，已非一日，事事不進官場，猶爲衆人所嫉，况現在懸賞招徠之際，誰能冒此嫌疑，向人啓齒？秋翁係一往無前之人，因有此節，竟不敢與一人開口説捐。滬、揚、鎮、浙諸君子，本在捐無可捐之際，然聞此函前，尚擬徒托空言，廣爲哀告，今則并且不能矣。是閣下之所爲，竟是截斷捐路。且佑翁與秋翁辦法向來不同，青州之事已有成例。今執事獻策，上游札調秋翁，是實驅佑翁南回也。弟明知老兄好善性成，心本無私，然如此辦法，殊屬害事。現在生米已然做熟飯，賑事已難挽回，惟有仰懇執事以後凡遇重大事件，切勿輕試，要諸成事難，敗事易，一經决裂，駟馬難追。事關性命，非同兒戲。謹效愚直，伏乞察閱。如係弟傳聞之誤，仍請和衷共濟，勿因駁辦而啓唇舌，至禱至禱！

致丁松生

奉十九燈下示，一一誦悉。五千金即寄與寄棉餅之人，尊處收數，遵列總款。渭丈解三千金，即所列第一批庫平。申見之三千零六十兩，十一月分二千金，遵即添列，合成三萬九千七百十四兩二錢三分一釐。蕩口之一千二百元，係於六月分隨蘇字册交到，共有一千二百二十二元。隨後錫字册、蕩字册交到，均曾題名，實祇一款。末後又有尊處關照，援名從其朔之例，仍歸蘇册，以符收票而免糾纏。委札當照登金稟，似可不必，即以奉繳。帳少三兩，係庫平一款下誤筆。茗公信，即寄九翁。令媛行狀，遵即知照一切。崇論閎議，圓妙之至，然此中曲折，有不便形諸紙筆者。弟願以不言言之，請執事以不解解之，最爲神妙。佑翁昨來一函，大好消息，抄奉公鑒。

致嚴佑翁

頃奉正月初十保定所發手函，仰見公懷，敬佩無已。兹特寄上浙江捐款，申公砝銀五千兩，蘇州捐款，申公砝銀五百兩，已由浙江鄒道報明，任方伯解交閣下銀五千兩，蘇紳集五百兩，仍請閣下於收到時照式一報，愈見妥致。

致金苕人

十六日托由上海附奉十七號函，想已上塵台覽。去後奉到十二月廿五日公函，另函一一拜讀，轉交訖。移直，酌看石樓灾况之輕重，以定行止，最爲的當。仰見老成謀畫，動出萬全。直賑續解三萬餘兩，均交佑翁賑放。振翁不知何日可到，石樓或不必賑，或趕速賑竣後，執事由海道南旋最妙。慈幼局祇能推交本地紳士接辦，大義塾是應本地官紳支持談任翁。如果本地紳士具關聘請，是應暫駐，總不算南中派往之人，方合機宜，霽翁亦然，質諸高明，以爲何如？浙垣詢問朱氏事實，另單開呈。此一案於上年九月中具禀，吴院至今并未奉批，未識咨行河南否？祈爲一查。如未咨到，能由執事再行禀請，更爲感激。浙信一件，請察收。所有書件，俟巽翁賫眷行時附上。

致嚴佑之、潘振聲

初八、十八兩次布函，又於廿三日寄上一號信，并銀五千五百兩，申、揚在外。想日可以達到。一切事宜，惟求和衷共濟。如果辦法或有參差，能否佑、振翁兩公合爲一局，分鄉查放？庶外間不疑及意見參差，致礙捐路。廿三日，弟致殿翁一信，語甚激切。因外間所論如此，就事論事，實有關礙，是以作此發極話。究竟有無誤會，實未敢知，伏乞諒察。《天河水泛圖》印出一千本，竟是無人要看。上海寄去一百本，揚、鎮寄去一百五十本，已及一月，亦不來添，情形如此，將奈之何！

致丁松生

佑翁、振翁均是悃愊無華之士，意見極爲相投。所以不能合辦者，佑翁一局均係自備資斧，振翁局却須開支盤串，揆其情勢，祇能合局分鄉，所以有佑翁、振翁兩局分解之説者。因苕公來函，有將其一竿全交振翁之語，不能不兼營并顧也。秋翁係蘇州向來欽仰之人，惟申、揚及吴江同人均不甚滿意，佑翁趨向更與相左。殿翁則好善有餘，無甚道理，其於佑翁局中僅一幫夥，無端干謁上憲，插身官局，甚不洽於公論。現在經手賑捐，不能不因勢利導，所以秋翁、殿翁兩處，此間不議解款也。前接殿翁信，知任方伯函致尊處，語氣之間，囑將尊處之款解交官局。又聞秋翁亦有信至尊處請款，所以於尊處之款必須問明原委也。來函云，能照殿翁之意，以公牘飭南中籌募云云。似閣下尚未知公牘飭募者，并非仍發紳辦，係將民捐歸入官局，由局攤發於各州縣及秋翁耳。申、蘇、揚均因文牘而躊躇，且惡殿翁者，職此故也。尊處未接明文者，殿翁未知尊處亦一大總，未曾説穿耳。來示云，滬、揚、鎮三處，未可告以賑直之各有意見，極是極是！然直賑之來，皆由申、揚而蘇而浙，且尊處所見者僅得其半，似乎已倒胃口，申、揚、鎮、蘇能不爲之灰心乎？即上文所言，亦僅言其大略耳。現在四處得款萬六千金，專候揚、鎮訊到，即由輪船發遞，全交佑翁，囑其酌看。振翁居中情形，應否分半交付，即祈佑翁裁奪。以上情形，於尊處、諸君子處似可不必明言矣。

致嚴佑之

頃奉正月十七日手書，祗悉。此間於正月廿三日托滬局解奉申公砝五千五百兩，又一號信一封，念七日寄二號信一封，想已察入。兹又由滬上解奉申公砝一千兩，又浙、蘇解款六千五百兩，祈照此收帳爲要。餘另發。

致金苕人

正月初三，由汴轉奉不列號一函，十六日由上海遞河南府轉呈一函，廿七日由臬署遞□東道轉呈一函，近想一一照入。自正月廿七日後接奉正月十二、廿一日兩次惠函，仰見馳軀布惠，壁畫苦衷，至爲敬佩。各屬賑事無不於窮崖絶澗間辦理摘賑，較他處統查統放者，其難十倍。此時振翁既去，人手更少，尊意擬留出永和賑款之外，悉交振翁携直，于山西已無遺憾，于直隸較有裨益。老謀碩畫，動出萬全，福披誦之餘，惟有拜倒而已。前兩函中曾有晉省事竣，海道南旋之説。今台從既已先赴太原，一路撤局南回，此節自無庸議。廣額一層，就蘇而實無人列名具牘，浙、申、揚三處已經函詢，容俟徑復台端。慈幼局事得仗大力整頓，不使中輟，固所深願。惟總須和盤托出，交歸紳士，將南人留局者作爲汴紳關請，庶可持久，仍祈高明裁奪。朱九翁事，存殁均感。此間所急，切仰望于執事者。惟浙江嚴緇翁經手之積穀倉一坊，蘇州補請豫撫給發之廿匾四坊，街名已詳十八號信。須請大力成全者。晉省賑款，揚州於去年十月已請咨報，浙、蘇近始叙稿，共報解執事四萬四千八百零三兩三錢二分八釐六毫，上海四萬一千兩，揚、鎮九千兩在外。報解嚴佑翁二萬七千九百廿二兩一錢六分二釐五毫，因將九月初十之五千兩，歸解振翁末批。解津之二千五百兩歸入直賑，故與前開之帳不符。〇上海三萬三千兩，揚、鎮二萬八千五百九十四兩六錢七分三釐在外。報解潘振翁一萬九千三百零八兩三分六釐，因將九月初十之五千兩加入，故與前帳不符。〇上海一千五百兩，揚、鎮五千兩在外。祈垂察爲幸。

附復薛霽堂

相望不見，想念甚殷，兩披手告，如對故人，慰慰。七古拜讀一過，仰見實事求是之意，佩服無量！起翁之一百兩，即是上年秋間請苕公劃交閣下，及起翁每人百兩代恤名門之款，并非此間另有劃交，特再聲明。秋翁、殿翁已奉奏請替辦、幫辦，庶幾《堂新樂》初、二兩集已全刻大板，初集十六種，《後勸農》、《活佛圖》、《同胞案》、《岳候訓》、《義民記》、《英雄譜》、《風流鑑》、《延壽籙》、《商情圖》、《屠牛報》、《老年福》、《文星記》、《掃螺記》、《海烈婦》、《前書劫》、《後書劫》。二集十二種，《義犬記》、《陰陽獄》、《硃砂痣》、《綠林繹》、《同科報》、《燒香案》、《推磨記》、《福善圖》、《回頭岸》、《刲海圖》、《酒樓記》、《公平判》。共廿八種，已一律刻成大板，專候台駕南回校正。惟《苦節記》等稿已遺失，殊爲缺憾耳！

致嚴佑之

正月廿三日，由申附上一號信，并銀五千五百兩，連上海、揚、鎮共一萬四千兩，托天津雲豐泰專足奉上。廿七日由郵附上二號信。二月初一由申附上三號信，并銀一千兩，合成二批銀六千五百兩。所以加此一千兩者，因此間禀報上誤寫六千五百兩，故專誠補奉也。現在到月底邊，浙、蘇兩處可凑三四千金，申、揚未知如何。秋翁即日動身，弟因歲試受寒，感冒數日，牽動肝疾，長日卧床，一切不能詳布。公啓一紙，附覽。

致直局

正月廿三日，寄奉一號信，并第二批匯票五千五百兩。此信托由上海轉寄。廿七日由郵附上二號信，二月初一寄上三號信，并補解第二批内匯票一千兩。此信托由上海轉寄。十五日由郵附上四號信，想均一一達到。此間於二月十九日接奉佑翁三、四號信，起翁正月廿八來信，一一拜悉。仰見好義急公，實事求是，拜佩萬分！兹寄上申公砝匯票銀四千九百九十兩，無名氏指解佑翁之二千五百兩在内。又無名氏來信一封，即請照收。又浙江來漕平五千兩，化見申公砝五千另十兩，匯定匯票一紙，并致任肖丈一信，請驗收後即飭專脚送交，守取回函爲要。此項銀兩浙局托蘇代解，與同人即托閣下代解者，意欲任肖丈仍發尊處經辦耳。務祈解交肖丈之際，備函一商，倘能發交尊處，原屬大妙。如其不然，亦不宜過於强求，是爲至禱。現在南中捐款，浙江大爲踴躍，蘇州因之興起，請閣下必勿灰心。福心極擬來直，無如家慈因聞此語，竟以生死相要，此事可不必談矣。

正發信間，接到佑、起翁二月十七、八日示，敬悉一一。弟接苕翁正月廿一來函，云準於正月廿八同振翁到太原，見過九帥後，一路收束石樓等局，歸河南收束渠工局後回南，決計不赴直隸云云。

致金苕人

十五日曾請臬署附奉十九號公函，計蒙察照。日間浙江直賑頗覺起色，計連吴中所收自十二月，解交佑翁六千二百五十兩。又劃解尊局之二千五百在外。正月分又解六千五百兩，前日又解五千兩，浙解任方伯五千兩在外。聞即日又有五千到此。惟捐款如果踴躍，佑翁怕吃不住。此間自正月十三日始，即經商浙局，請即函懇台端移直，屢接復音，終以捐無把握，未承俯允。前日接奉手示，知由太原一路撤局回洛，似乎距直較遠，故二月十五蕪函中未敢持正月廿七信中之説，堅請海道南旋。不敢説移直者，怕後無捐款耳。曰海道南旋者，便執事到津酌看耳。昨接浙江旁友來信，知浙中諸君，現頗以敝意爲然。惟松公來信并無此説，其上執事書，因係固封，未識是否公信，不敢拆看，未識肯如敝擬否？因於昨日又發一信，仍懇浙中作主，函請台從赴直，略言佑翁恐吃不住，直賑緊檔總在五月以前，請苕公由晉或由洛赴直，猶未晚也。如懼後無續款，尋了苕公開心，究係因公起見，苕公决不見怪。若不請苕公赴直，以後尊處或有巨款交局中，既乖諸君初意，解交佑翁似亦非萬全之道，務求作速定奪。能否俯准，實未可知。同人所以有是議者，一因提綱挈領之人，非公莫屬；一因我公苟無南中公請赴直之信，必不前往；見於上年公信，論佑翁赴直事。一因直賑爲海防夾裏文章，我公好義性成，終肯投袂而起也。其中曲折，理合聲明，仍請卓裁。核獎一事，揚州决計辦理，專候咨飭。浙、滬、蘇現不擬行，實則尚未定議也。嚴芝翁經手積穀之款，必須請坊，能仗鼎力速辦，至感。

蘇州補請豫撫四坊廿匾，亦屬次要，倘仗執事一催，或移歸晉賑補請，至爲感激！萬一大駕竟赴直省，此事從緩，此指四坊廿匾言，若積穀之坊可否即辦？亦無不可。臨穎神馳，不盡百一。附呈府報、浙信兩函，請察收。

致周渭清

頃展手教，恍入春風之座，親聆教益，佩慰曷已！福不才，幸得遇當世一二賢士大夫而與之交，不能時時覿面，則必思時拜一書，以慰羹牆之慕。隔越神采，殆半年矣，風雨雞鳴，遂不能忘情於尺素，并非以世故俗情相浼而有觖望，對公拳拳之私見，想蒙鑒及。承示晉賑報款，及直賑已往之萬金，逐次稟報，皆已不謀而合，幸免抵牾矣。此後解款雖蒙公稱許，此間仍爲附庸。愚衷所及，似稟報一紙當以批回之有無，分別辦理。其由尊處先解後咨，未有批回者，須屬補咨，且必有蘇州代解公牘，即應蘇州出收票、備公牘，其由尊處備具公牘，連同銀款、委令。此間代解者，則此間與錢莊之代解事同一律，大咨既未必有蘇州代解公牘，尊處且必有批回存案，似此間不必再出收票備案。僅以一信爲據，徵信録上仍一并叙列，如此辦理，界畫似較清楚。高明如以爲然，即以此爲定義。再有請于執事者，尊處既解上游之後，必無發交佑之經辦之理。尊處咨文，斷不能指名發交直省官場，豈有發交佑之之理？揆諸爵相來文，勸籌之意，應解上游，即念堤工爲救灾之原，亦應解交上游，俾可側重此事。惟尚有一下情，不能不陳明先下本錢，登《申報》告白，刻公啓，凡數十元。日間方始剖明，稍有來源，忙得不可解，而捐則湊不起，奈何！然而其細已甚，惟捐款雖不多，此心已盡，可以對得住佑之兄矣。尊處鹽務爲上游，屬意之地亦猶之上海也。上海情形就弟看來，陶齋札調，亦是使人散勁，猶之蓮珊及弟前年入奏也。此時衹好各盡其心，有則解，無則歇。惟佑之行止，總看南邊有無捐款，决不領官款辦事。如果佑翁一歸，民辦既已，官款亦難踴躍，直省地當畿輔，且近海疆，此時籌賑，不能當作善舉辦，當作海防夾裏文章，然後忠義之心勃然而莫能禦，捐款亦稍稍至矣。諸君子好義根性，必能搜索枯腸，再爲集湊。倘得四處公所每月解萬五千金，將佑之縛住，在直隸使官捐不致闌散，源源籌解，將堤工水利舒齊之後，再讓佑之回來，則諸君子之功德，固不可以形容。即下固民氣，上報國家，雖不願得一時之保舉，亦將登千秋之史乘，謹瀝愚忱，以貢葑菲之采。弟腰脅雖稍愈，肝陽如故，畏風如故，精神困敗如故，憂思鬱結如故。然四月分以前，苟其一息尚存，雖卧病决不鬆懈，誠以佑之之歸，有關官捐。此次直賑，有關海防，杭州全歸官捐，前、昨、今三日，三次信去，請其酌提民辦，并懇其稟請，茗公移直，亦持此意告之，想來必能動聽也。我輩書生，別無可以上報高厚，遇此絶大機緣，題目雖小，文章甚大，拚此微軀，决不肯眼前錯過矣！少翁委轉致彭公事，已接舍甥到信，到時彭公已將卸篆，説亦無暇及此，且看將來云。花生等事，非陳譚中丞不可，弟因中丞屢屢托人來説直賑，故不敢再上條陳此事，衹好方命矣。匆忙做復，不知所云，幸笑鑒之！

致金苕人

月之初六日，接奉二月初六日公函、另函，一一拜悉。分寄訖，迴環三復，藉稔鼎祺納福爲頌。此間自上年十一月廿五發十四號信後，於十二月十五、廿一、正月初六、十六、廿七、二月十五、廿八疊上各函，現想一一達覽。前函所叙各節，大要有七：一請台駕海道南旋，以便到津後，南中適有捐款，可仗鼎力握總；一則核獎一事，揚、鎮必辦，浙、滬、蘇尚無成見；一則慈幼局衹能本地紳士接辦，蘇友留豫，總須豫紳關請；一則廣額一節，蘇則無人具牘；一則嚴芝僧先生經手倉款，必須請坊。蘇州經手之豫賑，四坊廿匾能否就近一催；一則此間稟報晉賑，較十一月廿五單内小有歧異，因九月初十解佑翁之八千改歸振翁名下，十月廿九所解佑翁二千五百兩，已移歸直賑；一則蘇友受保與否，總看大概情形，梅閣并不在列。深恐信有浮沉，特再聲叙。約計此信到時，台從必已抵洛，一切總仰大才，擇善而行，南中實無成見也。

致經蓮珊、嚴佑之

潘振翁業已到京，經蓮翁今日携帶三友前赴佑翁處會辦。湘鄉來書，香粳米湯而已。此間經收直款每日約五十元，無甚大望。

賜示既傳示公函，一切拜悉。兹敬啓者，敝處三次稟報，撫憲移咨直督解款共計三次，第一次六千二百五十兩，當時匯上係八千七百五十兩，因内中二千五百兩係代茗翁解上撥款，已由茗翁稟報，故除去此項稟報。第二次六千五百兩，當時實解五千五百兩，臨稟誤加一千兩。第三次五千兩，此款連托代解直藩五千兩，共一萬兩，亦由上海代匯。所有第二次欠解一千兩，曾於二月初一日解托申局匯上。嗣因急湊李秋翁款，先行移付，未經解上，兹特補解。第二次内欠解申公砝銀一千兩，即請公同核收。

致丁松生、鄒渭清

頃接曾爵撫照會，開送捐生核奬等因。因思南中共解山西銀廿一萬有零，除去原撥直隸八萬一千，續撥六千有零，淨剩晉賑十二萬三千有零，庫平三千兩在外。除去各處坊匾，約銀二萬三千兩，尚存銀十萬兩。如果浙、蘇合一局，滬、揚合一局，面子核奬，夾裏賣奬，譬如捐一銜，應得銀一百兩者，六折應銀六十兩。此次連部費、公費一并包算，收銀三十兩，較諸新章，照例銀八成，捐生已便宜到對折以内，而於直賑可得銀五萬兩。其捐户自擬核奬者，勸其照式出銀。譬如没得奬叙，若因礙於徵信録一層，則徵信録所載者，係廿一萬之數，將小户推入直賑之内，似亦不礙於事。惟部中之准駁，尚未可知，移奬之錢，已歸烏有，日後必謡諑紛來，經手人必成怨府。山東案至今未來，捐户擠得出神入化，可爲殷鑒。然現在所辦者，銜封而已，於捐户之功名毫無要緊，即使部中駁斥，我輩爲他人市義，亦屬有説之辭，就做怨府亦無不可。惟化去部費，竟要刻明徵信録上，不論何人移奬、核奬，總歸現錢交易，概不賒欠，方可無嫌無疑。鄙見如此，究竟能辨與否，伏候高明酌奪。

致嚴佑之、經蓮珊、繆起潛

兹寄奉任肖丈一函，并公砝化寶匯票銀五千兩，即請飭發專足送交，守候回音。即請縣署專雇一人投送，似亦妥便，所以必由尊處轉手者，猶前志也。浙局抄來文函各稿，大略言嚴紳作霖來函，待賑甚急，是以湊借五千金解交貴庫兑收。另函云，南中捐款所恃，嚴、經諸君實心任事，得以藉此勸募。現聞其賑款不繼，將次回南，誠恐外間誤傳賑事已竣，浙中官勸、民勸，必將從此歇手，務祈面詢佑翁。如果滬、揚、蘇每月解款不及二萬金，即請在浙解款内隨時接濟補足此數，俾有藉手等語。浙江如此關切，任方伯必然留意也。再二月廿四日寄奉代解肖園丈申公砝銀匯票五千零十兩，并信一封，想已交去，取到回函，亦望賜復爲幸。再今日寄托秋、殿兩兄交奉起兄《回天寶鑑》二百本，收到時，即乞賜復。又托上海公所寄奉觀音膏五百貼，外癥内傷，無一不治。俟便寄到，亦望示復。意長腕弱，恕不别叙。

致任肖園

前於初三日，由滬寄請鄭玉軒觀察遞奉蕪函，并浙來公文兩角、渭丈一信、志成信、庫平化寶匯票五千兩，想奉察收。兹又由浙同善堂交到公文一角、公信一件，并囑代匯銀五千兩，遵即匯定申公砝化寶銀五千兩一紙，連同文函，寄請台收賜復。再文内如有批回，即請判批寄蘇，以便轉交，調回收據。

致嚴佑之

南中賑款，甚不起色，爲之奈何！兹謹解奉第四批申公砝二千兩，又歲寒堂托交佑兄公砝銀一千兩，兩計申公砝銀三千兩，托滬匯上，即請照收。金苕翁諸君於四月朔在洛陽起身，四月望左右想可到津也。膏藥五百貼，内外癥皆治，請察收爲荷。

致金苕人

廿一號信中有懇請具呈一節，此事須仗鼎力，雖施者無必得之心，而旁觀者總嫌其向隅。敬將代□一稿呈請酌定，務祈俯賜核辦，切懇切禱。

致經蓮珊

頃奉第四次賜函，洋洋千言，一一備悉。惟弟請作論勢不論理之説，曰開河係必辦之作，但蘇州公所中勢無分文可勸，民捐盡可與官捐相表裏，但勢祇能多放幾縣糧，俾官中省放幾萬金留作河工之用。移獎盡可辦得，但弟執爲必不能帶辦，必預先有專辦之人，而後再思措手之法。移獎之資，盡可濟工，但弟勢不能承其乏。更進以敝意，曰官辦宜先本而後末，開河是也；民辦宜捨本而逐末，放賑是也。直省中苟尚有必需放賑之地，而民辦中原往放賑之南紳，竟將放賑之錢以之任工，是謂拂捐户之性，遏捐款之源。開河、築堤與助賑異，非但不宜有民辦之名，亦不宜有官民合辦之名，斷斷乎應歸官辦，而以南紳供其驅使，非然者謂之侵官府之大權。要而言之，此時辦事宜專做夾裹，而以面子歸之。朝廷之命官，庶遏民重官輕之漸，而循尊君親上之分。辦賑之利在一時，辦事者亦得一時之名；開河之利在百世，辦事者亦得百世之名。假令百世後，過滹沱而憑吊者，曰此乃南中紳士與官斯土之人通力合作，而始成事者。將置此時直省官紳於何地，我輩萬萬不宜出此，亦不忍出此迂闊之見，明知無當實事。惟生成頑鈍之性，議論往往如此，既蓄於中，不得不宣於老兄之前也。李秋翁之爲人，具足廿四分辦事之才，耐勞耐苦，弟所心□，所短者中無定見，悉聽人言，弟於公事中頗謂其太欠斟酌，於私誼中并無絲毫芥蒂，非但可與共事，并可供其驅使，此時不來直者，限於勢耳。勢苟能來，雖秋亭任替辦，弟任走卒，有利於事，亦所樂爲。勢不能來，則雖秋亭聽弟差遣，亦不能勉强。來示似有誤會，并附及之。

致盛杏蓀

久仰風裁，未親光霽，中懷欽企，夢轂爲勞。一昨由陶齋處遞到交下任肖園丈來信，并批回一紙，敬已收悉。仰瀆清神，不勝紉感。惟前此尚有來信批回一件，并未奉到，仰乞查示。另呈任肖丈一信，并求加封飭遞，是所禱切。

與同人等公致崔季芬軍門、潘莘芝觀察

徑啓者：前年熊純叔先生與翰等經始慈幼一局，旋因賑務告竣，翰先回南，暫留陳春岩、談

任之兩君，即交歸本地王紳大温接辦。仰承執事、季芬軍門樂育爲懷，議添義塾，商同吴清卿觀察具關邀留。嗣陳君南下，談君仍蒙邀留接辦。翰等仰體仁懷，未敢再行置議。現惟談君之母年屆八旬，思子念切，屢囑翰等函促南旋，勢難再爲延緩。查此局本奉涂中丞諭，飭王紳接辦，今春據談君來函，又奉憲諭，飭令談君將局存房地産契開造細册，通報立案，自應遵辦。況現在局務漸簡，談君大可交卸。兹特函致談君，除將交卸以前所用銀兩回南報銷外，即日將現存銀兩、房地産契遵照造册，通報存案，即日移交王紳接收辦理。至前項房地文契，應否一并呈送咨部立案之處，自應稟候批示，再爲遵照，仍希裁示，無任禱切。外附致談君一函，即請轉交，并祈飭令王紳大温即行遵照中丞前諭，迅速接辦，庶談君得以早日南旋，實爲紉感。

又公致談任之

慈幼一局，前承崔軍門函留執事同經理，卓著賢勞，弟等敬佩無已！現惟尊堂太夫人壽屆八旬，思君念切，屢囑弟等函請南旋，勢難再爲延緩。查此局本奉涂中丞諭，飭王紳大温接辦。前奉來函，知奉憲飭將局存房地産契開造細册，通報立案，自應遵照辦理，用特公同函布，務祈執事即行照辦。除將交卸以前所用銀錢，俟回南報銷外，即日將現存銀兩、房地産契遵照造册，通報各憲存案，即日移交王紳接收辦理。至前項房地産契，應否一并呈送咨部立案之處，應即稟請各憲批示，再爲遵辦。除已函致莘芝觀察、季芬軍門，飭令王紳即日接收，務祈察照，實爲紉佩。執事於慈幼義塾具徵一片婆心，惟太夫人倚閭望切，且事理紛煩，亦難肆應，祇好概從割愛，幸勿稽遲束裝，尤深引盼。

致袁敬孫

奉初一日新聞手書，具徵愛我之深，感極感極！先自廿七八間，賡保來兩紙，囑代寄上，當即封送尊府轉寄，想已察入。兹有一番欲達之隱，可否請執事轉陳盛杏翁，庶知南中實在情形？否則空費議論，於事無濟，請垂聽焉。前年豫賑無非以人肉動人心，去年晉賑猶操是題，説是説，人心已不動矣。今年直賑盡説苦況，毫不理會矣。况實在苦況，不若豫晉無可瞎説者耶。是捐款一層，本已絶望，弟於客冬之杪，知捐款無可籌，而水利則必講，故《天河圖》中着重在以工代賑。殊不知此圖發後，適值秋翁奉札，反惹出一番議論，以爲弟處之捐，全解秋翁去辦堤工，而於是議弟結好上游者有之，疑弟阿私秋翁者有之。正月之杪，捐款絶迹，皆《天河圖》上「以工代賑」四字害之也。及弟察知此情後，連忙於二月初一登報聲明，將《天河圖》委之吴中善士身上，絶不算此間刊刻，於是乎解秋翁堤工之謡稍稍，而且捐款亦源源而來。惟弟登報之時，尚留一水利必辦之意於胸中，所以説到秋翁處，放一「工」字在内，以作下文地步。復以爲核獎之款，必多於零星之款幾倍，以核獎者歸之秋翁一邊，凡爲以工代賑計也。孰意核獎者竟無一人來過，硬勸其核獎者計有四百元，尚是經手人要獎，并非本人所要也。試問情形如此，南中能籌以工代賑之款否乎？前年礪生一辦堤工，群以爲非豫捐而散勁。去年振聲一辦掩埋，又群以爲非晉捐而散勁。蓮珊曾來函，云振聲現辦掩埋，想來待賑不急，可以移晉捐濟直矣。此又前事之鑒也。赴津辦賑者，皆非上今兩年收捐之人，所以情形隔膜，未知捐中情形者也。若在津之官場，更無論矣。今若以官捐民渾在一氣，急則放賑，緩則任工，論理何嘗不是？無如此議一登《申報》，則公所可以關門，非弟等志不在以工代賑也。人情但能救急，實無餘力爲直賑謀百世之利也。然而捨本逐末，將何底止，弟試爲代陳一策：

宜趕緊開河也。水利一日不修，賑務一日不竣，南中所捐行將罄矣，若再遲迴，勢必民辦之賑撤局回南，官中之賑不能不放，更侵工費地步，莫如趕速，一面開工，一面籌費，欲待款項畢集而後開工，其勢難矣。若南紳中可以帶同辦理之人，祇有李秋翁及金苕翁耳。

宜由中堂函懇各省官紳協籌工費也。曲突徒薪之計，惟士大夫知之，故此項捐款祇能官紳解囊，其次則大官大紳所勸集者，若民辦公所中斷，無想法者也。

宜令蓮珊回南，與李維之專辦移奬也。晉、直賑款皆可移奬，移奬之錢皆可承工，然陶齋及弟萬萬無暇及此，亦斷斷不宜兼辦。於同事中，因材器使，莫如蓮珊與維之。

宜令佑之一局放完霸州後，緩緩查放也。佑之放得快，南中無款可濟，無款可濟，即佑之勢必回南。回南之後，則人人心中以爲直賑可以了局，《申報》上亦少極形極狀説話，官中籌款亦必有損無益，何也？官籌之捐，亦出民間，民心既以直賑爲了局，則官勸者亦何能踴躍乎？

宜聽陶齋及弟在滬、蘇兩處不假以官中之權，并不假以請奬也。札文一到，或以爲專他人之美，或以爲借境登場矣，害事之處，不一而足。若聽其自然，讓佑之與之聯絡，時刻催捐，綿延此民捐之局，使天下人心知直賑之未了，則於官籌河工不無裨益。一籌賑局，宜請李韻亭、李維之爲佑之集濟也。自尹德厚奉札之後，揚州人心以爲歷年辦賑，被一身在局外之人掠美以去矣。此時揚、鎮公所業已似有似無，不稍與以甜頭，究竟少一分捐款到直隸。民賑中多放一縣，究竟官賑中少放一縣，可以騰此賑費，充作工費也。

致任肖園

初六日，奉到賜諭批回後，曾肅蕪函，請由盛杏翁觀察轉呈，想先塵清鑒。頃又奉到諭函，并第一次批回一紙，謹即轉寄浙局矣。晚鄉里後生，菲材薄植，年來效力轉輸，不過與鄢子、匯商爲伍，乃蒙奬飾逾恒，彌覺慚惶無地。兩次浙解款項，知以佑之先生處賑款已罄，荷蒙台端發交接濟，良深感荷。浙款如有續到，當再專批解上，以紓仁注。

致嚴佑之

頃接文安遞到七號手函，三復迴環，具見功勞萬倍，欽敬無量！南中直捐款項，雖屬式微，人情萬分踴躍。弟處收款四月中必難中止，一切情形，寄上《申報》三紙、信稿兩件，務請台覽，便知詳細。總之，閣下之身暫時不可回南，亦暫時不可任工。區區之見，未知有當萬一否？倘以爲然，務祈由從弟頻年以來襄事轉輸，僅欲與泰西人暗中争氣，實未有分毫惻隱寓於其中。來示逾恒奬飾，幾令人無地自安，此後必勿復施，是所切禱。滬、蘇兩處收款，尚不足五千金，望後再行解上晉款。《徵信録》一册，先塵台覽。苕、蓮翁一一代爲轉致，不另札。實因近日之忙，再生兩隻手亦不彀事，衹好求其原諒矣。信稿兩件，盡人可閲。

浙蘇同仁公致直局

初六日寄由盛觀察處轉上蓮、小翁一函，十二日寄由任方伯處轉上佑翁一函，計均達到。十六日接奉苕公三月十八日賜示，拜悉一一。諸執事公勞碩畫，各極其至，均令人不勝拜倒！蓮翁所示水利情形，尤爲詳審。弟福曾於百忙中就南中現在情勢撮要奉復，想荷心鑒。旬日以來，蘇州及各處籌募情形與晉、豫同一踴躍，惟每自朝至暮，往往來款二三十起，尚凑不到百番。實因本年市情萬分清稀，據市中人云，自咸豐三年以後，從未有如此者。浙因嘉湖之事，頗覺礙手，然無論如何，月底總有五千金咨解任方伯也。酌看捐事，至五月底以後，雖不停收，斷乏來源，民辦之舉，至此衹好中止。兹謹解上第五批直賑銀三千兩餘，俟五月望左右再行盡數凑解也。水利一節，倘得諸君子憫念時艱，及時宣力，真是無窮功德。如五月以後，來源既竭，則似佑公捨賑任工，亦無妨礙也。移奬一節，總須苕、蓮公中有一南旋，方可舉辦。想苕公到津，本難即歸，蓮公賑竣雄縣，本欲南旋，屆時總理有人，不至徒托空言矣。臨發匆匆，不盡百一。

致李秋亭

茲有四月分代收何潤翁、姚彦翁、沈芳翁、楊子翁、姚守翁及核奬款，統共得銀五百兩。本擬湊成一竿起解，實因今年捐款之難，從來未有，適聞上海亦有數百金，因此附同匯上。太倉一粟，聊備車前後給發乞丐用耳。再前次寄奉書箱四隻，未識已否收到，便乞示復爲荷。

致經蓮珊

前日手泐一箋，敬達賀忱，想登青照。直省移賑一事，曾有善士來函，云聞晉省賑款可以核奬，何如刊布《申報》，勸令輸捐者再補五成直賑等語。弟思藉此措辭甚妙甚妙！惟五成似覺太巨，不如照來諭二成之説，無論是否原捐善士，概予核辦。《申報》上祇能掩隱其辭。惟滬、蘇兩處必欲舉辦，必須執事或苕公有一人回南，方可議舉。閣下既於雄縣竣事，必須回南，似可藉重長才，提綱挈領。惟工賑一事，談何容易？如執事之熟手，既又必須回南，佑翁辦賑必優於辦工，似不宜用違其才。若賑事已了，自然辦工。獨剩苕公與秋翁經理其事，苕公必加意謙辭也。頃又悉秋翁有吉林之行，苕公更獨行無偶，必不接手也。二十三日添注。前次賜示，爲直省言水利，可謂洞澈本原，知所先後。若再能公而忘私，與苕、秋翁比肩，從事造福災區，豈有涯涘！惟斷不可有民辦及官民合辦之名，竟宜官爲之主也。惟不高踪能否暫留，殊切繫懷。如果閣下可留，則移奬一事祇能捨然官中之意，欲其留辦河工，然未知其允否？一切情形，詳致蓮翁兩函中，抄呈台覽。苕公祖一局，前據來書，不擬留津。然爵相既欲南紳任工，則非苕公不辦，已致信盛杏翁矣，復函抄呈台覽。倘得諸執事公致苕公一函，力慫恿之，定能慨然見允也。蘇州捐款情形，竟是難乎其難。惟不能不奮其虛氣，硬撑場面，以隨驥尾。諸賢提倡於上，賑款或源源而來，官辦民辦、河工放賑，兩受其益，此則私心所禱求者也。

致任肖園

二十一日肅布蕪緘，計已上塵荃鑒。茲由浙江同善堂交到第五批銀五千兩，係隨文解送第三次。文批兩件，謹即匯定申公砝化寶銀匯票一紙，并寄解台端，伏乞察收，判批回銷，是所至禱。北望雲天，不勝馳仰！

致嚴佑之

賑事灾況，久不得執事詳細手書，覺隔膜。文大賑事，想已查放告竣，續振何邑，計已定見，約算舊存賑款，必已無多。前月廿一日，滬、揚、蘇解六千餘金，亦不足一邑之用，特向錢莊借足公砝銀五千兩，匯奉濟用，即請照收，務祈專門查賑，以了捐户心願。來信宜勤、宜多、宜長，不論東村死去一隻狗，西村失去一條牛，寫些實情到此，庶可憑題作文，隨同滬、揚兩處源源籌解。大約五、六兩個月中，三處公所總可起解二萬金。禹稷當平世，三過其門而不入，公何妨以顔子之位，效禹稷。文郎長大矣，家鄉事無足繫賢者之心，餘再續布。

致金苕人

三月三十日，由蓮珊兄附上廿二號信。四月二十日，由上海附去直字十號公函，度均塵覽。三復瑤頃梅俊翁、陳謹翁到蘇，交到賜書一通，及各附件，又箱包五件，一一點收，分發訖。三復瑤章，於題中應有之義，無不詳竭心思，諸臻周妥。題外文章，亦無不四面周到，一了百了，懇懇仁懷，磐磐才略，五體投地，非托空言！詳詢起居於謹甫，極言鬚已全白，伏聞此言，益徵心力俱瘁。行者如此之勞，居者或不能自勉，上何以對我公，更何以對鬼神天地！日者台旆度已抵直，請與公言直事。佑之之意，欲使南中再集十萬金，專辦文安一帶涸出地畝給種之用。蓮珊之意，欲以官捐、民捐渾在一氣，急則辦賑，緩則辦工。盛杏翁述中堂之意，欲使南中專承河工，此北方之議論也。浙江籌捐情形，官所經募，則統由浙藩備具文批，仍囑此間代解直藩，所以多此轉折者，欲半歸官辦河工，半歸民辦放賑耳。滬、揚、鎮、蘇四處經收者，注意以工代賑，惟經募者、輸捐者人人注意查賑，稍拂其意，必斷來源，此方之情勢也。福酌看事勢，官中既必欲南紳幫辦河工，我公實爲首選，蓮珊次之。佑之辦賑，必優於辦工，不宜用違其才。浙、滬、揚、蘇同人亦甚望執事毅然受聘，爲直隸開百世之利，俾賑事早得了局，斷斷乎無嫌無疑於我公者，願公毋固辭。惟蘇州零收之捐，斷斷不能解濟工需，至於辦公之際，零星酌賑，亦不可以無款，仍當隨時迅解。官中既聘我公辦工，南中豈能一無報解，擬以浙江之款報解任方伯者全交尊處，轉解就便，設法請撥，約來浙款尚有二萬。浙、蘇兩處合一局，專辦移獎，鄒渭翁專任之。現已許多。滬、揚合一局，維之或蓮珊專任之，以此移獎之錢解公，以工代賑之用，官中賑費既形支絀，則佑之一局斷斷不可遽爾撤止。一則民辦多放一縣，官局即可騰出一縣賑費，以資工用。一則各省官中之捐，有民辦紳士函札，時刻登報，即是代爲催解，一經撤止，未免關礙。擬以滬、揚、蘇零收之款，悉解佑翁，專門放賑。五六月間，約可解二萬金。此福一人之私見，尚未盡與三處議妥，應先請示裁酌者也。第恐執事到津後，未必即辦河工，觸目災區，不忍不酌量查放，所携之款不足半縣之用，辱在同舟，理宜速爲設法。惟前日因佑之一局，舊存續解，不盈萬金，在錢莊借凑應之，尚待催募彌補。刻奉來書後，即飛函浙中，請其速墊五竿，以備事急之用。務請抵津後，先將河工事權其得失輕重，以定行止，或因河工驟將接手，亦祈暫駐行旌，是所切盼！臨池不勝瞻馳之至。

致經蓮珊

尊議俟八月以後，再將文、大、保、霸、任、雄、安七州縣補發一賑，現在暫可停緩，極中肯綮。惟查來示所云，盡此一月内，南中各處凑得起三萬餘，則八月接賑一塊作料，可不致無米爲炊。惟弟酌看情形，滬、揚、蘇三處盡一月中，斷斷凑不起來，切約算之三萬金，亦斷斷欲於八月間再振旗鼓，設法籌捐，斷斷無此辦法。欲於五、六兩月中，酌籌數萬金，則佑之斷斷不能暫時歇手。弟處自四月至今，各處來探佑之放賑情形者甚多，佑之無放賑之信，則各處豈能鼓舞？能否請佑翁通融查放，查則緩，放則少，每口原給八百文，改給四百文，賑票不收回，令其八月後，照票領賑四百文。一日原二百户，今每日查五十户。仍將查賑情形隨時寄示，并催捐款，庶於六月間籌足數萬金，以後不必費心矣！此節至關緊要，務求察酌。如以爲然，徑請閣下函致佑翁，否則三萬金未必有，即有三萬金，屆時尚嫌不敷，待米下鑊，疊疊書來，欲不束手坐視，不可得也。

移獎一層，蘇已全歸浙江經辦，折數一五，部飯在外，領照費亦在外。由同善堂發小收照，憑小收照於三個月後换司收，隨後憑换部照。蘇州接到生意後，便爲移交浙江經辦，此已成之議也。揚州前次來信云，悉聽尊裁。似閣下既可暫時留辦，竟宜揚附於滬。

河工事，弟想來想去，祇有金、李與執事可辦，閣下既能駐申辦核獎，再赴直隸辦工，真是妙極妙極！熊、徐一同到直，事更有濟。來示其民辦之肺腸十語，如赴殿試，必中狀元。惟奏調一層，斤兩太重，尚祈酌之。丈夫不可怕事，亦不可過分任重，有十分才幹，辦八分事情，當五分責任，最妙最妙！惟經費一層，官場所集三十萬已有把握否？移獎二十萬，已難銷售，欲再銷其中鹽局之一百萬，其勢更難。雖然，天下不患無財，患無理財之人，真要籌捐，到底總有方法也。

京城孩局，甚妙甚妙。惟宜留意本地人接辦，不用一個江浙人，方可持久，否則與山東留養、河南慈幼局將毋同。

致嚴佑之

連接四月初十、十六，五月朔日手函三通，拜悉。萬倍公勞，十分欽佩。直賑一事，請與閣下決之。曰：「秋後不能不發賑，秋後不能再籌捐，欲於此時預籌捐款，必於此時照舊發賑。閣下而肯見死不救也？務祈即日南旋，幸甚幸甚！」閣下而有懷普救也，非但現在不可回南，且現在不可停放。然五六月中放賑，似非當務之急，可否通融查放，查則緩，向來每日查二百户者，今半之，或再半之。放則少，向來每口給八百文，今給四百文，賑票概不收回，八月後憑票再領四百文。隨時示明查賑情形，并仍上緊催捐，俾南中乘此機勢，盡五、六兩月籌得若干是若干，悉數解上，以爲續賑之備。一交七月，氣勢已衰，捐款本無可籌，亦斷不能忽停忽收，入冬再振旗鼓，若失此時機會，即使閣下請發一千里排單，天天封寄棉花餅一大包，亦斷無人再肯動心。即使有加料，鄭陶齋亦斷難籌募矣。以工代賑一節，同人爲謡言嚇怕，不敢再措一詞。災圖初分時，哄然以爲所收捐款并非急救，乃爲直省謀百世之利，其謂同人結好上游，阿私同黨，捐款幾乎絶望。五月初四日，解上蘇州六批銀五千兩，想已接到，念念！前解殿翁五百金，係因閣下來函囑籌，殿翁諸君在尊局中用費，同人無可如何，就在賑款中提出五百金，其實本解賑款，略換名色而已。此時竟未交出，竟請收帳。如果殿翁在山西時有貼付零賑等用，請其即行飛速示知，以便此間徑寄殿翁也。

致金苕人

頃奉五月初六、七日公函、另示，一一拜悉。福所欲陳者，已盡於五月初五日、廿三號函中，恕不再贅。初十日曾致佑之兄一函，抄呈台覽。潘振翁即日來津，前赴吉林。佑翁南下，僅爲恤嫠一事，似乎輕重倒置，且忽而催籌捐款，忽而駕言南歸，似太不顧全局，不諒收捐人之失信大衆也。賢如佑翁，决不其然，浙款當有到來，台旌請小住數日爲妙。

致金苕人

昨上廿四號一函，想先達青鑒，内叙佑翁云云，實因佑翁此時萬不可歸，不得不效佑翁從前來函，激烈語氣還諸佑翁，冀其暫留而已。賜覽之餘，幸諒苦衷，勿疑語有激射，是所至禱。兹解上浙來申公砝銀五千兩，文批兩角，信一封，即請察收轉交，是所切禱。餘不盡意，統容面罄。

致盛杏蓀

奉五月十四日密示、另示，并由苕公抄示會議條約四款，迴環三復，欽佩難名！承示湘鄉、合肥每賴里中子弟輔成大勳，若存嚮往之意。所苦家福學術淺薄，雖與吴中子弟之列，竟不能輔大勳於執事，良用愧恧。時事艱難，惟有各盡心力所能及，在民言民，在賑言賑，謹就所見條對如下：

條約所開第一款，南紳認辦河工一節，大約緊要關鍵在「浙捐四萬」、「移獎六萬」兩語。伏查浙款已解，任丈未請發交佑翁一萬五千兩，浙方伯解一批、三批、四批。尚待起解者大約二萬兩，此三萬五千兩是否撥歸河工，總宜憑任丈及浙紳一言爲定。家福前致茗公一函，係屬擬議之辭，意中以爲，現解任丈，本未必發歸佑之也。尚未可以坐實。至已解任丈，并由浙紳請發佑翁放賑者一萬兩，鄒渭翁函解五千，浙方伯二批五千。前接任丈來函，言撥而不言借，似不宜再行揠還，致爽前約而乘浙意。至於核獎一節，總須辦到算數。六萬之約，似雖説煞，大約有絀無盈。相去十萬之數，雖不甚懸殊，究竟茗、蓮兩公敢於認辦與否，應由兩公自主。至於移獎之款，指歸河工，蘇州竟可先議，浙、滬、揚、鎮諸公大公無我，想有同情，應俟另行奉復。

條約所開第二款，先查後賑一節，可謂苦心擘畫，體貼入微。惟查户之際，觸目瘡痍，必有不忍不放之户，未必能分文不放，想佑公能道其詳也。振翁到津後，佑翁祇能到津暫息，一經南歸，必礙事勢。至於中伏天氣，究宜停查，以南紳之性命博捐款之踴躍，究非事理之正也。

條約所開第三款，移獎一節，周詳妥協，游、夏不能贊一辭。

條約所開第四款，滬解三萬五千兩，雄縣民埝四千兩，不能劃還放賑一節，詳繹另示，可以心照。此事與蘇不涉，毋庸置議。惟其中難處不得不代爲聲明也。查滬上解款稟稿，與蓮珊翁來函所載，在津與執事面定之約，似發還辦賑一節，滬中之意，已當作全權大臣簽字矣。所以蓮翁來書，并有有此四萬，再解三萬，合成七萬，約敷冬賑之語。家福駁以上冬七州縣於官放南漕外，計用十四萬，今年死亡不多，减半七萬，斷然不敷。然即此抵頭之三萬，非五、六兩月打起精神合力猛籌不辦。今來示既三萬九千兩不能發還，而浙款已歸工費。滬中來源以廣東、福建、九江爲最，今皆自備水災，且在籌款賑粵。茗公越粵募捐，難矣哉！揚、鎮聲勢已散，蘇州極欲與上海比迹，然俟廿五日起解五竿後，一無把握矣。承囑大聲疾呼，家福已喊破喉嚨。此時若失音之人，極欲開口，苦於無聲，是三萬且有難色，何况七萬？何况七萬尚嫌不敷耶！到得九十月間，佑翁催款之時，必有人牽涉三萬九千之語，足使局中散勁者，勁愈散，捐愈少，民賑既不敷，官中豈能不籌款散放？與其不發還，而仍須籌款，何如俯照前説，不使滬中受不入耳之言，以鼓其興之爲愈。來示云，一已奏報，一礙奏銷，從來天下事惟有極無轉圜之部章，最是活法，惟公詳度之。以上所獻，雖與尊議稍有參差，命意則同。騰替工費，略放遠光，故覺若即若離，揆之與爲取之道，未稔有當萬一否？高明教之。

致任肖園

伏奉五月初八日手諭，并浙局第三次批回一紙，謹即誦收轉交，堪慰仁注。福於望日又曾代浙匯解第四批銀五千兩，請由金茗翁、盛杏翁轉上，想亦察收判批，復示在途矣。

致嚴佑之

初四日寄上十一號信，并銀五千兩，初十寄上十二號信，想均一一垂察。現擬於廿五起解第七批銀兩，未稔能凑五竿否？今日函致盛杏翁一信，摘抄呈覽。

致盛杏翁

五月十四日，托由滬上寄奉蕪函并附致苕公一函，内附任丈處文批兩件，匯票五千兩。昨二十一日奉到十四日賜示，後又由滬上附呈一函，并附嚴、任、袁三公信，計均上達台鑒。昨承擲到爵相諭函，兹即繕稟具復上，煩飭紀代投，不勝感荷！又附致佑翁函，亦求發交，是所切禱。同時托由滬上寄請代交佑翁一函，并銀票五千兩，幸祈於察收後，即賜示復，瑣瑣奉瀆，感歉交縈，謹此奉懇。

致嚴佑之

五月十四日寄去十一號函，并六批銀五千兩，初十日寄奉十二號，廿一日寄奉十三號函，想均達上。所有第六批賑款，到時務乞返賜復音，實因諸君子回南絡繹，外間聞風，疑爲直賑事了，不但秋冬賑款勢將絶望，即現在斷難凑解，非有閣下來信，必疑南紳無人在直，且必疑此間解款不甚確鑿，但有桃塢募啓，并無放賑紳士公函也。苕公來函，多叙河工字樣，適足以杜絶捐路，故又未便登報。凡此種種難處，總須心照，方可應手，盼切禱切！除另函起解蘇州第七批銀五千兩，請祈收到後火速賜復，以便再解，否則衹好關店也。

致盛杏蓀

頃由信局寄呈蕪函，五月中第三函，計先登覽。兹托滬上附奉匯票銀五千兩，致佑翁一通，仰懇飭即轉遞，不勝感荷，屢瀆尊嚴，抱歉無似！

致嚴佑之

頃發十四號關照信，想先達覽。兹敬上申公砝銀五千兩，係蘇州第七批銀款，到時務祈飛賜回復，切禱切盼！

致任肖園

廿一日奉到賜寄浙江第三次批回後，曾上蕪函一通，計已先呈荃鑒。兹由浙局交到第七次銀五千兩、文批兩件，相應匯就申公砝票解上，伏乞察收判批，寄示回銷，是所切禱。謹查浙款解交大庫者，此次實係第五批。所謂第七批者，并計二月間徑交嚴佑翁之五千兩，又鄒渭翁具函解交台端，仍發佑翁之五千兩言之，合行聲明。

致盛杏蓀

廿六日曾上第三、第四函，又匯票五千兩，嚴佑翁一信，計蒙鑒。兹由浙局交到第七次銀五千兩、文批兩件，相應匯定申公砝票解，請轉交任丈核收。浙款歸工，來函似已心許，惟懸擬再來之萬五千兩，來函有近事太覺變幻，實在不易措辦之語。以鄙意觀之，終不至於落空也。附以奉聞。

致金苕人

函既寫就，念此時事勢，有非密爲關照不可者。謹略雲泥之分，直抒所見，并取達意之義，不假文飾，爲執事陳之。粵中水灾一節，其事情與江北之水灾一式，若遽視爲直、豫、晉重灾一樣辦法，不免小題大做。上海所刻《申報》募捐，同鄉最爲得體，要借直款，盡可不必聲張。在上海公所直賑内借用，不必通知浙、蘇、揚三處，何者？海防未必無事，一到有事之時，灾民嗷嗷待哺，此事豈堪設想到得？臨渴掘井，斷無人再能籌款，所以此際籌款解直，最爲天大地大第一要着。此時南紳陸續回南，蘇、申、揚、浙其氣已懈，本於直賑一事十分看鬆，然猶在疑信參半之間也。一聞佑之要轉，則益信直賑可緩矣。天下事極急之際，尚不能人人急人之急，况於舒緩之際，而欲先急他人之所先急者，斷斷乎無此人情。然佑翁之歸也，接到福疊次阻止之信，或者可以俯從。今若以直賑移粵之信通告各處，是明明告人以直賑現在可停留。當此之際，欲在預籌秋冬賑款，無論何人均辦不到，蓋事勢限之也。前次來函，有豚蹄篝車之祝之語。福又所未解，誠使今年祝豚蹄，明年祝篝車，猶之可也。今直省河工之款，必須今年籌定，是斷不能以撥款作豚蹄明甚。假如台從竭見振帥，上一語曰：「上海撥來直賑款若干。」下接一語曰：「請振帥籌勸直賑若干。」豈不自矛盾？以福意測之，此次賑粵真是救急，此次粵災直是杜絶粵省協籌之源。執事衹能聽上海爲之，不能慫恿之也。至於杭州一路，更斷斷不可告以移直濟粵之説。總之，《申報》所刊，及福歷次所陳南中踴躍之説，實皆福藉此激勵南中語，并非實有其事也。於十八分闌珊之際，而復以佑之回南之説緩之，移粵之説寬之，則福自二月初審機蓄勢，以至今日，稍可逞勢，籌捐之道，全功盡棄矣。此所以不能不激切實陳也。即今河工一節，亦不可十分昌言，何者？大凡天下事，必能救得眼前，方可顧得日後。勸人捐河工不肯也，不能不側重放賑之説，一經昌言工事，則人人心中必爲賑費既足，所以辦工，然則賑費既足，我輩可以息肩矣。一存此心，捐款尚能踴躍乎？捐款既不踴躍，則今日預爲河工地步之款，日後火燒眉毛時，仍必持工款以放賑。是今日越發談河工，河工越辦不成，不如盡管丟開河工，河工必然能辦。蓋賑款既裕，河工之費不籌自足也。盛杏翁未明此意，逢人言工，福竊笑其謀之不臧，不能不將浙款、獎款以安其心，使之少談河工，反可實做河工也。核獎事，執事到浙後再議。辭獎事，南中各紳，似執事少問爲是，蓋難討好也。山西有信來問，不妨以憑稟出奏復之，尊意以爲然否？此間頗有人望獎，但又不肯獨列於賑案之內，最好如吴玉亭先生方爲稱心，且必如其原請保階，方爲有用。前來示云，另行設法，究已設法否？乞示知。此事福亦甚覺爲難也，從今以後，賑事大約可以幸免，即使不幸再與，亦必有人認定司事經費，請定有束脩、無保舉之司事再辦。然此等爲難事，實係朱太守首禍，而執事受冤。福凡有人問及，必告以此案係領官款萬三任辦春賑而來，與原案絶不相干，且將執事辭獎之禀付閲，然痕迹總多一層也。此時最好大概邀奬，福亦不辭，然須一百二十人同邀方可。然就蘇州一禀，已有一百二十餘人，豈能照辦乎？不如是，又豈能獨受乎？即使他人笑語，可以不問平旦，捫心又將奈何，轉輾思維，實不知計之所出，此事終不能討好矣！與其多一層斡旋，更多一分指摘，不如聽其自然爲愈也。高見以爲何如？縷縷不盡萬一。

致嚴佑之

五月初十日發十二號信，此信至爲緊要。廿一日發十三號信，廿六日發十四、五號，又銀五千兩，係蘇州第七批。計均一一達覽。正懷想間，接奉五月十六寶坻王莊來函，誦悉一一。所論揚、鎮一節，一則筋疲力盡，一則尚有一層，弟近日始知者。據聞有人造一楹貼，云閭里集衆資，淮南五萬淮北五萬，弟兄邀懋賞山東一人山西一人。自己捐錢，例應得奬，猶切如此，經手收放者，真可危也。捐路之塞，半由於此云。所論先行登報，申明換班一節，弟早已試爲之，尚未説着實一定回南，但云有揚州嫠事，不能不歸。下接一語，云今奉來款，即赴寶坻。皆從來函拼成者。然外間因此一信，疑及閣下已歸，一若弟處收捐，藉作自己吃着所需。今若以不常登報之振翁，聲明列報，即日換班，面子上盡可過去，夾裏上大有關礙也。所論恤嫠一節，確實要緊，然閣下通盤籌算，究竟一千餘户嫠婦要緊乎？抑都城之傍、海疆之内嗷嗷待哺數十萬衆要緊乎？閣下所謂不得不歸之一端，弟不敢以爲然也。所論行止須禀命於兩兄一節，尊府世德作求，兩令兄善行充摯，但得閣下將現在萬難脱身情形詳細函致，則雖有極緊要家事，令兄必代安排，是閣下所謂不得不歸之第二端，弟竟不敢信也。所論另籌公費一節，尊意以爲賑内開支，是以飢民之血供吾人之飲食，誠是誠是！然或因此一層，竟其不辦，南捐亦因而停止，則因怕吃飢民血肉一千分中之一分，約算一萬兩賑款，不過一百兩經費。遂使九百九十九飢民之血肉一齊斷送，這把算盤，太不合算，是閣下所謂不得不歸之第三端，弟以爲宜從通變也。所論目前不能籌捐，不如八月間杏翁催行，或可起勁一節。南中籌賑之八鄉，里中視若外國人一樣，不説其牟利，即説其好名，不説結好直隸官場，便説是直隸官場走狗，所以直隸官場偶有道蘇文札，來信亦然。無一次不當作天書一樣的密藏，省得再惹人議論也。假使閣下回南後登報聲明，因得直省某官來函，催令起行。弟恐非惟無益，徒多訕語而已。至於籌捐機勢，現在款雖寥寥，就弟看來，已是極旺之時。失此一關，揚、滬兩處，弟不敢説，浙、蘇則絶望矣。如果失此機會，將來連些些之款，無從募收，歸咎弟等不力，弟等不承咎矣。是閣下所謂不得不歸之第四端，弟竟大不爲然也。所論必需面談一節，閣下雖不南歸，弟亦略可心喻。天下事豈能盡如我意，我盡我心，斯已矣！天地間握大權者，方能就根本上做起，我輩現在尚是秀才，枝枝節節爲之，亦何不可之有，與其面談而徒多懊悶，仍然補救不來，不如不談爲愈也。所論河工一節，弟有一言與閣下拆穿，磐磐大才，必不能受他人節制，一清如水，人非不清，閣下清得過分。必不能與他人比肩從事，况人人辦工，誰人辦賑，是閣下必須辦賑也。閣下未言之意，弟略能料及，不必説穿矣。且就弟看來，擬提浙款、獎款，尚未必能歸工用，何也？萬幸今年秋熟無恙，南漕仍截十萬，尚須有十五萬金，冬賑方可再談。河工今照蓮珊原算，連此間六、七兩批，僅得五萬，如果六七月執事尚在直隸，滬、蘇或可再凑二萬，亦不過七萬而已，尚少八萬。况閣下未必肯暫留直隸，蓮珊原算四萬二千兩，尚靠不住。秋熟未必無恙，南漕未必十萬到得，冬間待哺嗷嗷之時，即封存此浙款、獎款十萬在庫，必有以火燒眉毛，且顧眼下之説進者。天下事，救得眼前，方可顧得日後。今若昌言於衆，河工勢在必辦，人且自幸曰：「辦到河工，賑款必裕，我輩可以息肩矣。」以此時辦工一節在北，諸公盡宜未雨綢繆，默爲安排。致南中信件，不宜多説。南紳在直及回南者，祇宜默運於心，不宜盡人告訴，越看重河工，越礙賑款，越辦不成河工，必須丟鬆河工，專言賑款，河工必辦得成。蓋賑款既裕，工款不籌而自有，賑款不敷，工費雖籌而無益。蓮公尚未深明此意，一到即論河工，弟嫌其落脉太緊，故指出兩樁款項以緩之，然未敢拿穩辦工也。必須各處合力籌足十萬八萬新款，蓮珊所云舊存之四萬餘，合成十五萬左右，然後以浙獎十萬爲本，另籌若干，抵作工用，方能實抵工用。籌工之法，與籌賑異，必須藉重官力，我輩僅能各抒己見，難於經手。弟所默運於心者如此，無如同志寥寥，辦法各各不同，或則操之太急，或則藉以自寬，唇焦筆禿，不見成功，亦付諸無如何矣。再弟疊請閣下多寫些灾賑情形來南，乃自四月至今，并未俯准。此次來示，於灾於賑兩端，未有一字道及，豈另有公函到滬，均未抄示耶？務祈以後來信，凡道及灾、賑兩事，上海信與蘇州信一樣寫法爲要。兹再將前兩函要緊語録後，十一號信云：來信宜勤宜長，不論東村死去一隻狗，西村失去一條牛，寫些實情到此，庶可憑題作文。十二號信云：隨時示明查賑情形，上緊催捐，俾南中盡此機勢，於五、六兩月籌得若干是若干，一交七月，氣勢已衰，捐款本無可籌，亦斷不能再振旗鼓。十三號信云：中伏天氣，究宜停查。總而言之，閣下必欲回南一行，姑俟南中七月半左右，捐款絶望，振翁到直之時，再賦歸與，至禱至要！

致盛杏蓀

昨由滬擲到佑翁信件，披誦之餘，其紙尾有「總之，行止俟寶坻事竣，看直省情形如何再酌」一語，似已經活動矣。振翁回常赴浙後，尚無信到，不知現在何處，且恐礙難即行，并聞應聘吉林之説，爲館穀計，亦寒士苦衷也。前得密函，到蘇時，早經衆覽，復書不能不就原路分達，且欲達之隱，有難盡言，故僅就條議中略下注脚，高明自悟也。另復佑翁一信，拜求加封飭遞，是所切懇。如有惠教，徑寄蘇州爲荷。

匯定公砝銀票，連同文批兩件，寄由杏翁觀察轉呈，伏乞察收。判批寄下，轉交銷案，是所切禱！聞下游州縣又遭霪雨爲患，宏籌［碩］畫，又不知幾費公勞。

致盛杏蓀

五月十四日由陶翁處轉上浙款第四批五千兩，廿八日又浙江賑款第七批五千兩，均請飭呈任肖丈者。五月廿六日有由陶翁處轉上蘇款第七批五千兩，係請飭交嚴佑翁者，想已一一達到。兩處批回、復函到時，務求即日賜寄。仰瀆清神，莫名感激。兹又托陶翁處附呈浙款第八批公砝匯票五千兩，上任丈蕪函一通，蘇款第八批公砝匯票五千兩，致佑翁一信，即求察收，并賜分别轉交，至以爲懇。前三次銀款、蕪函到時，更祈即行賜復，尤爲感盼。

致盛杏蓀

昨由上海遞到六月初二日賜書，并寄回苕翁一信。知五月十四日浙江賑款第四批銀五千兩已蒙核轉，廿六日布奉三號、四號兩函，又附呈佑之一信，蘇州賑款第七批銀五千兩，廿八日布奉五號，又附呈任丈一信，浙江賑款第七批係隨文起解第五次。銀五千兩，六月初一日布奉六號函，又附呈佑之一信，初三日布奉不列號一函，現想一一達到，賜復在途。今日又由上海轉上第七函，并附任丈一函，浙江第八批公砝匯票五千兩，又附佑之一函，蘇州第八批公砝匯票五千兩，均請一一核收，并即賜復，不勝感激。振翁處杳然無信，究不知現在何處。揚州李氏昨來索取捐册，正在發憤爲雄之際，佑翁豈宜即歸？惟乘此機勢，俯照初三日不列號函中所獻各節，似乎有益無損，惟明公裁度之。蘇撫憲所分捐册五百本，每本扯收三十元以内，頭醋不辣，二醋恐不酸也。浙撫憲處其實無與弟事，且即扣算在五萬之中，是此舉僅能勸到萬五千元，陶齋三萬之説，係弟過作大言，激使滬局想法，并非實有把握。現聞陶翁力籌茶酒等館三萬，或庶幾乎尊論官民工賑各節，無一語不入情入理，令人五體投地。惟弟于賑捐一事，勞等鄆人，職同錢僧，禹稷蕭劉之説，得毋蛇龍貓虎之喻耶？惶愧惶愧！河工尚少十五萬，南中可指之款實無可籌，惟有俟七月以後，酌看南北情形，隨時留意。尊論不戰益備，真是顛撲不破，苦無一知半解足以引伸妙諦，愧甚！

致盛杏蓀

昨晚接六月初五、初八兩次惠書，知前所上三、四、五、六函，一一上達青鑒。初三日由雨之觀察轉寄不列號一藉緘，及十三日所發七、八兩函，又銀一萬兩，度亦可先後遞到，悉仗大力，感佩交縈。詳誦另示，若見滿腔憤懣，無限憂思，有不能不力任怨勞，擔當宇宙之勢，是豈獨賑災之幸哉？天下事惟懼不利於已，遂致不利於國，終仍不利於已，又或急求無事，遂不復顧事勢，終致釀成大事，河工其小焉者耳。南北籌賑無人，猶是京外之别。實情不洩，彼此隔閡，實情太露，氣勢沮消，賑猶如此，可不慎哉！時事日艱，空言亦屬無補，不如與閣下言賑，約計最要者：

由執事致函韻亭、維之，請其得力夥友邵天禄必須即日到直，佑翁雖先不歸，不可不令休息。并請其致信仲、張兩人，留直勿歸，加料米湯須灌及邵、仲、張三君之口。

獎事現在由蓮翁會商揚、鎮，苕翁會商浙江，二十日來會於蘇，一有定議，再行奉報。佑翁奔走查放，囿於聞見，勢不能詳言各處灾況，務求執事隨時示知，必詳必盡。弟當將尊諭加入佑翁信中，刊登《申報》，决不使執事有失言之慮也。

致盛杏蓀

十三、十五日曾布三緘，并銀一萬兩，由陶齋轉上，度已達到。廿一日接奉十三日賜示，并致揚州函稿，及任丈賜書，一一拜悉。適因蓮翁、苕翁、菊翁來蘇會議，諸事冗雜，未即具復爲罪。核獎事已由苕公將會議稿件呈覽，不復贅及。蓮翁到此，知十六日韻亭在滬奉到手示，即許招致邵君，仰見登高而呼，響應異常，快慰何極！示及前此七批浙款，三批已交佑之，四批交任丈，歸入河工。後來者自可悉歸工程，如此劃清界限，甚妙！苕翁、蓮翁八、九月間總有一人到工，蓮翁因織局事，擬請徐仲凡爲代。弟雖未見其人，見其行事頗爲精細幹練。然工程不易，蓮翁倘能兼顧，更妙！浙中委廉赴粤，礙於越俎，殊不接洽。此事却係創格，無怪其然。傅相手函，苕翁此去似不可緩矣。潘振翁一貧如洗，辦賑纍年，負債盈千，性又萬分高潔，不受地方官一餐之饋，不支賑局分文之款，弟望其風標，萬分畏服，故不敢極力勸駕，亦不忍再令負債也。現仍杳然無信，未知已到吉林否？明日由滬匯奉公砝銀壹萬兩，係浙、蘇第九批。茲先將任公、嚴公信兩通寄上，到時先請示復。再佑之處五月廿六、六月十三日兩次解款之收到信，俟過尊處，即請寄擲。又六月初八、初九，佑之有信兩通，未知曾由執事轉下否，亦祈一查，因至今未來也。

致任肖園

一昨奉到初六日賜書，知浙中第四批回已蒙徑寄浙省，慰甚。所有五月廿八日、六月十三日兩次，由杏翁觀察轉上蕪函兩通，浙款七、八兩批，共銀一萬兩，度已先後達上，有復在途。昨浙局交到第九批銀五千兩、文批兩件，仍匯定票據，托由杏翁轉上，即請察收，判批繳銷爲感。直省河工萬不可緩，承示皆探本之論，敬佩敬佩！浙款除萬五千金外，知已議歸工資，同人公議，擬請晉、直捐户核獎者，加捐二成現銀，以濟工款。苟能如願以償，數却不菲。吴中始則苦旱，今則苦雨，捐款難望生色，殊無以負雅望，甚悶人也。序帥將赴漕任，吴中子弟若脱羈絏，父老則成思藉寇耳。

致嚴佑之

二十日接到六月初十日手書，快悉暫先留直，是真灾黎之福，聞者無不稱慶。惟來示所云，前昨兩具蕪緘，似初八、初九兩日尚有賜書兩通，至今并未接到。又弟於五月廿六日曾發十四、五號信，并蘇州第七批銀五千兩。六月十三日又發十七號信，并蘇州第八批銀五千兩，約計時日，應已達上，亦未奉到復函，無任懷念。茲謹解上蘇州第九批公砝銀五千兩，務請收到票據後，馬上賜復，實因直賑可停之語，南中已衆口同聲，若不將解款之復示傳布刊報，弟處蒙被疑謗，萬不能再行籌解矣，望切禱切！前次杏翁來書，云擬將解款暫存西號，存券仍交閣下收執，俟秋間發賑時，向號支取，極爲妥善。所以祇能存在天津西號，不能存在蘇州者，實因隨時起解，尚蒙衆謗，況存蘇不解，更不知若何謡啄也。承詢浙款一事，早經由浙議定，除尊處收過浙款一萬五千兩外，悉數由苕翁辦河工。至於核獎之款，亦經四公所擬議辦工。惟滬、揚、蘇零收捐款，一概解歸執事，留辦冬賑。上海之三萬五千兩，曾接杏翁來函，知上年冬間早由州縣經手放訖，且已奏銷，萬難發還。冬賑如果吃緊，當力請中堂酌撥官款，交由執事承辦。此事與弟無涉，礙難置喙也。不知上海稟解中堂時，究作何語，蓮翁與杏翁實在如何説法也。弟前函所陳十五萬之説，乃論理不論勢之談，本難如願以償者，此時欲顧冬賑，惟有將南中解款用一留九，斷斷不可多放，庶冬賑稍有所蓄。欲望南中續濟，就弟看來，合蘇、揚、滬三處，尚有五千金，可以起解。此外實無把握，祇好俟閣下七月杪回南後設法募勸矣。且恐閣下回南之後，亦難籌勸，蓋石子中偪不出油來了。河工事，傅相及杏翁諸君、南中同人極欲藉重長才，初十日乃云實無其才，未免太謙。惟弟爲閣下計，還是轉顧查帳，謹當仰遵台諭，函致杏翁，以副雅囑。昨聞杏翁已請邵天翁到津，李韻翁業已許可，未知確否？

致嚴佑之

二十日奉到初十日王莊手示，頃又奉到廿二日天津賜示，敬悉一一。惟本月初八、初九日所發兩函，至今并未接到。同人於五月廿六曾解去蘇州第七批銀五千兩，六月十三日又解去蘇州第八批銀五千兩，至今未奉收到之信，同人殊爲懸懸。此次解款，大都由各縣善士互先凑墊，以及借錢莊之款，墊解後再行募補，若閣下不發收信，同人便受疑謗。即如五月廿六日第七批內，有嘉興善士墊洋一千元，屢次來信，何以不解尊處？同人屢復其早經起，頃竟專誠買棹來蘇，面詢一切。同人當將上海收銀之復信，盛杏翁收到匯票之復信，一一付閱，彼仍不信。適尊示到來，同人疑即收信，拆開付閱，不意來函未及解款之語，於是大疑上海及杏翁之信，全是弟等捏造，不但千元立刻索還，并且大加誹語，弟等有口難辯，祇能聽其笑駡。深恐轉輾傳聞後，手捐款更覺難乎其難，所幸立身於不敗之地，於同人之聲名尚不妨礙。然一己之聲名尚小，後來之捐款甚重，爲之奈何！伏祈迅速將七批解款剋日賜復，俾可即日登報，一洗同人之冤，至禱至禱。飛函奉懇，餘不及贅。

致嚴佑之

昨奉手函後，適因捐户饒舌，當先將情形奉聞。現在務祈將五月廿六日、六月十三、廿七日三次各解銀五千兩，賜一復示，以便登報斡旋，無任翹盼。所示即赴文安，妙極感極！振翁處連發數信，杳無一音，恐已赴吉林矣。聞邵天翁可來，蓮珊所邀。如果到直之後，閣下於七月望後回南一轉，藉便勸捐，更妙更妙！所示寒衣、恤士兩節，已將來諭登報。寶坻賑款所貼無幾，騰出冬賑之資。尤徵大才擘畫，欽仰無似！

致盛杏翁

昨承佑翁示及代辭奏獎一節，令人感激涕零。生我者父母，愛我者兩公也。弟性非高蹈，深願受人培植者，惟斷斷然不願以辦賑爲進取之階，亦不願以辦賑得儻來之譽，齊賑一役，業已貽笑西人，失信鄉里，爲生平一大憾。此次再經奏獎，則李梯摩太輩愈看不起我輩，江浙籌賑者愈無以解疑謗於大衆。此時仰賴鼎言，自可幸免，他時直賑告竣，終有獎案，務祈詳切，代求於賑案中萬勿一及弟名。歲月方長，受恩未晚，如蒙俯准，終有以圖報大德，幸勿金玉爾音，切叩切懇！得請之後，還望賜示，俾此間以爲留撤公所之準。

致嚴佑之

前布各函，計均一一達到，祈即示復，切禱切禱！兹解上蘇州第十批銀五千兩，到時即祈示復爲感。

致盛杏蓀

廿八日奉到廿一日賜書，知所上第八函已塵清覽，尚有七、九、十、十一等函，度亦先後達上矣。兹又由滬局轉上申公砝銀五千兩、佑翁信一函，拜求察轉。又抄呈勸辦茶米捐稟函復函於賜鑒後，一并轉交佑翁，聊慰其苦心奮志。瑣瀆，罪罪。此事如有把握，想我公亦大快也。所苦者，序帥已行耳。

致任肖園

昨由杏翁寄到六月十六日賜諭，并浙七次批回一紙，當即寄浙。前後浙款，可以兩批，知由杏翁處咨復冰案，復經晚處轉上六月十三所發八次、六月廿八所發九次浙款，共一萬兩，日間當已達到，賜復在途矣。家鄉天氣大似直中，近日雖已放晴，不似中伏，人事可憂，所冀砥柱中流，光邦家而榮閭里，後生小子亦拭目觀成也。

致盛杏蓀

奉到七月初三日手書，備蒙試譽，令人無地自容。叩承鄉誼，幸勿再施，切禱切懇！弟處於六月廿七日肅奉十號函，并九批銀一萬兩。廿八日肅奉十一號，三十日肅奉十二號函，第十批銀一萬兩，兩日下想已送到。雄、寶款項，浙江解款分別截清，尤仰卓裁。晉、直獎案自經在論。家福於甫經發議之際，亦以是爲憂慮，曾經函詢直中有無博古而不泥，知今而多識者無有也，繼思改道尾閭，終恐閉門造車，既不能規畫全局，則惟有揠去一方土，俾得消受一方水爲慰情，聊勝之舉耳。任肖丈來函，似以杏公之意爲然，或有成功之望耶。

致盛杏蓀

昨奉七月七日賜諭，并致莕公、蓮珊各一函，均已接誦分寄矣。佑翁往來函札，極蒙關垂。此次又承函催，感激豈復有量！前此嘉禾善士索回之款，探聞另有别情，所言皆吹毛求疵耳。茶米兩捐，現尚未見眉目，甚爲悶悶，事勢如此，無如何矣。木捐事，容再轉致嚴君。惟粤捐一層，鄙見看來，竟無大望。莕公雖去，恐亦没甚把握也。頃托上海解去銀一萬兩内，五千兩係浙江第十批，今附上公文兩角、蕪函一通，拜求分别飭送傅相暨任方伯照收，又五千兩係蘇州第十一批，今附上蕪函一通，求於佑翁文安回津時飭交照收。又弟處稟摺一分，即求賜閲後，飭送督轅。此間因列名者二十餘人，不能全寫，而用「淩淦等」三字具稟，將來出奏時，亦求如此。若添處賤名，則此外二十餘人，反覺姓名不彰，適開争名之端，拜求婉達傅相爲感。種仗鼎力，望風遥頓。

致任肖園

初四日拜上一函，諒等察鑒。兹由浙江寄漕平銀五千兩、公文一角，當因轉輾，匯費略有破耗，仍照前事匯定公砝銀票，轉由杏翁處送上，仍祈判批，以便回銷。浙江來函，或者尚有續款，雖無把握，却不絶望，附以附懇。

致嚴佑之

前於初四日奉布廿三號函，想登台覽。兹解上蘇州第十一批公砝銀五千兩，即求招收。餘不盡意，惟求於奮勇之中爲蒼生珍重此身。

致任肖園

廿一日由杏翁處交到賜諭，并浙江八次批回一紙，遵即寄浙。所有六月廿七、七月十四續解九、十批各五千兩，想均達到，有復在途。北地偏灾猶未已，邊事亦無定局，牖下書生，尚不免杞憂竊抱，况憂以天下者乎！南中歲事，尚無大害，但求電報，不甚張皇。江浙捐款，無論多少，尚不至截然而止。從此工賑并行，百年利賴，功被直境，豈有艾耶？

致盛杏蓀

疊奉七月十一、十二、十五三次賜書，并致江小翁函、爵相函稿、肖丈、佑翁來函，一一拜誦，轉交訖。茶米捐一事，始以爲必有把握，懼懈同人之氣，遂秘而不宣。既因事勢不順，且各處來抄稟稿者甚多，遂刊入初四《申報》。外間復以河工爲緩圖，反致誤及賑捐，遂於十三日刊登一書，側重放賑，真所謂救過不遑矣。今得摯函致蘇、寧兩方伯，復請爵相函致中丞，所謂謀事在人者，亦已無微不致，三復手稿，敬佩敬感！但求河工不決，不但南北同人氣均不懈，直賑終有了局。此間零捐日少一日，近日巨款，專賴序帥所勸營局兩宗，此後如有捐款，佑之處尚可起解一兩批。若茶米兩捐，即有可望，本擬三賑七工，佑翁處冬賑十五萬，終恐空言徒托，惟滬捐似稍起色耳。

再啓者，承詢十八公之爲人，弟僅與一面，往來函札二三十通，内藴實不細知。所能見及者，精明强幹，悃愊無華，勞怨不辭，顛撲不破，弟實不敢望其項背。即如同事中苕公之練達，龔甫之品詣，佑之之强毅，芸舫之洞達，菊蓀之賅博，振聲之志節，韻亭之勤樸，陶齋之血性，蓮珊之懇摯，弟無一不望而生畏，奉若神明。天下惟勝我之人，方能使我佩服，如諸公者究非希世獨出之人，弟已敬畏。若此弟之庸朽，難逃洞鑒，且自私之心，人孰無之，弟所不敢自私，實在無可自私耳。近取諸物，一末碎之洋燈而遠方乎，古二十史中無其人，《儒林外史》中有其人，是豈可列諸薦剡者乎，務求婉詞報謝，俟稍有一二分根柢，於附生上保一從九品之京銜使之，聽候同輩諸公驅使，庶幾尚能勝任。否則方寸之中，負疚愈深，恐懼之餘，作事愈將顛倒。蒙辭賑奬，業已感深知己，此又重仗鼎言，切禱切禱！承詢奇材異能，鄙意不然，天下任重致遠之人，必似至平極庸，决無驚奇炫異之事，即真有奇材異能，亦衹能聽人使用，且須力防其走作，若令此等人大權獨操，無有不决裂者。此時但宜求碩德通才爲主，即降格以求亦宜先從有德品之士着想，讀子張問士三節可知，求才之法，持愛不敢不直言，幸宥而納之。方今人才更有剛柔不調之弊諺，所謂撐籬竹壞水土屬陽者，賴有人調變其間耳，握樞機者尤重此義，太柔則懦，太剛亦折，曾、閻兩帥治晉在有相益無相妨之中，必有一人焉，剛柔得乎其中，乃致如是中興諸將相，莫不致力於斯。當有吴江人自新疆來者，五年前聞左氏緒論云新疆底後尚須以五年汗血整頓東防，再以五年整頓東南海防。此議若信真，我國家之福，但求功力相侔者，勿局處於左候之下耳。

致嚴佑之

兩奉六月三十、七月十二日賜示，知九批、十批銀各五千兩，已蒙照收，僅剩十九、二十、二十二、二十三號信，及七月十四日解上十一批五千兩未到，想亦先後達覽矣。承示灾況，足敷登報作料，可感之極。暫不動放，静觀大局，極是極佩！茶米捐雖無把握，想亦不至全行落空，惟此款原係側重河工，擬合浙款統計，以三成解尊處，七成解杏翁局中。此後解尊處之款，蘇州雖未絶望，終恐有限耳。得京信，知有議及溝洫者，惟此事更難於開河，必先有本地紳士，而後濟以官力方可成功，客紳則斷難效勞。我公如有妙法，即有妙法，亦難籌款。姑爲言之，啓愚蒙何如？韵翁五千，恐係訛傳，昨開來清單并無此款，抑留以有待耶？揚事議論甚多，弟多方爲之調停，然衹能調停已成之局，不能稗補。現在之事，萬不得已籠絡王、阮兩家，歸之於蘇州、鎮江一路，非但不愜於揚，且柳氏因春間修街事，亦有妄肆譏評者。弟於十五日函商李抱仙、陸挺芝、汪和卿諸公，請其另再慫恿數人出來，幫同柳氏籌捐，一面由弟函懇諸公設法，均尚未有回信，此所爲撞木鐘也。上海之捐，直粵分科，并非全歸粵賑，實在均不旺。陶齋於前月中諸事太不順手，未免英雄氣短，月初忽聞粵閩來款各千餘金，氣勢爲之一壯，此後閣下來札，於上海一路務宜鼓舞而激勵之。南中五、六月間忽而似旱，忽而似水，現在農田無害，未必非天佑，諸善長感召天和，非空灌米湯也。秋翁事，南中絕無動静，惟人人心中欲食山宗之肉，爲可怪耳。

致盛杏蓀

初四日曾上十三號一書，十四日又上十四號書兩通，并銀一萬兩，廿二日又上十五號一書，計先後奉達。頃托上海解上浙江十一批公砝銀五千兩，蘇州十二批公砝銀三千兩，另具蕪函一通，度可次第達上。兹補奉肖丈、佑翁書兩通，直督公文一件，拜懇分别轉交。銀款留津與否，聽候裁奪。此間捐款以及賤軀都如軟癱，殊悶人也。鎮江頃有信至，勉籌三四千金，揚州亦准一竿，不日起解，足補此間之缺。晉賑核奬事，前奉茗公抄示手諭，□□藻密，欽敬無量！鄙意晉賑僅奬八萬，爲數無多，雖與尋常封典一例，加捐二成，似未平匀，然一經更章，反覺茫無下手，不如俟晉賑辦訖，再議變通。已以晉奬宜援直奬，官賑八五例爲辦法，一俟印收發到蘇州，即歸張廉泉、謝佩孜辦理。

致任肖園

兹由浙局寄到十一批漕平銀五千兩，公文一角，當即照案匯定公砝匯票銀五千兩。即請照收，判批回銷是荷。

致嚴佑之

頃接七月十四日十號手示，謹悉種切。此間捐款日衰，茶米捐并無動静，今勉解上蘇州十二批九、八公砝銀三千兩，到時即請察收，一切前信已詳。弟於各處去信後，今日始得鎮信，知已得三四千金，揚州亦得一千，即日可以起解矣。以滬、揚之後勁，補此間之中衰，似閣下尚可暫留也，餘不盡意。

正封函，接十一號賜書，就悉種種。溝洫一層，向聞可以洩積潦，限戎馬，於現在事勢頗合，惟須上游竭力提倡，方有把握。我輩酸醋甏，恐難於圖成也，閣下以爲然否？嘉興退還之千元，隨後探得另有别情，所云尊處未有收信，尚是吹求之辭，現已大白，閣下可勿介懷也。

致金苕人

奏奬一事，知將諸同事二十餘人合開一單，復夾一片，單舉十八公及家福兩人。在十八公，爲已入仕途之人，原屬無嫌無疑，盡可依然受之。家福自豫賑以來，外間即閧傳得二品頂戴候選并召見之説，察所由來，係同籌賑款，不與此間合局之人所造，蓋欲因此掣家福之肘。若謂家福之承辦此事，祇爲自己起見，奉勸諸公决勿入其計中，廣與以捐，使之成名。家福因此一端，恨如切誓，願以青衿老矣。家福并非孤高一路，想蒙鑒及。前年晉豫捐票，盡有取處，所不於此時少致功名者，礙此一層耳。至於賑案不受保之原因，在燕臺受洋教士訕笑，云閣下此去可得一大大保舉，不比我們吃辛苦，反被中國人説壞話。家福曾對天立誓，如得賑案保舉，身死燕臺海中，是以不敢得保之説，即從山東賑起，非河南以後始有此之説也。今傅相及應公之舉，原爲國家起見，然恐後來人遇公家事，以家福爲鑒者，畏縮退避，以家福爲歆羨者，衆人不信不見成功。家福則救過不遑，將來萬難出山。即使出山，畏首畏尾，斷不能做一事。是爲國計，既無益爲家福計，更不堪設想矣。且聞聞諸潘氏。傅相因一衿不足遽顯，欲另行設法，是太不諒家福矣。天下士必有一份實濟，方可得一分功名，而稱職無慚。若以空疏無據之身，遽膺重賞，無有不顛覆者。果有此事，則家福之敗家禍國，可以立待。家福决不肯自入於網，惟有披剃出家報之矣。今特煩辭奉懇，務求鼎言，轉達諸處。此時但以十八公舉出，必勿齒及賤名。如果應、盛二公礙於出爾反爾，不能代解，其勢實不容已，則家福之名，斷勿開入同事二十餘人之中，僅録其名於别紙，而一字不及於賑，或得一待詔、孔目之銜，家福尚可拜受。倘無此層，更感家福苟命中應當出山，且俟將來。蓋終恐礙及賑事也，稟單列名，尚且爲難之極，而况有關微名者乎？明達如我公，當蒙鑒及矣。有逾於此，家福不能不自爲計矣。切懇切禱，恃愛切托，幸恕冒昧。

致盛杏蓀

疊奉七月廿四、三十日手書兩通，祇悉一一。福於七月廿九日曾寄奉十六號一書，同日托由滬局轉解浙蘇銀八千兩，計已上塵台簽。苕公已於前日赴粵，晉賑公文實收已由滬局交來，由核獎公所張廉翁諸君分別存蘇、寄浙，備文奉復冰案。日間捐款益形寥落，惟當此水旱并厄，殊覺欲罷不能耳。茲托滬局解上蘇州第十三批公砝銀五千兩，佑翁信一通，拜求察轉，實爲感荷。再頃接序帥來函，因有王君捐款，囑爲轉稟。福久擬將序帥募款詳開稟報，因抱微恙，遲擱已久，今特具稟一通，拜求飭呈督轅。序帥來函，抄呈台覽，倘蒙傅相即行函咨，更深感荷，此亦藉力法也。

致嚴佑之

疊接七月十九、廿七日十二、十三號手示，敬悉。弟處於七月廿九日曾泐蕪函一通，二十五號。又十二批公砝銀三千兩，由滬轉請杏公送上，計蒙鑒及。茲又托前途轉解蘇州十三批公砝銀五千兩，即乞檢收爲荷。南捐不振，夫復何言。刻單三紙，聊呈一笑。

致盛杏蓀

正擬修函，欣奉賜諭，八月十四日所發。并肖丈來函一通，十次批回一紙，奉誦敬悉。直南旱象，近復何如？私心切祝，惟冀甘霖早沛耳。自公七月杪發書後，知滬上兩次共接八千金，蘇則從同，揚、鎮半之。佑翁擬以七月十三以後收款作爲旱備，似亦愜當。此間捐款不絶如絲，欲再湊解一批，真似登天之難。潘振翁前日到此，見公書，慨然曰：如果旱灾太甚，願即辭館赴賑。近已得館常州。囑弟速探灾况，羅致幫辦之人，預籌挈帶之款。因與之談心十八時之久，向聞人言，振翁忠厚有餘，清介絶俗之人耳。自弟觀之，真一血性丈夫，有道君子，弊無不察，而不肯疾人太甚，志則甚高，而不肯大言不慚，非不練而自視若無所能，境則甚窮，而自識常若有餘，振翁真人中之漢玉也。摩挲既久，寶光益顯，惜無長才供其驅使，巨款資其利濟，爲可憾耳。十三日寄奉稟函兩件，想已達到，兹又附致佑翁一信，仍乞附遞。日間將有浙款到來，故肖丈處亦附一緘也。種瀆清心，諸乞察諒。

致嚴佑之

十六日得初二日十四號手書，謹悉種種。南四府旱象，近復如何？甚念甚念。七月廿九日解上三千兩，八月十三日又解上五千兩，度可先後達到。我公欲以七月十三日後接到之款作爲旱備，甚是甚是。六月以後，滬、揚捐款日即於盛，此間日即於衰，弟與諸公原約如此，毋怪弟等不力也。前日振聲兄到此，見旱灾書，云如果旱既太甚，欲分局查放，願捨館赴賑。并須陳春翁、梁資翁兩君同往，俾可另開一局。弟以捐款不旺，未置可否，立候尊裁復奪。再有請於閣下者，現在因攢造晉賑徵信録，總數須得統核，可否仰懇閣下於百忙中摘一數來，祇須云自揚州啓程之日起，山西起程赴直之日止，共收銀若干，在山西某縣共放大、小口若干，每給若干，兩縣能分開寫尤妙。共合銀若干，净剩帶直銀若干。此間便可合龍，便中幸即賜復。前示合稟賜獎一節，弟以爲此時賜獎，要當求獎辦法，祇宜托人懇情，不可徑自具稟。另示四款一條，極確極當。惟欲本地勸解捐，嵩兄到直，恐又難乎其難也。

致任肖園

一昨奉到賜諭，并浙局十次批回一紙，謹已誦悉轉交。兹又據交來文批三件、十二次銀五千兩，仍即匯定公砝票據，請由盛杏翁轉上台端，即乞察收，注批擲回爲感。聞省南已沛甘霖，可喜之至。南中籌款已窮，惟祝直北豐收，賑事得早息肩耳。

致盛杏蓀

十三日由信局寄上蕪函一通、十七次。稟函兩件，復由滬局附上蕪函一通，蘇州十三次公砝匯票五千兩，二十日又托滬局附奉一書，十八次。想蒙一一垂照，感荷無似！蘇州捐勢日衰，所幸直災已鬆，勉可息肩耳。浙江又來五千，第十二批。亦於昨日附由滬局匯解。兹謹附上肖丈、佑翁各一函，公牘兩件，拜求分别察轉，無任冒瀆，感謝之至！

致嚴佑之

七月廿九日曾解十二批銀三千兩，并廿五號信。八月十三日又解奉十三批銀五千兩，并廿六號信。二十日沕奉廿七號信，計均達上。此間捐款本難振作，前日得某公書，云北來友人無不說光景大好，無須再賑，函致此間當道，亦如是說。佑翁雖痛哭言之，無奈南中含笑聽之。來示囑湊十萬，除非合肥再有函致官紳，任筱翁從旁襯托，或能得之。又接某公來函，云在申晤吴太史，詢悉直省今年收成尚好。據見爵相，云此節可放心矣。又接某公來函，前日某翁回里，知可停賑，專辦河工，然南中亦有水利，如果賑款有餘，何妨帶回南中，自興水利。又接某公來函，云河間勢成旱灾。惟某臨行時沛然下雨，倘能旱不爲灾，賑務亦可停手。文、大查辦恤嫠，足見辦善周到，然此等善舉江浙亦未嘗不可辦也。現聞將賑餘之款盡作開河之資，此心亦可稍安矣等語。弟酌看情形，博采衆説，伏秋已過，不致再起大波。旱地得雨，不致有礙春收，秋成有穫，不致再有餓殍。灾况既均轉機，賑捐理應停止。現擬一面編録徵信，一面催收捐册，以作了局。惟停收之説，恐礙河工捐款，不敢遽爾聲張。倘因此有幾微來款，或積至封河之際，盡數解上，未識能湊五竿否。萬一來源尚巨，賑款實無需此，似宜撥入河工。果尚有非賑不治之灾民，此節亦無庸議，果真救窮不救命，上文所叙第四，某公之信。似不如辦河工，祈酌之，勿惑於出奴入主之談，應候尊裁。弟總執守舊約，凡收票注明解交何人者，不擅變通，請執事兑收後，通融緩急，酌劑盈虛，是所切禱！其米捐一款，如有收到，本擬注明解交直隸籌捐局。茶捐由善堂自行交來，意欲交閣下辦賑者，票上仍書大名，由官發到者，亦注明籌捐册之由。官場來者，原禀聲明，解交閣下，仍解尊處也。先此奉聞。

致盛杏蓀

前奉八月十二日手書，實因事非素諳，當候公議，有待答復。頃發十九次蕪函後，接奉十八日賜示，并由滬上抄到復致一函，并下商核獎各節，似十二日書中以十成收捐，六成造册，專爲賑款計也。十八日復致蓮翁書，係爲捐數不旺，酌議變通招徠之計。敬持兩説，細心酌度，似晉獎無論如何加助之款，總以不改成爲是，何者？此時之不起色，半由於□捐之賤，半由於白衣人少，即使減成，亦未必過分暢旺，反與人以觀望再減之勢。且揚州已核一名，此間已核八名，一經更章，勢將找還捐銀。鄙擬晉賑一項，照十成例銀收二成捐四釐費，於九月十五日無論十名、八名移送一批，如無隨銜監在内，就在同人中本無虛銜者試辦。一人一并開送津局，於文中敘入，一面請將直獎實收，趕緊發下，俟奉到之後，凡遇虛銜封典，皆歸直獎核辦，竟照蓮翁所議虛銜收一成二，河工捐封典收一成，河工捐部照費公費仍收四釐，凡隨銜監一項，不論監底與銜，均仍收足二成，全歸晉獎核辦。萬一晉賑中亦不能核隨銜監，則俟直賑三十萬核完之後再將晉案核減。此必無之事。如此則晉獎始終未經改章，直獎亦始終一律，至與初禀二成不符，則此項本係加勸之款，非同部章之畫一不二，但求一案之中不致前後參差而已。究竟有當與否，仍候公裁。他如晉獎減四成之説，就弟看來，就此晉八萬，直三十萬，亦恐未必核竣。至請一品封三品銜，部中亦未必不駁。若化巨費，亦恐所入不敷所出，應禀與否？亦候公議。

致嚴佑之

昨發信後，接奉八月二十日十五次手示，敬悉種種。水區賑款，前接賜函，勉可分派一賑，似祇能將就了結，欲再放一次，恐力所難任矣。南四府既已得雨，情形自然鬆動，且弟怔忡之病已成，雖欲扶病辦事，勢亦有所不能矣。準即催收捐册，以作了結。閣下擬於十月南旋，此間準於九月二十五日盡數起解一批爲止。頃據吴江費君來言，江震茶捐已經議定開辦，奉縣出示在案。旋蒙邑尊面囑，云進省見撫憲，面諭可以無須再捐，自應做爲罷議。費君因無可落場，仍請照現在勉勉强强在彼捐辦，情形如此，是茶米捐亦已絶望矣。

致嚴佑之

疊奉八月廿四、廿七及上海抄來八月十七日不列號手函，謹悉執事適因兑銀赴津，所有此間廿五、廿七號信及十二、十三批銀八千兩，均蒙察收，快慰何極！此間物議於廿八、廿九號信中業已詳陳，雖無炮臺之謡諑，各以河工爲緩圖，看來事勢祇要爲德不卒矣。賑款清摺拜讀一過，極爲清楚，不圖我公於奔走況瘁之餘，尚事事從容就理，真儕輩中之季高也。執事爲吃現成飯，弟等更有人餵飯吃，勞逸豈相等哉！河工事，苕翁自應踐言。如果春賑倖免，賑款有餘，我公亦當分辨一路，以慰捐户信托之心矣。代登報之款，衹能劃收此間帳上，抵作解款，庶符格律。謹製收票三紙，即乞轉交爲荷。此後來信，務祈將查户所見情形，及四月以後所查户口、所放賑款之數，摘叙寄示。實因在況不可以僞爲，賑事必時常登報，此間雖甚絶望，滬、揚或有起色耳。承詢下酒之法，惟有還詢。陶齋弟則調水量藥之不暇，實無心對菊持螯，殺鵝下酒也。手此奉復，并解十四批賑銀五千兩，即請察收。

致盛杏蓀

一昨奉到八月廿五、廿八手諭，并批稟一扣，佑翁信一件，拜誦已悉。此間解款至八月十三日止，已蒙一一照轉，尚有八月二十日所解第十二次銀五千兩，日間想亦達上矣。屢瀆清神，偏勞爲歉。吴中捐款已在三鼓氣竭之際，兹因浙江解款之便，勉附一批，計浙十三批，蘇十四批，各銀五千兩。任公兩函，拜求察轉，實爲感荷！

再啓者，此次左侯覆摺，我公如有抄存，可否懇飭鈔胥録示一閲？弟但料樂於就道，終不解作何安排，得此一破積惑，幸甚！習聞西北兩帥意氣不同，目今彼此釋然，真家國莫大之福。反是一思杞憂，其何日已耶？

致任肖園

八月廿四日，曾肅一緘并浙來文批三件，十二次銀五千兩，度已上達荃鑒。兹復由浙局交到文批三件，十三次銀五千兩，仍即匯定公砝票據，請由盛杏翁轉上台端，即乞察收，注批擲銷爲感，浙款尚不絶望，全恃遺愛在人，所去十萬之數，不甚懸殊，或能一氣呵成，未知可也。

致盛杏蓀

前此解款内有丁有珩一户，係蕆捐千金。現在囑請建坊，特即修牘，懇請即日核詳，不勝感荷！再，此次核獎適有他案領照補費之事，相戒裹足，萬不得已與各捐生堅辭相約，必不再取分文。現在除解出二釐六毫五外，以一釐作南中延友之費，三毫五充入賬款，竟已掃地無餘。設或將來部照等費不敷，能否於河工中通融支銷，務求先留地步。再，此次捐生加捐銀兩及另費等，既經盡數解除，設遭部駁，萬不能不於將來收款中扣還原户，理合先行聲明。再，此次所核各户大半轉輾情懇，此後情形，須俟此次達部發照，方能再事招徠。然工款不能久待，應如何從速辦理，以資後效，還乞鼎力支持，是所切禱。

致嚴佑之

頃由滬附解蘇州第十批銀五千兩，并信一函，請由杏翁轉遞，計日可達台端。前奉初九、初十所發十七、十八號手函，知南路得雨播麥，文、大擬爲備荒云云。情形已鬆，不言而喻。伏思備荒一節，其法極好，經理極難，持久更難。如果有治法而無治人，似尚不如全行放賑，或全撥河工，較爲實濟。如果辦理得法，一倡百和，則如來諭酌提餘款之四，資爲備荒之用，原極美善，一出一入，不無關繫，尚乞大才通籌熟思爲要。此就十五批以前解款言也，至於自此以後，賑款既可勉支，擬即徑解杏翁局中，留備執事及茗翁工賑之用，以免轉折，想執事應以爲然也。

致盛杏蓀

疊接初五、十二、十三日三次手示，并任肖丈書，又回照一紙，一一拜悉。頃由滬局附上蘇州第十五批銀五千兩，附佑翁信一通，茲又附呈佑翁一信，拜乞察收轉交，至爲感荷！又文牘一件，呈候批示。茗公處前次函往，即如尊意催請。惟昨接來函，知捐事大有轉機，一時雖難於脱身。云鄂督自己倡捐五竿，各屬亦并飭勸，想必大有可觀矣。承詢賑務稿件，大半在《申報》徵信録中，上海所刻豫賑收解徵信計四本，此間所刻豫賑查放徵信四本，又收解徵信録二本，想早在洞鑒中矣。惟晉賑收解徵信録上卷，或未入覽，兹特附呈。恕不贅呈。弟想從今以後，南邦人士必有佐天子以揚大烈者，盛德宏業，自有可傳，賑猶小焉者耳，我公以爲何如？

致盛杏蓀

頃奉手函，一是拜悉。茲又托滬局附解蘇州捐銀五千兩，此項捐款，暫請察收，俟查明後，另函聲明也。

致盛杏蓀

頃奉二十五日賜函并肖丈一函，浙十二批批回一紙。又從滬局抄到報灾節略一紙，逐件恭誦，知浙十三批、蘇州十四批各銀五千兩，已蒙察收，感慰無似。此間於廿二日由信局寄奉一書，廿八日由滬附解蘇十五次銀五千兩。另由信局寄奉一書、文牘一件，佑翁一信。又於一日由滬解上匯票五千兩，蕪函一通，聲明此項銀兩，暫請察收，想均一一達到。茲特補奉文牘一件，即乞垂察。南中情形已見牘中，不贅。弟看佑翁情形，如辦代賑，今年必不能歸，無待函懇也。茲謹遵命致佑函一通，即請轉交爲荷。今年蘇、松兩屬秋收情形，實處意料之外，往往數十畝嘉禾不崇朝而盡萎，真堪浩歎！此間捐款，斷不能再有希望。惟序帥即日回蘇，藩任茶米兩捐，未識猶能起色否也。近日公忙何似？至以爲念。李秋翁前日在此，晤叙甚暢，直省實在情形，亦曾談及。

致嚴佑翁

九月初七解奉十四批銀五千兩，廿八日解奉十五批銀五千兩，想均達上。昨又解奉籌賑局銀五千兩，茲將呈稿寄覽，直賑情形既可勉强分給一關，應否將十五次銀兩作代贖棉衣之用？勝於賑給棉衣五倍，祈酌行之。明年春賑，諒不能無所事事，蘇捐雖已盡竭，滬、揚或有餘波，得閣下駐辦以維繫之，灾民幸甚！此後來信於春賑一層，衹須帶叙於冬賑，每口僅給若干文，必須詳述。至於代贖棉衣一層，亦可因時制宜，説些寒酸説話，庶幾將來即無捐款，亦使已捐者知用所當用，不因人言而滋惑，是爲至禱。李秋翁前日在此，晤叙甚暢。

封函間，又由上海抄到九月廿一日公函，一一拜悉。惟内有伯相相得至厚一語，如佑翁之實心辦事，即神鬼亦應佩服。惟辦賑一事，實犯衆人疑忌，衹要上游有一札，奏説一句好話，見一分密邇，便令疑者袖手，忌者勝謗。前車可鑒，信而有徵，此後公函中凡有類乎此者，千萬務請審慎，至禱至要！

致任肖園

九月二十、十月初一、初七等日奉到九月初六、十七、廿三日三次賜書，并十一、二、三次批回共三紙，一一拜悉。所遲遲未報者，因待浙款之到浙，因另勸棉衣，力分意歧，辭紛氣懈，事勢爲之一蹶。今始勉强凑集五竿，并文牘兩件，交囑轉解台端，遵即匯定公砝票據，同由杏翁處轉上，即祈察收，判批擲銷爲荷。此次浙中籌捐，鄒、應、金、丁諸公開拓路境至巨甚廣。勾稽綜核，擘畫煩瑣，則惟丁松翁是賴。捐款源源，駕豫晉而上之者，實係先生去後之思，幸毋謙辭。蘇松蟲灾甚廣，江北均未播麥，禱雨甚切，旱涸如故，可慮也。

致盛杏蓀

九月二十八日，肅上一椷，附解佑之第十五次銀五千兩。三十日又禀解台案銀五千兩，想已達上。月之初七日，奉到九月廿七日賜言，并任公一函，浙十三次批回一紙，一一照悉。所有核獎公牘，并部飯庫平銀一百十九兩一錢，已由張廉翁等另托滬上匯解，計登冰案。直省報灾節略，亦録報章。丁君坊事，已另奉批牘，至感至感！頃由浙江交來十四批銀五千兩，遵即匯定票據，又文牘兩件，一并寄上，仍請分別察轉。浙款前約五萬，合諸蘇解第七批，今解之浙江五竿，工款已得六萬金。廣東既不落空，湖北亦有信來，悉照江浙分册之法，督憲既捐五千，僚屬捐款想亦不菲，鴻籌碩畫，敬佩良多。核獎之款，津門已得若干，蘇、杭兩處本無把握也。

致嚴佑之

九月廿八日，泐奉三十一號信，并十五批銀五千兩。三十日又上三十二號蕪函，想均入覽。初七日奉到九月十九日第十九號賜教，拜悉所示。河工一舉，必得本省籌出長久經費，年年挑浚，以愚公移山之志，更積十年之久四語，真得治河之法，令人拍案叫絶，此豈門外漢語哉！天下事苟能持一恒字，何事不成？然恒字最難，門外漢肯作局中人否耶？寸心千里，馨香祝之矣。捐款須指交台端放賑者，封河前尚擬積聚匯上，若官中發款，擬歸河工矣。官中捐册之款，亦以已絶無僅有，茶米捐本指河工也。天氣漸冷，南中另解棉衣，恐灾民不能着遍，惟冀我公廣爲代贖，一件新製棉衣之費，資七八人禦寒之具，望切禱切！

致盛杏蓀

二十一日奉到十二日賜示，知十月朔蕪函已到，解局七批銀未至。越二日，又奉初四日來函，知九月廿八蕪函，及佑翁十五批銀五千兩，并諗親舉玉趾查勘河工，似此實事求是，真北道生靈之福。此間於十二日曾發蕪函一通，二十六號。另由茗公帶去浙款五千，兩日間想均達到矣。兹又刮凑各項捐款八批，銀七千兩，另行具呈冰案，即賜察收爲荷。承示彙總賑案編刊全書，此舉雖不甚急，亦不可少。惟拙擬禀啓等件，即已刊入徵信録者，亦不足上貢采擇，此外實無撰著，非靳也。前函所陳，散見《申報》諸語，係括江、浙、閩、廣諸君子言，執事不諒牽引及於家福之身，令人荷愧萬狀。福以輇材薄植，既不能執鞭弭於諸鄉老之前，又不能稍有撰述，潤色鴻猷，忝膺梓誼，得毋貽大雅羞乎！查放晉賑徵信録一册，金、嚴、潘諸君著述頗富，謹以塵覽。

致嚴佑之

二十一日奉初十日二十號賜函，謹悉第十四批銀五千兩已到。此間於九月廿八日又曾解去第十五批銀五千兩，三十一號信一通。本月初二、十二日又寄三十二、三十三號書，想均達上。

苕公業已抵直，諸事想可互商，甚以爲慰。兹又有指解閣下賑款兩千兩，交存籌賑局中，以備緩急，應用與否，幸酌看情形爲荷。南中蘇松一帶秋間既被蟲灾，大江南北亢旱，日久均未播麥，菜豆之屬，雖即日得雨，亦已無及。各官憲求雨已久，禁屠亦净，惟譚序帥回任之日，曾得微雨，不盈一分。今日曾得微雪，田舍翁皆焦急萬狀，倘成巨灾，將奈何！天氣驟寒，弟處室中猶不勝其冷，念公沖寒任事，自顧能無慚色，出門時幸小飲火酒，黎明深夜，乞勿視事。千里寸心，惟祝爲道自重。

致李秋亭

自公行後，馳思頗切。頃奉手言，感慰奚似。執事堅意東行，暫置工務，旁觀議論不可知，弟則以爲極當極當。承囑多發長箋，在弟懷念之私，長箋却又難盡，無如一枝枯管，智意鈍塞，却又描摹不出區區私衷，欲持獻老兄者約有兩端：一則曰身家宜輕。此身既入仕途，則五官四體都是公家之物，義之所在，不可有身，身非己有，家更贅疣。舉凡世俗行藝蘭堂，令郎之好墳地，皆委之。前世事直將做官當作出家，辦事當作念經，方能做出事業來，苟不如此，則徙倚彷徨，終其身於官，而終其身未做；一則曰聽言宜察。凡昌言我壞處者，皆是感恩知己，我當以畏友事之，當面説我好話者，皆我極客氣之人，并非真知己也。人未有沉浸米湯之中，而可以進德修業者，亦未有孤臣孽子不成大器者，更未有獻媚奉承於左右而竟無求於我者，此義不先辨别，則立身用人之間無一正着矣。弟具不學之身，蓄難治之疾，生獨子之家，當北堂之老，值聖明之朝，際多難之時，進退維谷，忠孝兩虧，長爲天下罪民，我公棄友，尚何敢掉唇舌於老兄之前，所敢腆然陳説者，不願等執事於不才耳。紈扇兩握，前已寄奉，摺扇兩柄，早已畫就，擬俟春融塗寫數十字，再行奉繳，故未郵上。天下事大，起居惟慎。

致金苕人

前得滬上所發手示，當經一一奉復。比想安抵津沽，晉賑徵信録想已達覽，是否即日刷送，尚乞主裁。浙來復函，大略言不登籌捐之名，好極好極！此後可無一辭之贅等語，大約因前此豫賑送稿後，忽加一記，故有此説也。兹以封河在即，凑解台端銀五千兩。惟此款中因有發款，不能不由籌賑局轉撥，明公自能心照。天氣驟寒，水道更甚，過早過晚，不宜視事，小飲火酒，亦禦風寒。起居服食，諸祈爲國自重，不勝叩禱之至。

致金苕人

十月廿八日，寄奉一號書。嗣以南中亢旱事專上一函，去後接奉九月廿五、廿九、十月朔日手諭三通，并由申抄示長篇，捧誦之餘，如承塵教，佩慰無極。渾流不能不入清，堤埝不能不仍舊，如此絶癥，何以藥之？看來溝渠一層，實爲續命良方，惜其事易説難行。劉偉卿觀察

《私議》一篇，謹以奉覽。監工之人知己極足，安能起純叔於九原襄公一臂乎？言之令人傷心飲恨。徵信録遵即飭改，核獎事惟浙是從。淮徐灾民萃於揚州者，日甚一日，天時人事，相逼如此，久住人間，殊覺乏味。今日事勢，萬萬無海戰之理，欲内守海疆，更不能無電報、鐵路，然必有可用之兵，始受其益，質諸高明以爲然否？

致盛杏蓀

十月廿七肅上廿七次蕪函後，未達一書，想賢者不責其疏也。前此所解各款，未蒙察收者，尚有十月初一日備稟解局七批銀五千兩，十月十二日解，請轉交任肖丈。浙局第十四批銀五千兩，十月廿七日備稟解局第八批銀七千兩，祈將批稟批回賜復。

致金苕人

十一月念七奉初十賜諭，拜稔大清三十里須費十五六萬，蘇地自十月廿七解七千兩時，今始彌補清楚，此後來源萬無想法。核獎、茶米均不踴躍，此間於十月廿八曾布一號書，十一月初四曾布不列號書，初十曾布二號書，想均達到。

致嚴佑之

上月廿七接十月廿八手書，十二月初六接十一月十七手書。南中捐款不截而止，十月廿七曾上三十四號書，十一月初四又上不列號書，想均垂照矣。

致金苕人

十二月二十日、廿二日，接奉冬月十四日，十二月初四、初六賜諭，并公牘兩件，敬悉。河工一切得蒙詳示種切，快慰良多。舍侄庭芝斷不足以獨任勾稽，還望斟酌，器使霽翁準與偕行，來函當即轉交。吳下賑款大都捐補協款，故《申報》清單尚見其多，實收支款不免零落也。所幸大江以南，天氣雖仍亢旱，春麥尚不絕望，江北、安徽則仍未得暢雨也。佑翁既已起身，正可將直賑一事就此了局，專意河工，爲日後補救地步。蘇州核獎歸入滬局統辦，以節冗費。佑翁未了各事，真是偪仄題，然得通才調劑，必有善全之法。霽翁五十金，早已代取應付矣。

致盛杏蓀

前布賀椷，想塵青及。頃由舍間遞到十二月十二日賜書，并致佑翁書稟稿一件，又附下任丈書，一一拜悉。弟前十年間，視公行事，名士風流。昨歲交涉賑務，歎爲官中明敏之才。今讀手言，議以所餘賑款留候南賑，南賑不急，仍備直賑，輕重緩急之間，疑難窒礙之情，胞與痌瘝之念，無不蘊澈於中，斟酌萬當，非天下有心人能顧大局者，斷斷不能有此心，即不能發此言，佩服極矣。現在大清河款既已籌足，自應留備明春直賑，以顧章旨。惟佑翁歲底來函，甚言東、安兩省春麥未種情形，訂於元宵前後來蘇會議，屆時如有移款之情，當再籲乞台端，代爲陳懇也。直賑查放徵信録，本俟河工事竣再行刊刻，餘款尚無窒礙也。承示鎮江清江洋務差使，想即電報一事。弟自顧菲躬，通盤籌畫，一介秀才，久棄舉業，場屋中□無進身之地，賑務中又萬萬不敢受獎，「人才」二字，又斷斷不敢自承，而功名之念，亦豈忘情，所處之境，甚非寬裕，有此容易近便，將來并可借境之事，極願上供鞭策。惟上年歲底，已許鄭陶翁襄辦雜務二年，言出於口，不可不踐，如有委任在申地者，尚可兼顧，其餘不敢應也。張廉泉大令、舍侄庭芝皆三年來襄理賑務之人，頗尚明白能事，久欲及時致用，倘於兩局中位置一席，深感盛情。此兩人者，真是幫辦之才有人焉，提綱而挈領，決不患其辱命。舍侄庭芝於二班輪船開行，即赴苕公之召，届時趨謁台端，萬望進而教之。左侯到京在即，現不知抵何處也？聞其應詔入都一奏，續美《出師》兩表，特未見其原稿爲憾，其能見示否乎？蘇局各邑善堂紳士，如須外獎聯扁者，容再開呈。内獎一節，竊以爲恩難遍及，謗必叢生，既有傷諸君之清名，復有關日後之公事，勢不擬啓其釁也。捐獎一事，蘇局已并入滬局，縷縷奉復，不盡欲陳。

致金苕人

前布各函，計登籤閣。佑之先生於正月十七日到滬，詳言擘畫之勞，令人佩感無已。所有佑公交存籌賑局銀五萬餘兩，弟等公同商酌，如果山東、安徽待賑似難請撥，江北果須辦賑，則似非此不可。佑公來時，揚州西鄉河道盡涸，爲近今數十年所未有。然現在情形正如已成未成之外癥，遲至二月底，方見眉目。外間捐户聞佑公既至，款有盈餘，紛紛然議其後。或言江北旱象已見，何不帶回散放？或言既係直隸賑捐，理合俯順衆情，全數放訖。此二説者，論理亦是，然局中人瞻前顧後之情，究未能曲爲體諒也。同人既有所聞，不能不從長計議，擬將交存賑款五萬餘兩，仍存籌賑局中，俟二月中旬以前，江北得雨深透，無庸議賑之時，或乞佑公北來，如前散放，始終其事。或乞台端於辦工南紳中酌選數人，分投查放，以顧題面而慰衆情。萬一江北苦旱，有不能不賑之勢，屆時再請移撥，是否有當，伏乞垂察。

致金苕人

前以交存賑款，暫請留局一事，專肅公函，想荷垂察。兹敬陳者，丁松翁以浙局友人晋省保案自九帥赴東後，葆中丞又遭吏議，深恐案有擱滯，囑請函致晋省，詢一著落。又上海公所歷請鄭、陳、鄭三坊捐户，以未奉晋省飭知，囑請文補發，轉給祇領，以資案證。曾以奉有上諭却之，前途志在必得，仍囑奉懇，應煩鼎力俯予照行，感荷隆施，曷其有極！

致金苕人

頃奉正月初十日賜函，敬悉佑翁存款一節，曾於二月十日公函奉達。溝洫之説，在福私意，極願辦理，無如揚州情形僉欲索回備災。蓮翁、陶翁及弟意以爲款出江浙而爲江北備賑，實以未妥，前信所以兩歧瞻顧也。賜佑翁書已寄，鄙見莫如以台端承辦之文、大賑事委之佑翁，以佑翁之餘款，由佑翁轉請大才主持營田，庶將來徵信録上可以通融支銷，仍似以民捐辦賑，官款辦工，不致再起物議。且營田、溝洫，佑翁必非所長，執事既辦河工，再兼查賑，亦覺頭緒紛繁，得佑翁分任，其間似更周到。如以爲然，應否商酌杏翁，函催佑翁到直？

致盛杏蓀

正二月間，五上蕪函。孫君北行，又上一械。壽翁、佩侄之行，又附一箋，并匯票一萬一千三百七十二兩一錢六分七釐五毫，公文實收一大宗。又在苕公處匯奉銀七十五兩八錢五分一釐，計均一一投覽。佑翁存銀，前承台示，極合南中本意，繼後議論極多，弟亦祇能附和同聲。蓋非蘇州一路所能專主矣，究應如何布置，局中人始能作中肯語，諸希鼎裁，是所切禱。佩侄行時失帶履歷册一本，兹特補奉，即請垂察。又附呈苕公一函，山東、直隸賑務《徵信録》十部，即乞核轉。

致金苕人

奉二月廿五手諭，敬稔種切。佑翁忽行忽止，事勢使然，前函已陳，勿贅。壽翁知爲章宜翁拉住，後由佩侄趨前，計此時亦到矣。諸承照拂，感逾身受。滬上徵信尚未咨晉事，勢既懈便難認真，不可强也。浙中來信，囑催晉省獎案，如無著落，擬於直案中重複照開。福以執事遠陷在直，難下斷語，不如複開爲妥，并於便中再行函詢台從復之矣。南洋一奏，甚爲杏公惜，以意度之，其中必有緣故，如云公事何以不公至此，好得公道自在人心，一時之毀譽，固非丈夫之所争也。藥品容再配寄，書不盡言，言不盡意，惟祝爲國自重。

致任肖園

杭州諸君子：兹又交到十六批賑銀五千兩，文批兩件，當即代匯商票，仍前轉達，即乞察收，并祈將兩次解批擲轉銷案，尤深盼禱。

致盛杏蓀

元旦次日奉十二月十二日惠示後，曾與陶齋合上三函。又於正月初四、初九、二月十二、二十三、三月初九等日，連上五函，并銀一萬一千餘兩。前日見示苕公書中，有密函賜弟之説，至今并未奉到，懸繫由此深矣。弟游食海上，喬寓桃源，推窗一望，但見野田麥秀，東園花開，亦夷場中淨境也。杭州諸公寄來賑款五千，如前徑達台端，公文一、函牘一，拜乞轉交，是爲至幸。張廉泉兄暨佩侄承加鞭策，感荷尤多。電局事方創始，諸乞指示，俾有所循，禱甚。

致盛杏蓀

昨方寄奉一函，并附有肖丈書一、合盛元等匯票五千兩，爵相公文、苕公書函各一通，計荷

致盛杏蓀

初八、十一日兩次解款，初六、十二日兩次上書，計均入覽。昨佩孜侄到申，出所賜參鬚，并道眷注之意。賤恙今昨不同，朝暮異殊，時而大便澀，則諸恙畢集，坐卧皆難；時而大便通，則諸恙霍然，狀若無病。蓋實氣虚下陷，而又值此濕令，不宜峻補，對癥發藥，感激豈復有極！蘇電事已囑舍侄隨事與劉君商確，俾免隕越，弟亦當有聞必告，知無不言也。佑之惑於人言，擬欲辭差，來滬下商，弟力止之。廉泉業已往見，一切想已接洽，有函奉達。

致鎮電局

台駕臨滬，儀疏應接，叨在愛下，定邀鑒諒。廉公賜函拜悉，承惠多珍，尤深感謝。佩孜已於廿三回里，電局一切，隨時應有函達，恕不代述。王鎮戎到此後，南路電綫即須動工。鎮江設局事宜，自須及時布置。聞佑翁有堅辭之説，盛杏翁萬分爲難，以鄙見論之，此次電局一坐莊客人也。沿途安置電綫，自有水客王鎮戎在，界畫分明，何慮結怨？至於偷竊電綫之案，將來必層見疊出，然行文州縣，盡可以鎮江電報分局六字出名，何慮官銜之難叙。佑公雖係土著，廉翁實係客紳，如果銀錢内場佑公任之，一切外場廉公任之，何慮里黨之譁笑，還求兩君子從長計議爲荷。盛杏翁來函，略言傅相倚重佑公，必不聽其辭差。至於肆應一切，本望廉翁善爲匡助，故有此委，囑爲婉致佑翁，萬勿因有辭差之意，致廉翁無所適從。至於目前布置，或以土著爲難，暫請廉翁代爲出場，勿以幫辦自域，是蓋因設綫在即，誠恐貽誤事機，故專函奉達。另外囑鄙人重言以申明也。

致盛杏蓀

得廿四日手書、批牘及佑、蓮兩君書，浙藩公牘各一件，均已拜悉轉寄。基事已將來書轉呈陶公閲看，另函奉復。舍侄於廿三回蘇，十九日曾上一稟，想已達到。南路開工之事，約在六月初間，汛兵守綫，斷靠不住，亦實無善全之法。十九日書中所陳，不能持久，及必與鐵路并行，即指此事也。

致盛杏蓀

寄奉三晉源匯票一紙，計銀六百廿五兩六錢，公文三角，批回三紙，實收兩箱，即請察收，判批回銷爲荷。

致盛杏蓀

頃得初九日賜書，拜悉一切。弟於初四日曾托文報處寄上匯票六百二十五兩六錢，公文三角，批回三紙，實收兩箱。初五日又上蕪函一通，關照前事。初七日又上一函，爲蘇鎮幫辦事。初八日又上一函，并復爵相稟。初十日又上一函，報明屺翁到滬，度台函發時，均未收到也。此後賜示，請寄濟陽里織布局，因離敝廑甚近，轉送甚便。賤恙既作，電局竟未去過，接信必緩也。基事已告香、上兩公，惟當此衆情擾攘，香山極力斡旋之際，此事未免稍落後塵。示及某君云云，弟觀其病情，實緣人我交困，因疑致恙。上虞自信甚堅，任事極猛，不避嫌疑，不肯推諉，所長即在此處，然不疑其剛愎武斷，徇私專擅者希矣。平心而論，衆所不悦之端，實有自取之道，然責備交加，不足服上虞之心。太史中人極爲明白爽快，然於商情實隔幾重簾幕。局勢幾乎二、四分黨，香山極力粘合，今亦計窮力盡矣。前次代擬局章，以出官爲觀察地步，以商總爲香山地步者，求其兩不相妨也。副總側重商總之身者，使其功罪相繫，不能安舉，而可以破衆人之惑也。嗣聞出官一席，仍如敝議，未加督辦之名，副總一席，改爲正副執事，已由太史單獨稟出，可以定局矣。此次奉札添總四公及股商，大有譁潰之勢者，則因三十萬股商中，有二十餘萬港商，着眼香山之身，甚有香山不能當家，原銀退回之意，見諸語言文字者，不一而足。此次添總，適犯股商及三公之忌，香山於商總一席不肯岸然自任者，必欲與諸公措足四十萬商股，而於官款一毫不領，始免將來之害。此次添派當道後，二公深幸官款之可撥，又大不拂香山之本意。現尚議論紛紛，未有定見也。承示某公之意，銀錢、公司、公事分作三缺，然上年私意有一切側重香山之語，衆商耳熟能詳，此時忽焉改轍，有不涣散者幾希。尊論局非香山主持，盡是客氣，確極確極！至於不去太古，難許兼顧之説，似不必泥，何者？招股一層，必須辦事不專之人，場面愈闊，招徠愈廣。至於局以内事，但須用人得當，自有提綱挈領之道。在滬商中一人而掌兩鋪、數鋪者甚多，實不必以巨細身親爲能善於其事也。弟於此局，始終厭聞，因承諭及特於旁觀地位，略貢所知，幸勿爲外人道也。

致盛杏蓀

屢往電局，不見有親筆書，起居已未康復?·懷念萬狀。茲解奉工賑第十一批匯票銀一千三百兩，報解、報銷稟各一件，伏乞察核批復。督轅稟兩件，附求飭送爲感。此案弟因官中發款專責不才，稟牘不能不列名。上年曾請轉達傅相，如果奏報以「淩淦等」三字括之，奉復照准，此時稟雖列名，實不得已。奏牘無關出入，仍乞重言以聲明之，至禱至感！

致金苕人、盛杏蓀

上月杪寄匯票一千三百兩，公牘四件，度已入照。月朔在電局中，得閱杏公賜書，内有商於苕公代捐府銜，無損清名諸諭，不惟加以異量之施，并且顧及爲難之處，若復陳詞固謝，未免辜負裁成；若竟泰然受之，撫衷殊深慚歉，躊躇再四，難決所向。所恃三代履歷，暫不開呈，徒飲感於私懷，不瀆陳於筆墨。家福自顧何人，承此寵賚，厚誼深情，有逾骨肉，尚何敢復有所請。惟區區私衷，實有不能緘默者，請再爲執事詳述之。我輩籌賑，實因求奬者人多望奢，稍有不應，議論隨之，實足以掣他日之肘，而灰國士之心，所以立定主見，凡未赴災區者，概不開奬，身先謝絶，使無可乘之隙。豫賑不將，亦恐偶有軒輊，群議益將風起，將來有事之秋，必不能再振旗鼓。即令但得匾聯，并無優奬，亦足供他人之指摘，破日後之事機，此猶以人我共言之也。私衷所及，則尤以承恩極易，報恩難就，此二百數十年食毛踐土，已難爲涓埃之報，若再被隆施，妄列縉紳，既無以對同志諸公，更無以自保清白之名，但願自食其力，勞心筆墨，得漸輕夙負，即孑身旋里，奉母居鄉，貧賤没世，從此世世子孫長爲安分良民，此則夢寐求之。倘荷二公曲鑒鄙忱，玉成終始，將代捐之説，賜與中止，則感激之私，無可言喻，伏祈矜允爲荷！

致盛杏蓀

望日奉初九日賜諭，并督轅批牘，誦悉。清恙尚未康復，惟祝爲國自重。福於前月杪漸近復原，適以核辦報銷，用心稍過，又復加甚。十三至二十竟不能起，稽遲作復，職此之由，電局已具禀告退，俾免戀棧之憾。織事心非樂聞，勢實難已，已允香山暫就副執一席，俾無關乎輕重。賑案諸承心照，具仰盛情，一念抱疚，一念感恩，曲折私衷，無可形諸筆墨矣。

賑函叢鈔卷一 電附

光緒十五年己丑十月初三日發盛京、吉林、黑龍江、朝鮮、直隸、山東、江蘇、浙江、福建、廣東、廣西、雲南、貴州、河南、臺灣、四川、湖北、江西、安徽電

各局轉致蘇、松、常、鎮、太五屬同鄉諸公鑒，蘇自八月廿四至初三止，僅晴四日，水勢照二十九年僅少七寸，高低田稻盡在水中。震澤已有集衆分米搶船事，視去冬偏災相去懸絕，再不天晴，須求協賑。然鄰省亦水災，奈何！謝家福。

同日發京都電

潘伯寅表兄，同前。福。

附初五日京都來電

謝綏之弟，得電悉，急俟高出闈，必籌。蔭。

初五日發十九省各局電

各局照叩，求抄送蘇、松、常、鎮、太五屬同鄉大人先生鑒，蘇自八月廿四之十月初四，雨三十六日，高低田均陷水中。照廿九年僅少七寸。然廿九年係夏灾，水易退，今絶望。中丞派員覆查灾況後再奏。昨今天晴，各縣友人來商，照去年偏灾大相懸絶。震澤鄉間已搶米船兩次、米行一次，北拆搶米船三隻，平望船航已停班。唐家河剪綱船三十餘號，爲患商旅。米價自廿四漲至四十八，各縣倉穀衹能放賑，不能舂米，平糶放賑則難爲繼，斷不敢辦。平糶即須辦米，儗先辦江震平糶，餘俟推廣。幸求教在籍紳富，一旦同被灾，勸捐不易。倘蒙倡率，不論多寡，先托電局轉示，俾可商同布置，尤感。謝家福叩。

同日發京都電

潘伯寅表兄來電感悉，福。

初七日發京都電

潘伯寅表兄：一切灾情詳昨致五屬同鄉公電。蘇、松、太較重，常、鎮次之。如兄在京設法，所全甚大。事苟不急，福不多言。福。

初十日發京都電

潘伯寅表兄：中丞已將各縣大略灾情奏報。福。

附初十日發京都來電

謝綏弟，順捐一萬，蔭捐一千。高闈事畢即奏，蔭。

十一日發京都電

潘伯寅兄來電，感承大惠，可否即電請撫藩憲照數墊發？委員查放江震，待賑甚急。福叩。

十四日發各局電

各局諸公暨同鄉大人鑒，初五起天晴十日。細察常、鎮災尚輕，震澤等縣急須放賑，非平糶可了。蒙伯寅表兄捐一千，撥一萬。尊處如可設法，速示。謝家福。

十五日發廣東督署電

督憲鈞鑒，蒙發蘇、浙賑各一萬，感恩叩謝！蘇賑請匯蘇州，家福即稟商官紳妥爲查放，以副憲慈。俟匯到再稟復。

同日發廣東電

善後局憲電諭并督憲電敬悉，感恩叩謝！蘇賑一萬，請匯蘇州。

同日發三線各局電

各局抄致蘇、松、太同鄉大人，又蒙粵督憲撥一萬，即商望雲祭酒、芸舫中允，請命撫藩憲，先賑江、震。尊處如可設法，乞示。

十六日發上海二等電

蓮翁電悉，尊處帳祇能如此。惟蘇紳公呈，祇能稱滬所匯到。粵督發款，因須撫藩咨覆粵督，非義賑可比。再，此後蘇賑關涉官場者，請留意，概勿登報，因非常爲難也。

同日發各局電

福本在蘇守制，又值蘇灾。滬上賑所難兼顧，不復列名。惟浙江灾區倍於蘇省，浙捐仍徑解上海，勿匯蘇。請稟知撥款各憲，并代達浙江諸同鄉台。

上曾宫保書 十月初五日定稿，初六日繕發

敬稟者，竊家福自去春丁艱回里後，待盡堊廬，未敢與名賑務。今春山東水灾，諗蒙宫保爵憲不分畛域，疊濟巨資，仰欽天下一家之量，足鼓聞風慕義之心。不意東賑未息，本省又水潦爲灾。家福誼屬梓桑，感蒙知遇，不得不將五屬被灾之狀，一陳萬家生佛之前，并擬條陳，另繕清摺。誠知無當萬一，聊貢一得之愚。爵憲中興元老，再造三吴，值四十年僅見之灾，實卅三縣民生所繫。不揣冒昧，干瀆尊嚴。倘蒙擇别施行，尤冀從速爲貴。臨稟曷勝悚惶待命之至。

條陳八則

竊查蘇省大水，自嘉道以來見於紀載者四。嘉慶甲子、道光癸未、己酉皆成灾於五月。灾民之工本猶未縻也。道光癸巳，獨成灾於十月。農民之工本則已盡。然其時僅陰雨連綿，田稻

歉收。本年八月二十四日至十月初四止，天晴之日四天，雨之日三十六。淫霖滂沛，舉所有高低田畝、官塘驛路盡陷水中。是本年災況重於癸巳。且其時僅蘇、松、太三屬成災，并非江南各屬同遭巨患。是本年災區廣於癸巳。且其時先僅長江水漲，本年則八月二十四以前，浙先發蛟，繼以江水下流受其浸灌，水遂暗漲三四尺。是本年底水大於癸巳。且其時吴淞出海之口先於道光戊子大加開浚，出路極快，今皆淤塞。是本年去路緩於癸巳。且其時未遭兵燹，農有餘粟。本年承去歲偏災之後，農民早已典質借貸，盡其用是。此時之災農苦於癸巳。且其時城鄉業主兼事懋遷，家給人足，不專恃租籽爲活。兵燹以後，無不寅食卯糧，專候收租。是此時之業户窘於癸巳。且其時蘇城尚係商賈薈集之區，合城紳富集捐至十四萬三千餘串，江南各州縣紳富共捐七十於萬串。今民力凋敝，視道光癸巳十不逮一。且其時鄰省被災者，僅安徽、河南。本年則山東、浙江、江西、皖南、湖北、四川同於八月廿四日起陰雨不止，陝西、福建、直隸、河南亦各有偏災。且其時部庫究有存餘。今則國用亦甚支絀，是本年之籌賑難於癸巳。然既不能畏難膜視，又不能無米爲炊。管窺之見，條議如後。

請馳奏災狀也。定例報災，不過九月。然道光癸巳成災於十月之中，經前撫憲林文忠公剴切陳奏，有案可循。本年成災十分至八九分不等，尚非道光癸巳可比。若因州縣未盡詳報，或虞以輕報重，尚待覆查，則時日愈遲，趲賑愈緩，災民之生計愈促矣。夫州縣憲多收一石之糧，即多得一石。公費之利，安肯以輕報重？况遇偏災之歲，輕重不齊，下顧民生，亦不得不上顧國計，自應持重審詳，補苴正供。今則高低田畝盡在水中，且太湖之水、浙江之水皆蓄而未洩，廣有來源，全無去路。即使自今伊始天氣晴朗，僅惟上高之田尚可收割二三成，幸而不必賑恤，勢難再徵漕糧。中下之田終成絶望，并須賑貸。朝廷愛民如子，倘蒙各大憲詳切敷陳，請蠲請賑，終不爲例文所縛，亦斷不疑損上益下也。况不見蠲減之奏，無以動本省紳富捐賑之心；不見發帑恩旨，無以勸各省協賑之款。此節似爲第一要義。

請籌款買米也。勸捐紳富，資難遽集，非由官中先籌巨款，恐誤事機。現聞浙省派員來蘇辦米二十萬石，米市已空，米價已自二十四文一升騰貴至四十八文，必須趕緊備款采辦。一面通飭關卡，凡遇販米入境者，悉免釐稅，藉以招徠客販。比聞蘇藩屬上年賑餘十餘萬金，已蒙批發辦米，然爲數非多，似宜奏明於不論何款中極少再撥二十萬金續爲采辦，將來平糶給賑需用正多，不得不多爲之備。

請奏准開捐也。查道光癸未，寧、揚、蘇、松、常、鎮、太七屬水災，蘇藩庫撥銀三十一萬餘兩，滸墅關蘇糧道、江糧道各庫共撥銀二十三萬餘兩，户部指撥銀四十五萬餘兩，紳富捐一百九十五萬餘兩，共計三百萬兩。道光癸巳，蘇、松、太三屬水災撥帑十三萬兩，又勸紳富捐八九十萬串以資賑濟，又籌撥銀二十九萬兩開浚瀏河、白茅河以工代賑，共得一百二十萬兩。道光己酉，蘇、松、常、鎮、太五屬水灾共用官捐義賑一百二十萬兩，民間自捐自放并未報官立案，及留養江北灾民之費尚不在内。此次灾與相等，冬春待賑尤急。蘇藩五府屬賑需恐難減於一百二十萬兩之數，即使撥帑勸捐，終虞不足，應請仿照前年江晥賑捐之案，奏准報捐翎枝、貢、監銜封等項，藉裕賑需。凡不願得奬者，一千兩以上奏請建坊；五百兩以上由督撫憲給匾嘉奬；二百兩以上由藩臬憲給匾嘉奬；一百千以上由府縣憲給匾嘉奬。本地紳士就官他省者，由郡中官紳公函勸募。現在本籍之紳富，勸其樂助巨資，不宜苛派。

請先行平糶也。查嘉慶甲子等歲大水，彭氏二林、簡緣、秋岳諸公舉行平糶，先期查户給票，按家口多寡自一升至三升止，其值較市每升減錢十文。按日憑票糴米，民皆稱便。現在籌捐艱難，擬請每升照市減價四文，能減六文、八文、十文尤妙，各隨其力。每口每月自第一次發米三斗事竣歸本外，以後每口每月補發耗米一半，一升五合，就查見極貧户口多寡以定米數，發交本地公正紳士周轉賣買，一月之後，再行補發，一半耗米，一次所有，一月内減價虧耗之數，即由本縣紳富籌捐補足。力所不繼者，他縣紳富協濟之，務使周轉至一月爲止。庶每口每月米本僅耗五六十文，官中籌備米耗以五十萬口計之，每月僅須三萬串，承辦之紳富亦每月每口捐貼五六十文，以貧户一千口計之，每月衹須六十千文，以較放賑輕而易舉，然買米者可得一月平價之惠，民情即不至騷動。如蒙准行，再將彭紳原章抄呈。至於豐備倉所積之穀，就長、元、吴三縣計，聞有十二萬石，雖收買藏儲極爲周妥，然新舊不齊，舂碓不速，祇可備賑給之用，不能資以平糶，大抵各縣皆然，合并聲明。

請以工代賑也。吴中大患不在旱而在水。今春聞開浚吴淞之議，識者以手加額。現既未及舉行，移款辦米是亦救急之道。然吴淞、白茆等河一日不浚，則蘇、淞、太三屬永切其魚之患。宜乘此捐振之時，但賑老弱婦女，節其坐食之賑，移作河工之費，使壯者就食工中，一舉兩得。

請續擬賑恤也。一交嚴冬，凡被灾最重之區，如果積水不退，既無可食之米，又無糴米之錢，必須按查户口給發錢米。設廠發衣，挑擔發粥，設立牛當，保恤孤嬰，舉所有荒政成法，盡利推行，俾資存活。特冬春爲日正長，賑款尚無把握，不敢遽抒芻論。惟大麥種亟須向江北采辦，俾立春後半月之内可以播種。

請勸緩收租也。道光時歷次大水，吴中業户間有全免田租者，亦有照減糧之成數以定租額者。因寒苦之家，義祭之産無可别謀，支度更無從籌費貼糧，故上憲悉聽其便。現在倚田爲活者比比皆是，而農民之苦況亦甚於前。查向來業户均於十月下旬收取租米，此時漕糧之蠲減尚未奏定，似宜勸令各業户展緩至十一月奏定蠲減成數後，分别減免，酌量收取，以恤佃困。

請嚴辦搶米也。查嘉慶甲子大水灾，民得以全活者，實賴巡撫汪公捐集賑款至三百萬兩之多。然其時亂民俞長春糾衆搶米，自六月初一日起至初六日止。九縣中共有一千七百五十七案，始由汪公寬仁未即嚴辦，遂至閭閻洶懼，紳富寒心，賑捐因之掣肘。自初六日汪公執俞戮之，其亂遂定，然九縣已騷擾不堪。現在人心不古，梟匪混雜，震澤等處已聞有吃大户、分米行之事，同里至平望鎮航船已停，北坼鎮民紛紛欲避，唐家河有剪綢船三十餘號，頗爲商旅之患，必須先行嚴禁，三令五申。遇有搶劫，懲一儆百，遏亂萌用重典，古法也。

光緒己丑八月二十四日，天壇灾，吴中亦於是日雨訖。十月四日，水灾以成。初五日，郡尊魁公、邑尊王公、李公、凌公觴郡紳蔣心香主政，吴子實學士、費芸舫中允、朱研生府丞、吴語樵部郎、潘莘之觀察、吴培卿部郎、程藻安、鄭秋亭、沈澂之三觀察、潘濟之中翰，常郡盛旭人、費友亭兩方伯於怡園，會議荒政，僕亦與焉。魁公、王公之言曰：「方伯意請諸君貸田租以恤農。」王公又盡述農困，冀紳士言於撫吴使者。議蠲賑，盛方伯首發糶米之議，費方伯擬請減漕，吴培卿部郎、程藻安觀察允貸田租，吴子寔學士擬往謁中丞。諸公亦各有見地，而於請減漕糧則意實從同。潘莘之、沈徵之兩觀察云：「冬灾無免糧五成以上者，何與於田租收貸？」於是友亭、培卿、藻安、濟之諸君就商於常郡任肖沅中丞，議公呈督撫藩憲告灾狀，顧未必衆心如一。僕意紳士爲民請命，分也，不則當路諸公不疑吴無人耶？無如衆情不一，公呈之行止，恐未必剋日可定，且懼不善立言，有礙高田之租。慮及礙租，又不能暢所欲言。主稿者大費躊躇，與名者猶未愜意，則事機益鈍，轉不若直情徑行，分别函禀爲得也。歸後盡夜脱比。論理，則本地紳士祇應爲上效力，不應分官長放賑之權。論勢，則病軀守制，又不能出門查賑，况江、震之外，蘇屬之新陽、昭文恐亦必辦冬賑，崑、常、長、元、吴五縣最低之區，遲至來春必須發給工本，攤派匀稱。既無其才，人面熟情各有所難，不比江、震兩縣，舊時協賑善士弟皆接洽。如遇放賑委員，到時欲令幫忙，皆可效力也。再四思維，各處捐款到時，惟有解繳藩庫，庶幾有案可稽，且各縣賑款亦可均平。弟非解款委員，不能備批申送，又係丁艱人員，未便出具公牘。此次二萬一千兩擬賑江、震，尚可奉懇執事請命藩憲，如有續款推廣他邑，似難重勞執事。弟擬俟憲設立籌賑局後，將捐款隨時函送局中提調，領取收照，以復前途。如有管見，亦可請其轉稟請示。未設局以前，似祇能奉懇執事轉達。是否可行，尚乞裁示。前復伯寅電報，曾請其電商墊款發震賑一節，去後未接回電，可否一詢藩憲有無來電？此次往來粤電，亦祈一并轉呈。此款到時，可否仍歸震賑，亦祈商定。因震澤應賑户口總在十萬左右，客民鹽販勢難剔出啓釁，二萬一千金尚有絀無盈也。如再有續款，似祇能分賑吴江。犬牙相錯，向隅即恐多事，亦求代爲請示，以便遇有款項來時，即可指撥某縣，以慰勸者之意。至托至托！吴望翁到否？乞先致拳拳，容再走謁。

致李韻亭維之十七日

奉展初十日手諭，敬諗起居曼福爲頌。承以蘇、松等屬被灾，示我周行，感激感極！現在當道諸公，弟因守制皆不聯絡，故難進言，容當相機設法，以副仁意。日來天氣暢晴，灾民皆揠水中之稻，磨粉爲食，過此以往，待賑益急，不知如何是好。弟又病體支離，時卧床蓐，俟至萬不得已時，恐須請延善士放賑，但必捐有把握。事至筋疲力盡後再敢請命，因本省辦事之難，絶異外省也。

致吴望雲、費芸舫十七日

頃接滬電，知萬金明後日可到，即須定一辦法。兹特擬呈兩稿，以取進止。官中祇知冬賑而已。春賑已千難萬難，若借工本辦穀種、當耕牛之類，官賑中斷無此等開支。江、震被灾既重，不能不先留餘地。如果兩公肯同列名，拉歸江震之用，則用公呈如虞分拆爲難，福願任怨，但不能一人具稟。因灾區不獨江、震也。倘實在不能列名，則祇好稟解藩憲。惟既解之後，九牛拔不出矣。尚祈垂酌。

致莊堅伯十七日

伏蒙惠教，敬稔勛祉曼福，式如下頌。震澤灾况爲五屬之冠，所宜急辦賑恤。然官賑尚未查放，萬不能先辦民賑。所可下先者，則平糶、施粥等事耳。然非當地諸君不能辦，總須先有成竹，方能代爲設法。此弟所日夕躊躇，付諸無可如何耳。諸君子陸續到蘇，俟有成議，再當相機設法，以副雅注。

發上海二等急電十七日

轉呈馬梅翁。災賑孔亟，江浙尤福家鄉，可否求恩加收水脚，浙得十之五，蘇三，東二？賴公善言，怡、太方允。故捨杏求公，全仗鼎力。

江、震急賑條議

現在重在查明被災户口，并非即是放賑，須先認清題目。

凡遇粒米均無、朝不保暮者爲極貧，距將來官賑之期尚遠，不能不先接濟。每大口給錢二百文，小口減半。震澤一縣不得過八千串，吴江一縣不得過四千串。

各路中如果願募捐錢附同另給，但可將次貧一并給發，不可每口過於二百文，恐各路相形見拙，致多窒礙也。另給之錢作捐款收帳。

未没之圩不查，已没之圩而家道殷實者不登册。室如懸磬、粒米俱無者爲極貧，僅存斗粟者爲次貧，分别登册。

册子須造兩分，一存經辦董事處，一送縣署。又造極貧給錢之册一本，送蘇州。册式如下：

某縣，某都，某圖，某圩。

極貧某人。大男幾口，小男幾口，大女幾口，小女幾口。共幾口。有節、孕婦。給錢幾百文。

次貧某人。大男、女幾口，小男、女幾口。共幾口。有節婦，有孕婦。小口兩口作一口。凡遇二大三小則共數書三口半，每半頁十行計十户。

每路請司事二人，支薪水六千文。船隻伙食零用極多，以三十千文爲則，如願自備，收作捐款。

分八路開查，盡十一月二十日必須查竣。工遲不如拙速。

以上各條均經吴望雲、沈簡齋、張廉伯、費芸舫、徐奎伯、葉仲甫、黄紫眉、沈誦芬、王次伯、趙震卿、周旨先、金紫庭、施擁百、沈月帆、任友濂、鄭遠孚、周式如、俞奏亭諸位先生在桃塢酌定。

發烟臺二等至急電十七日

杏公：頃與吴望翁、費芸翁商，必請嚴佑翁速來江、震急賑，因官賑必待勘灾停徵之後，不濟急，本地紳士難下手，平糶無益，轉瞬水稻撈盡，必不安静也。求轉電佑翁并速復。

發烟臺二等急電十八日

杏公：十三信到，就友所勘，江、震必急賑、冬賑、春賑、夏賑。因鹽梟鎗船，客民欲動遷家至蘇滬者，現在尚有，新、昭必冬賑、春賑。崑、常、長、元、吴花荒，來春必借工本。得之傳聞者，松、太半須冬賑、春賑，半須給工本。常、鎮尚輕。條陳沅帥處回信已到藩縣，同日上無回信，或鑒於上年灾輕而賑也。同鄉京官處恐與奏歧，未發信。但電現已晴半月，水退五寸，尚比十三年冬高一尺，比二十九年低尺二。撫藩憲皆有林文忠、陸中丞之心，特未至災區耳。福仍病，遵示馳報。

發江西二等電十八日

梅甥：電感悉。中丞所籌三千，請解撫藩憲。如甥募另捐，擲下爲感。中丞處乞代叩謝！

發貴陽二等電十八日

局同鄉諸公：電悉，叩謝。如有官款、巨款，請解撫藩憲歸入大賑。福祇能托友助恤。

發京局二等電十八日

仲翁：轉呈江浙同鄉賜電悉，叩謝！此間就友所勘，江、震必急賑、冬賑、春賑、夏賑。因鹽梟鎗船，客民欲動遷家至蘇滬者，現在尚有。新、昭必冬賑、春賑。崑、常、長、元、吳花荒，來春必借工本。得之傳聞者，松、太半須冬賑、春賑，半須給工本。常、鎮尚輕。嗣後浙捐均請解上海，蘇捐巨款請解蘇撫憲，惟零星之款，福可代收。因祇能托友分恤，不敢侵官賑之權，乞垂鑒。

發安慶二等電十八日

省翁代謝，壽伯二千請交子萱匯，官賑尚未開，可否將此擇急另濟？乞壽伯示。如有官款在內，須核獎者，請解撫藩臺。

發京局電十六日

轉呈伯寅表兄電感悉，上諭已見，歡呼感德。

發安慶電十六日

轉呈壽人姻伯電悉，感承大惠，惟借款上游未必要。

發烟署電十七日

景翁：電極感，遵辦。惟前言恰太堅不允。

發滬局電十七日

轉呈輪船局盛、馬、沈觀察，可否商諸恰太，仍加水脚捐，五分歸浙，五分歸蘇東？乞命。

發烟臺電十七日

杏公電悉，感極。惟官賑未辦之先，勢難義賑。請改解撫藩臺爲要。

復在京同鄉電十八日

删電祇悉。十月初五至今，僅雨一日，水僅退五寸。照道光十三年尚大一尺，照廿九年小尺二，托友分勘，震澤全荒，吴江、新陽、昭文未淹者一二成，崑、常、長、元、吴花荒，松、太兩屬傳聞與蘇府同，常、鎮較輕。官賑不能不待勘灾定糧後再辦。江、震因須急賑，擬邀本地紳士酌恤，并邀嚴佑翁來賑，其餘候官賑。

發烟臺上海二等急電十八日

杏公、蓮公轉致嚴佑翁，江、震係首倡協賑之地，現在水灾甚重，無論如何，速即帶友集款來賑，江、震兩縣紳耆囑福代電。

致徐賡薌十九日

本地四月後淫雨四旬，聞昭文受灾甚重，常熟無灾。此間傳聞不一，諸君子近在城中，四鄉情形見聞較確。幸乞將兩縣情形分別詳示，究竟有無荒區，收成若干，即日見復，至以爲托。

致盛巽卿十九日

本年四月後霪雨四（月）［旬］，聞新、陽被灾甚重，崑山無灾。此間傳聞不一，云云。同前函。

致經蓮珊密函十九日

十月十七日手示拜悉。蘇州府屬情形，吴江、震澤必辦急賑、冬賑、春賑，新陽、昭文必辦冬賑、春賑，崑山、常熟、長洲、元和、吴縣衹能分別酌恤，斷斷不能辦賑，松、太兩屬弟未派友去密查，但據來信所述，實與蘇屬相等，常、鎮則實在不甚荒。此實情也。弟連次發統報者，一因官中欲照去年一樣辦漕七十萬，可決其無有不大鬧事者，撫藩皆極仁厚，無如道光十三年冬灾，林文忠及藩臬輪流在鄉，今皆未到鄉間一次，故情形隔膜也。江、震前十日時道不通行，甚至鐵店打刀槍而莫之禁，土匪搶尼姑、養媳而莫敢發。湫友代租蘇屋，至今仍不敢搬來。各鎮已辦防堵而人皆惶惶。不意甫兩四十八日，人情已有天無日也。故發統報，求同鄉自解囊以撫恤之，冀免於亂耳。論災區之大，不及浙江一半。今蒙天恩發帑與浙江等，國恩高厚，迥異尋常。義捐必應偏重浙江，以昭平允。一尊論凡各省大吏電匯到滬，專捐江蘇，代解來蘇一節，弟意凡由尊處捐簿上寫來蘇地，未接該處督撫電報與蘇撫藩省者，盡可留在上海，以與浙江補不足。凡尊處遇有此等之款，密諭弟，一查便悉。如果此間撫藩已接該省官中電報者，弟有所見，亦電達尊處，俟款到時祇能匯蘇代解上憲也。現在此間已接電報者，京中一萬一千五百兩，江西五千，兩廣一萬，盛京五千，山東二萬，安徽二千，皆復弟電報而兼報撫藩者，應歸入官款也。一尊諭混言江浙者，以一半解蘇，一半歸浙一節，如果亦是捐冊上寫來者，凡有指解蘇州，或撫藩，或弟者，請尊處但給草條，勿給收票。凡弟處已經先行關照，尊處已經撫藩接電者亦然。因尊處一給收條，蘇州無人再給收條與尊處故也。所以指解蘇州交弟之款勿給收條者，因昨日、今日兩接翁、潘來電，同鄉各京官來電，已發各省信電，集捐匯交與弟，弟已電復交來後，仍解撫藩。故似解弟處，而實須解官也。弟所以不接受者，因此等款將來必辦核獎者，弟早經在神前罰咒，凡收要獎之捐以與君相奪權者如何如何，祇能不接也。一零星等捐雖指江蘇者，捐薄上捐雖指江蘇者，如果尊處無人來擠，可以合在一氣，可以解浙江、山東也。如有人來擠，不妨另作一起，解完爲則。請酌看情形爲禱。斷勿將東浙之捐貼補江蘇，至要至要！弟若真知灼見，必須要求協濟，必有密信奉告也。一現在收票無人能出者，藩憲因弟請賑於各同鄉已嫌越俎，密派人在電報局，凡有弟發之電，弟接之電，無一不抄去。請留心些。且云他勸來之官捐發給他自己去辦，此上路之情形也。所以然翁、潘致各處電，直叙速集賑款，交謝紳放賑故也。現在舍間江、震兩處舊時義賑勸募之友尚有十餘人各説各話，無非立候集款派人發賑話頭。去了幾位，又來幾位，情形實在急切也。一開捐則新陽、昭文亦復如此，即崑、常、長、元、吴亦必如此，即松、太亦必如此。弟能堪乎？況現在之荒尚是小試其端，明年更有甚者。故萬萬不能設公所，即不能出收票。如有款來，弟惟稟帖回信而已。一吴望翁、費芸翁亦來慫恿辦江震賑者，此次一萬之款，來信可連弟名并列，因此款即彼電募也。此外則不必列其名。一佑翁係弟發電請歸，今日即杏翁回電云：已派輪迎佑翁帶友由烟回滬，恐其回揚，望飛速函致上海轉交以邀之，故備一信與之，乞轉交爲托。實在灾况情形，皆實在情形也。詳見此信中，故不再贅。再凡蘇灾蘇賑情形，千萬不可登報。一字因連各縣，所登《申報》之信，皆疑弟手筆也。

致嚴佑之十九日

專啓者，蘇、松、太三屬忽患水灾。一言以蔽之曰：現在水勢照道光十三年，分林文忠大辦賑撫時尚高一尺，原高一尺五寸。照道光廿九年陸建瀛中丞大辦賑撫時衹低一尺二寸。原低七寸，今退五寸矣。被災情形與十三年分同，被災之地方與十三年分同。所異者吴江、震澤一帶鹽梟、鎗匪、客民於張屺堂臬憲未到以前，情形變本加厲，甚至鐵店打刀槍，沿途搶尼姑養媳，礪生業已搬開熟人之來蘇租屋，至今不敢挈眷搬來，其能不急賑乎？大辦協賑自江、震人始，今日自己被災，其能不急賑乎？弟自九月廿五起極到如今，擠到如今，舌苔已竭津發焦，公能坐視其極死擠死乎？皇天后土，實鑒此心。務速駕臨，至禱至盼！此信千萬勿登報。

致盛杏蓀密十九日

自八月廿四以來，病卧床席，夜聞風雨之聲，彷徨達旦，日見陰霉之氣，愁慘非常。雨至九月下旬小休兩日，忽復繼作，人情惶惶。蓋凡四十五歲以下之人，生平第一次目所未睹也。佃户携發芽之水稻報荒者相踵接。蘇、松、太三屬舊時募賑之友飛函述災者，日數至。甚至吴江、震澤一帶，道不通行，船船停班。搬家至蘇滬者，至今未定，梟匪定打刀鎗莫敢問，搶劫婦女莫敢禦。舊友欲來而不能來，謂看守家門防護白日來搶也。於是知外間情狀幾乎不得了矣。病中草《條陳八則》，欲上未上，希冀不上者，又十日而雨仍如故。信來更多，事勢益急，連及元和縣界亦不安矣。十月初五，府縣忽請衆紳集議，弟始力疾前往府縣爲民請命，求紳力言於撫藩減糧請賑，因在鄉見田稻盡在水中，且被圍困，求賑而上游仍欲照上年七十萬徵額也。三縣衆紳復云撫臺到任不拜客，誰肯去上轅？藩臺既云不能當家去，無益辦賑，非紳衿之責也。惟有老伯大人議亟買米，後耒中丞允，而方伯不允。費友丈云肖沅丈已有函致九帥，可照其信擬一公呈報灾於撫藩，於是從之者三人同往見肖沅丈，餘俱散。弟看人情不洽，知必不行，馳歸將條陳修飾盡夜，分繕三分，詰朝分發，一上沅帥，一托費芸舫函呈藩臺，一函送三縣。沅帥復信已到，藩臺不復芸翁，三縣亦不復一字。一面電求各省同鄉助款，冀得款以托淩礪生散賑定變也。初七、八日，江、震兩縣各鎮舊友始敢出門，絡繹來蘇商辦急賑，始知礪生已挈眷避去矣。諸友亦謀自全計，或在蘇租房屋，或請急賑。弟因浙賑方急，蘇藩庫尚有上年賑餘十七萬，督庫尚有上年餘十餘萬，官欲辦賑非無錢也。弟欲籌款，祇願求助於同鄉，不願别處人協賑，以蘇屬不比山東也，無如來款皆係官款，一面均電報撫藩上游，本疑鬧賑者仍是去年專爲免糧計，故不但不信，且深惡之。若再以官款辦義賑，趕在官款之前，使之不便收糧，則更觸方伯之忌。故萬不得已專電伯寅兄，請其乞恩。回電即奏十五日仰蒙聖上高天厚地之恩，特沛大帑，風傳各處，無不歡呼振屋。然據吴、費兩公云，接恩旨後，藩庫已發銀一千兩，特派一委員馳赴江、震兩邑趕辦急賑，其餘十萬帑項，因來春爲日甚長，留以有待也，囑弟趕緊懇情代請。佑之去後，得接十三日手書，除電復外，趕將前此情形爲君陳之，庶明此中曲折也。承示各節，語重心長，真是辦賑老手，濟時名臣，傾心拜倒。要之，此次之灾實比道光十三年厲害，何也？現在之水尚比十三年高一尺，比廿九年則低一尺二寸，有七十八歲之老翁，以桃塢下塘駁岸爲據，而外間傳稱亦如出一口也。十三年亦十月災，撫藩在鄉均二十餘天，連鄉董無不往拜，先父及功甫表伯均奉陪也。廿九年係陸中丞，亦然。今未下鄉一次，宜乎隔膜也。弟托友查勘，長、元、吴剩三四五成，總算災輕，可不放賑，但須春間給工本。崑山、常熟剩四成左右，亦祇須春助。惟與新陽、昭文接界，新、昭應放賑，似崑、常連界亦祇能帶賑。若江、震則須急賑、冬賑、春賑、夏賑矣。新陽須冬賑、春賑、夏賑，昭文冬賑、春賑，兩次便了。松、太兩屬，但據傳聞之辭云，與蘇一式，亦有急賑、冬賑之處在內。常、鎮亦據傳聞云，災況甚輕。惟見肖沅丈書，則亦重，有人云不確也。示及各節，凡已見條陳中者，不再復親筆各條如紳士公禀云云。長、元、吴辦不到，其餘亦有上有不上。如專禀沅帥一節，肖沅丈及弟已去信。如派道府督辦一節，劉臬臺極言於方伯，請設籌賑局，方伯大不以爲然。函告同鄉一節，恐皆已有家信，但無公信耳。京官發公信請各省督撫一節，昨接各京官公電云，已電求各省協賑，匯至敝處。弟復云：「官款不敢接，零款可接，因不敢辦賑以侵方伯之權，祇能托友分恤矣。」左峰謂吴公云：「京中之錢交謝某去辦，我不管，繳來亦仍送還他去辦，盡他去辦更好。」因見閣下電中有京電囑匯弟語也。如出示嚴禁搶荒一節，已見條陳中，未發動。如囤糧一節，江、震苦於全無囤糧，有則早已搶完矣。江、震所搶大户，僅十石、二十石之糧耳。有紳富之城鎮自捐自辦一節，紳富已逃矣。買米一節，老伯大人既見誹議於方伯，又爲齒冷於蘇人，誰肯再言？僅聞委員采買二萬石而已。搶案一節，自吴江縣獲黑老大後，此風稍定。然未雨之先已本躍躍欲動，大可慮也。要之，江蘇情形如辦官賑，須官自羅致，公正紳士協助。如果義賑，則須佑之不見惡於紳士，皆恐未必能然。現在江、震兩邑尚有公正紳士弟所至熟者，可托往查。現已囑其分投造册，略給急恤，餘待佑之來賑，餘則聽命於官矣。中峰初到，不熟情形。左峰極有幹濟，但屬員紳士皆不深信。右峰極爲熱腸，時與紳士躊躇，而事權不屬，無可奈何。故雖有良法美意，付諸無如何也。附去條陳一、沅帥復書一，乞鑒也。

致翁平大司農 二十日

敬肅者，伏蒙惠到賑捐漕平銀一千兩，敬謹收領，恩被梓桑，同深欽感，繕具親筆收據，敬祈察核，事竣再刊徵信録送呈，概不登列《申報》，因恐聞風乞賑，不能肆應耳。此次霪霖爲患，蘇、松、太較重，常、鎮次之。蘇屬以吴江、震澤、新陽、昭文爲最，江、震地方甚不安靖，昭文近海之處，出水較速，尚有挽回。至於常熟、崑山、長洲、元和、吴縣，現在皆雇江北入水撈稻，希冀三四分收成。異於道光十三年者，水勢雖高出一尺五寸，幸十月初五日起暢晴至今，不至全荒。在江、震兩邑，已商同吴望雲、費芸舫兩先生，邀集各鎮紳士，查户酌恤。新陽、昭文亦擬次第辦理，其餘五邑尚在躊躇。若貿然放賑，必致大礙。國課時事多艱，皇恩浩蕩，朝野下民亦不得不量爲兼顧耳。前接同鄉來電，知蒙集款匯交家福代爲收放，惟念官中款項，皆須奏銷核獎。歸入義賑，恐多窒礙。且家福一介書生，零星勸募，分別助恤以補官賑之不足，問心尚可自安。若各省官捐巨款一概代收，大興義賑，似與官長争權，難逃越分之罪。若與官賑通力合作，則必往來衙署具備案牘。家福在籍守制，皆非所宜。可否仰懇鄉大人暨諸先生所集官捐徑解撫藩憲收放，以安愚分。家福力所能及者無不循分盡力，以仰副仁懷於萬一也。

致在京同鄉二十日

敬肅者，伏蒙惠到賑捐，敬謹收領云云。同前函。

致盛京四等電二十一日

分呈定興左爽高諸大憲鈞鑒，蒙恩協濟蘇賑，同感再生，叩謝隆施！

發盛京二等電二十一日

晉侯疊電感極，蘇灾五府，浙灾十府，歸蘇一分，歸浙兩分如何？乞酌。

發粵督署電二十一日

督憲鑒，匯到規銀一萬兩，叩謝！款是否歸紳辦，急賑中，請示。

致施少欽、經蓮珊密函二十一日

密啓者，吴望翁、費芸翁，暨江、震兩縣各鎮紳董二十餘人，連日在舍議賑，現已議須撫藩設法，容再酌看。

發在京同鄉電二十二日第三號

江、震已請善董帶一萬二千元，分八路急恤。嚴佑之到後，先辦新陽，次昭文，南匯、寶山急恤。

發烟臺二等急電二十二日

杏公密，江、震已請善董分八路急恤。新陽打去案桌，佑翁飛速來蘇，先辦新陽，次昭文，次南匯，次寶山。福處經收捐款不登報，但刻徵信録。

復在京同鄉電二十三日第四號

養電悉，東、張、盛共二萬，尚有江西撫三千，盛京軍尹都五千，浙臬千元，皖彭壽人二千，請電謝。福已收者，粵一萬，翁一千，吴五百，餘俟到後電詢。賜款者歸官，即代解，免越權。歸紳即急恤，免迂誤。不言賑，不登報，免礙糧，免鬧賑。水深及腹，撈稻難，重急恤。晴廿日，水退五寸，春水生大可慮。重春恤，但急恤祇要四萬。天時、人手、財力皆無把握，祇能隨機因應，求妥不求多。惟以協賑騰出官款開出水之路，萬變不易。江、震已開辦，現謀急恤新陽。餘詳昨復翁公函。

發安慶二等電二十三日

省翁，叩謝！已告萱。

發上海電二十三日

萱翁：江裕來彭二千、寧波五百，請匯下。張雪翁、錢以翁在申否，能來否？速復。

致施少欽二十三日

二十一奉寄一函，二十二奉到手書，敬承一一，并蒙垂慈撥助江、震棉衣一萬件，浙江四萬五千元，莫大功德。福於浙江爲祖籍祠墓在焉，於江蘇爲現籍執事，於蘇爲祖籍，於浙爲現籍，聯環梓誼，不便叩謝大德，惟欽佩萬萬分，非筆可宣也。江、震現分八路開辦，張廉伯辦湖濱，極苦。付洋二千元。周旨先、呂芷堂辦震澤。嚴墓橫扇、南蕨壇邱兩路，付洋二千元，又在本鎮提存款二千六百串。吳望雲、吳鶴軒、朱杏春辦平望、梅堰、周溪附郭、南厙湖、西湖東兩路，付洋四千元。施擁百、鄭遠孚辦盛澤，付洋一千六百元。沈月帆辦黎里，付洋一千二百元。葉仲甫、任友濂辦北坼、北厙、蘆圩、同里、莘塔，付洋一千二百元。内中吳望翁、張廉翁兩路無鎮口，難募貼濟之款，大約尚須添撥。其餘就地似可酌籌。官中亦委員帶銀一千兩往恤矣。現在急謀撫恤新陽，等不及佑之到，因另有别情。餘照廿一信中辦法。

致蘇府憲二十四日

致肅者，前奉大公祖大人面諭，預籌荒政，當經電懇宦游各省同鄉，助資協賑。旋接在京各同鄉電開，已公摺入奏，并函告各省同鄉募賑徑寄尊處等，因并經翁紳同龢倡捐漕平銀一千

致常熟凝善堂徐賡薌、馮勷霖、李木君、徐吉甫諸君二十五日

頃奉復函，就稔種切，承示災區極爲詳細，不知極貧難支之户口共有若干，應否照八年分由諸位善士協同本縣紳士酌量撫恤。惟其事不比放賑可以順手暢做，上恐有礙國課，下恐難以爲繼。諸君子及貴邑諸公如有妙法，須弟效力之處，敬當遵命幫忙，代爲設法也。幸乞將上兩層再賜一示爲禱。如果災情恐亟，待恤甚殷，則能屈駕過商尤爲詳盡。本擬趨叩，病體如舊爲歉耳。

致盛巽卿二十五日

奉到復示祇悉。崑新兩邑，尚不甚荒，欣慰之至。内中最低之區，田稻無收者，未知現在如何景象，統候駕臨，面聆教益。

致宋培之二十五日

頃奉手示，祇悉一一。才大心細，拜佩之至。先開兩船，每位各送三元，極妙極妙！現在辦法，略擬數則，請與諸君公商之。

先探問三縣低區所在，即去查勘現在田中有水幾尺，屋内有水無水。

如果田中有水三尺至四尺高，則查看村中屋内有水無水。如果有水，則查看有水之人家若干户，倘僅一二十家，則藉查問保嬰情形，擇其至苦者散給每大口米一斗，小口五升。如果有四五十家以上皆是貧户，不必給發，留候蘇州另行辦理。

如果田中有水三尺至四尺高，而屋内無水，但爲察看貧苦與否情形，不發米票，留候蘇州另行辦理。

如果田中有水一尺以内，不必查看屋内有水無水。

須知現在辦法是查水，不是查賑，亦不是發貧户。認定題目，方免顧慮。

到處如有熟人善堂之處，宜先行打聽。如果田無水，屋無水，不必再去履勘，另至一處。如果田有水，屋有水，必須親自往勘，地保、圖董、經造等不可與之接洽。

查看各處半個月，須回蘇州商辦。

後文酌擬，如此請裁度爲要。諭單似毫無一用也。如果被圍，雖派營兵去，亦趕不開，何况董保？惟在不至被圍耳。尊意如何？

發北京電二十五日

陸鳳石翁托費條陳，藩未復；托吴商藩捐解庫，以顧各屬，未允，故難合藩發帑。江、震一千，紳帶去一萬六千元太懸殊，故難分，故請解官。蒙諸公力感不遑，豈不收，收必放，放必礙糧，咎難當。故銑電候官賑，候不及，故梗電謀恤新陽。題太窘，文難工，福。有。

致繆蘅甫二十六日

前歲以先慈之喪遠辱賜奠，具函致謝後，槁卧病苦，致疏箋候。近想起居曼福爲頌。此次霪霖爲患，聞太倉所屬寶山較甚，其餘如太、鎮、嘉三屬尚屬雖災不害，不致有歉歉之象。執事久居是地，見聞較確。可否將現在情形：某縣荒十分之幾分；某縣地高地低；某縣共幾圖，報災者幾圖；某縣農情若何；某縣有無平糶助恤等事，已經籌辦以上五節，可否逐細詳示。如果不同城之邑不甚詳悉，有熟人可以詢問，則請先將所知者見示，餘俟續復爲禱。因有友人見托，謹以奉煩。大約爲明春預備計也。

致松江輔德堂董二十六日

此次霪霖爲患，聞松江所屬係南匯最重。其餘如華、奉、婁、金、上、青六縣，尚屬雖災不害。餘均同前。

致彭省三二十六日托揚子萱寄

接奉賜諭，并蒙頒到賑捐銀二千兩，具見惠溥梓桑，情殷利濟，欽仰之私，曷其有極！此次蘇省霪霖爲患云云。同昨稟兩廣督憲稿。

致寧紹台道吴二十六日同上

前蒙頒到賑捐銀五百兩，當經肅具復函并收據一紙，計登荃鑒。兹復接奉鈞諭，并匯到錢肅士太守賑捐洋四十元，隆施稠疊，欽感莫名。謹繕具親筆收據一紙，呈請察轉。一切災情，具詳前函，不復贅。

致楊子萱二十六日

前收五百三十三兩五錢，昨已將收票信寄奉。今來規元二千一百四十八兩一錢六分，英洋四十元照收，收票信兩封，特寄呈請察轉爲禱。

發盛京電二十六日

晉翁十九二十四號悉，叩謝！請詢蘇五千是否代解撫藩憲官賑，抑交嚴佑之義賑？候示。

致黎里沈月帆二十六日

前次光顧，諸慚輶褻，抱歉之至！頃奉手諭，祇承一一。江、震所需，福已盡數交付仲甫兄帶去，請徑行向取爲禱。嚴佑之已到，另由任友翁函商台端矣。

致平望黄子美二十六日

尊處情形，前已聞諸芸翁，確乎尤苦。惟現在以查户爲重，中丞已允官賑，想仲翁已抄批上陳台電矣。此間截留江、震之款，已交仲翁悉數帶去，交吴望雲先生攤分。至於本地之捐，鄙意亦以爲從緩爲是。尚不但尊處爲難也，即震、盛等鎮亦非昔日之情形，此真須藏富於民者。

發烟臺電二十七日

盛譯明轉遞望炊密：京都、蘇鄉大人廿六司道設五屬官賑局。月初府縣及紳設三縣局，來款應顧各屬，照梗電辦。崑、新東西北鄉，常、昭東南鄉極重。俟佑之到，即恤，續圖松、太。

家福沁五號陸鳳翁工部款未來。京、蘇電有道員抄送各憲，以後電加十碼者，上有「密」字。福。三號。

致陸鳳石 二十八日托楊子萱寄

判袂以來，倏已數月。敬維起居曼福，式如下頌。前接電示，當即奉復，計邀慮鑒。頃奉交到工部諸公捐銀五百兩加惠我鄉，感荷不淺。執事諸先生之登高呼應，尤令人欽仰無極。回思前歲登堂，預籌荒政，不圖於今日見之，此次蘇、松、太三屬灾情，似震澤、吴江、新陽、昭文、南匯、寶山爲最重要，其中有鹽梟客民爲患者，尤宜加意撫恤。江、震兩邑急恤已於廿一開辦。崑、新、常、昭四邑專候佑之來辦。一面已函邀該處善士先來接洽，南匯、寶山苦於本地無向來辦賑熟人，除佑之查放外，别無辦法。此助賑大概也。官中奉旨後，震澤、新陽各撥急賑銀一千兩，二十六日設籌賑官局於藩署，司道主之出。月初府縣邀紳設局於玄妙觀，以籌長、元、吴三邑之賑。此官賑大概也。佑之到後，賑款必巨，各省來源，願歸佑之經放者大約不過一半。明春待賑尤急，務求鼎力夾持，源源設法，不獨鄉人之幸，國家亦與有利也。北望慈雲，無任頂禮。附呈收據一紙，即請核轉。

再密陳者，初五以前情形，各邑均尚安靖。惟江、震則土棍、鹽梟相與爲患，一致富厚之家業已租屋雇船而竟不能遷動，航船大半停班，危急情形，從可想見。般譜經先生令郎之内親，今明必已到京，一問便悉。省中府縣因中峰初到，未知苦瘠情形，以爲地極富饒，雖荒不害。左峰仍欲照去歲辦糧七十萬，故不得已邀集郡紳求爲力言於上游減糧議賑，并求停收租米。因元和農民已染江、震惡習，歃血有期，幸先發覺，不致刦掠，深恐窮則思逞也。程藻安首允貸租，於是潘梓翁意大拂執定，十七日即行開倉，甚有言其面允左峰，謂可收七成者，於是終席無成議而散。福本吐血卧床，因江、震友人之避禍者、托爲租屋者、寄頓箱籠者日相纏繞，故府縣見招，即力疾相應。見此情形，故發電求救於各省同鄉，以濟官中之不足。蓋猶疑左峰欲賑無資，果如面却府縣之説也。望日蒙恩後，始知左峰之意，猶疑上年輕灾報重，我鄉人太事張皇而出此淩挾之文，致未免稍參意氣。福始意量集款項助濟江、震，以補官中之不足。然必官先辦賑而後繼之，故擬巨款則解司，零款則經收代放，萬不料十六、七兩日托望老諸公轉陳下悃，竟有誰募誰辦，繳來不收，及近時捷徑，衹有辦賑辦洋務，頂子必紅。國計不能不顧，正供豈能阻誤諸説也？因思得賑而適以開徵，是造禍於鄉人，獨賑江、震，是激變於鄰邑。福安忍出此？故請各省竟自解官，冀可轉圜。蓋天下無不慈之父母，總是子職未盡，不得不返躬，自盡其道也。遲至十八，始知震邑僅發千金，勢已無可再待。故甘冒不韙，定紳士先辦急賑之策，一面馳邀佑之回南，以顧新、陽諸邑。蓋江、震猶有原辦協賑之熟手，可以就地取材，他邑無之，非佑之不辦也。各省來源不能不問明，來人者早經該省電致撫藩，并明言交與福手而不言福放及代解字樣，在左峰意中未免疑福越權，且恐來路本囑代解，故必詢明再敢受領。此中曲折，非念慮所及，無怪左右動疑，詢即江鄉諸公，故於有電中略陳一二。翌日始知京蘇電報無論何人所發，沈旭翁必譯送左峰，故成不解之結。沁電特用密碼寄杏翁，譯明轉達，且請將來之電改作加十碼之密報，省此抄送一事也。現在福處衹能就料作衣，不能設公所，刻收票，登《申報》，蓋限於官民之分耳。得執事諸公大力，六縣急賑當可敷衍。惟官中如不冬賑、春賑，則來春爲日方長，坐視不忍，越俎亦無此力量，奈何奈何！且天晴廿日，水退六寸。春水既發，必成廿八年冬水大，廿九年春水更大情形。若不多費幾萬金，趕用洋人機器開濬吴淞、白茆，則明春必不得了。現在水大，不能照土法築壩開濬，用洋人機器則無須築壩也。此節福既不便再言，都中亦斷不可再奏。奏則必致欲辦反止，函商或允。有無善法，一救鄉人之患，祈先生與諸公密圖之。賑一百萬，不如開濬十萬較爲得益也。中峰批司厚賑，而左峰僅發千金。因到任後易去一巡捕，係左峰之鄉人。驟請一幕友，又護理時犯事辭去者，故亦意見甚歧。然中、左、右峰之存心，則皆林文忠之心，苦未周知情形耳。恃在至好，密陳一一，除伯寅兄外，千萬秘之爲叩。

致楊子萱二十八日

奉到手示，并工部捐五百兩照收。兹奉回信一函，乞交源豐潤帶京爲感。吴中水灾甚烈，閣下來書，勸勉好義之忱溢於言表，敬佩無量！吴江、震澤已於十九日開辦急恤，限定一萬五千元。外面切勿告人，至要至要！新陽、崑山、昭文、常熟一面專候佑翁來辦，一面已邀請本地紳士來城面商，另有辦法。所以《申報》上不登一字者，弟縣縣有熟人，一縣聞風，則卅三縣均要來擠，性命要緊，祇好暗做一因藩臺向人云。現在一無出路之人，祇要辦賑務、洋務，頂子無不紅，翎子無不花，盡他們一人去辦等語，深怕因有義賑反要收十成糧，則災民倒糟，故不敢明辦。譬如一個女兒極想賣娼，爺娘大不爲然，而鄉鄰個個要嫖他，應接不暇，祇有開私門頭。此無可如何之事也。此間情形，不比上海，悶極悶極！

致施少欽二十八日

接奉手示拜悉，又接吴望雲吴江來函，云現提積穀，震四千串，江二千串。又震存款二千六百串，又官發一千兩，連此間去一萬三千三百元，合成一氣，作爲急賑，統計已及二萬三千三百元有奇，似可放心矣！如閣下廑念梓桑，必然繫慮，故特奉慰佑之，決計先賑崑、新、常、昭後，再赴江、震矣。

致嚴佑之、經蓮珊二十八日

頃聞佑翁已到，如同生病人於垂死之際忽得轉機，親友無不欣慰模樣。現在吴江、震澤已定

致孫少襄軍門 初五日

奉展手教，敬稔起居曼福，慰符肊頌。本年蘇屬本成五六分熟，忽遭霪霖四十日，高田發芽，低田盡淹，鹽梟客民乘機思逞。十月初十以前，幾乎不堪設想。天佑我民，暢晴匝月，於是州縣兼顧錢糧，有禀請勿賑者，有田紳士顧租米有阻擾荒政者，善士商賈目慘巨灾，有陳書乞賑者，低田農户有報灾不准毁去暖閣者，高田農民收足七八成，此不過十分之一。有趁勢不肯完納漕租者，於是乎荒政亦無從下手。現在事機稍定，極重之震澤一縣，吴江大半縣紳士請賑者，急賑業已開辦，藩庫發一千兩協賑，解一萬三千三百元。冬賑尚待錢君研觀察查辦，準初六日赴吴江會商望雲、芸舫諸公開辦。春賑擬以協款歸嚴佑翁辦。極少十萬元，現在僅有二萬六千兩。極重之新陽大半縣，昭文大半縣，州縣均禀請弗賑，無田之紳士則堅情求賑，新陽已托紳士酌恤，昭文無人經手。此目前大概也。天晴廿五日，水僅退七寸，春熟不能種者，約有十餘縣。來春爲日方長，一賑極少二十四萬，每名僅給五百文。茫茫後顧，焦酌欲絶。承示盛鎮情形，所幸江、震兩邑官紳均一德一心，辦事尚可順手，堪慰仁注。所深憂者，尚在江、震之外。擁百兄述及音問時通，想先有書奉達矣。比承疏財仗義爲鄉里倡，尤爲拜佩！

致崑山李筠譜 初五日

承示崑、新情形，敬已拜悉。諸君子抵蘇後略議辦法，擬就協賑中撥濟五千元，不意翌日傳聞已有不必放賑之禀，上游不再派員辦賑，官中既不議賑，而協賑撥款興辦勢將徵賑并行，啓捐户之疑，似祇能俟尊處定議後再行商辦。昨已函致諸君將五千撥款之説暫作罷論。知關仁注，謹以奉布。

發揚州電 初五日

李韻維翁：求靳春翁邀熟手查賑善士十人與靳同來江、震冬賑，功德無量。爲日已遲，須望前到，求速復。家福叩求！

復太倉繆蘅甫 初六日

展奉教言，敬稔一一。貴屬灾狀，似明春大有可慮，非賑不可。然上游寶山、嘉定之灾，今年可以不賑。尚未提及太倉、鎮洋之灾也。此間今日設蘇省籌賑總局，當道擬各就各縣就地籌恤而已。寒衣一節，連極重之震澤、新陽亦未提及。弟因在鄉里之中，未便設立公所，以分官長之權，故實無從應命。歉甚歉甚！日來將有江、震之行，枉駕必致失迓，但求函示爲禱。

發京烟鎮揚滬急電 初十日

京仲翁、蘇同鄉、烟杏翁、鎮廉翁、靳春翁、揚我翁、嚴佑翁，滬陳、經、施、席、王、楊諸君均鑒，福從江、震歸，佑翁勘崑、新、常、昭信亦到，震澤灾極重，吴江、新陽、昭文、太湖次之，崑山、常熟又次之。稻在水者，因撈費畝須兩元，撈起反須還租納賦。聽爛不撈，一經雪壓，顆粒難收，勸之不從，奈何！震澤、吴江、太湖已與錢君研觀察商定官紳合辦，觀察諄囑代電廉泉、春揚兩公，無論如何求選擇鎮、揚熟手各六人速賑江、震，求電復，何日行？再乞上海施、經、楊君速請蘭階以湘雪堂、樂如及陰熟手分辦太湖，亦求速到。又接崑、新、常、昭友函，囑求佑翁無論如何月内邀友趕到放賑，并求先邀二三人察看南匯、寶山、嘉定三處，能否但辦春賑。福承各處賜捐，因無人手，誤賑該死，求諸公速臨，如救福命。福萬叩！

發鎮江電初十日

張廉翁、靳春翁因佑之改辦崑、新，官紳合辦江、震，有款無人，務求兩公大駕，各帶六友來賑，并求曲允，速復至懇。錢寶傳、謝家福叩。

發貴陽電初十日

偉如表兄，兩電感悉。義賑恐難辦獎，應否代解官局？候示。

發杭州電初十日

臯臺廖諸公又塾一千，感極。義賑中恐難核獎，應否代解官局？候示。餘函復。

發武昌電初十日

鼇局惲大人二百、一千均到，感極。餘均同前。

發臺灣電初十日

撫憲藩鑒，蒙濟蘇賑五千兩，感叩。此款如須核獎，應否改解蘇藩憲，乞裁酌。

發瀘州電初十日

柳翁代問鹽局所匯八千四百十六兩，歸有獎之官賑，抑無獎之義賑？速復。

復翰林院翁斌孫太史初十日

展奉手諭，就諗勛祺式煥，籌祉增綏，慰符私祝，并蒙頒到張中堂賑捐銀三百兩，具見登高提倡，廣爲勸募，惠溥梓桑，情深飢溺，敬仰之私，曷其有極！此次霪霖爲患。餘同初五日致惲松緣函，僅察核易爲察轉。

再啓者，福因收解轉輸尤關重要，衹能常川居蘇，所有江、震冬賑，已邀鎮江靳春翁、劉蘭翁，江陰錢以翁經理。崑、新、常、昭春賑已邀嚴佑翁經理。長、元、吴則不須求賑也。所最可憂者，崑、常等邑水中之稻多有結，實因雇江北人撈取，每畝需一元及二元不等。一經撈出，恐須完租完糧，反虧血本，遂聽其糜爛水中。若請州縣出示，則未奉上憲豁減之明命，不能以空言勸。若請業主減收半租，則上需國課，下瞻身家，勢亦爲難，遂成不解之結矣。爛稻多出一畝，放賑即多出一户，此結不解，則明年春間無一户不須急賑。後顧茫茫，恐成不了之局。而更有可恨者，高田并未歉收，故循良者完租七成，無不欣然。頑抗者，竟集衆拜盟，名曰「拜土地」，聲言不必吃賑，但不完租，敢有一户完租者，全村坐食其家。如果催租船到，即行擊毀，各業主安居城中，尚未深悉。此情初僅吴江、震澤、新陽、元和發其端，今已遍於九邑，非官長訪明嚴辦業主，亦須待賑，不意蘇屬鄉風一至於此。要之，此次議賑救命尚輕，弭患爲重。前月初旬，江、震已道不通行矣。大君子痌瘝在抱，許爲集腋，高誼薄雲，令人敬仰。尚求源源接濟，不勝叩禱之至！

復各省同鄉初十日

承惠賑款，感激無涯！餘均同前致翁斌孫再啓。

發北京電初十日

蘇鄉大人陸鳳翁信一千，翁太史信三百到。

復陸鳳石初十日

十月廿八寄奉一書并工部收據一紙，計已察收。頃奉十月廿四日手諭，并崑、徐公及義園捐款，謹即繕奉收據三紙，拜煩察轉。此次同鄉諸公捐款，似以執事爲歸總之處。重勞鼎力，欽仰無涯！福因江、震急賑非常棘手，前往察酌，今早始歸，一切已經電達，恕不再贅。春花種者絶少，明年春賑恐不得了，奈何奈何！弟料理來源，祇能駐蘇矣。

復浙江同鄉諸公初十日

接奉賜函，敬承一一，荷蒙頒到賑捐洋一千元，敬已收領。仰見諸先生誼篤梓桑，情殷利濟，隆施疊沛，至再至三，翹企仁風，莫名拜佩，謹即繕具收據寄奉察核。福因江、震急賑非常棘手，前往察酌，已與錢君研觀察商定官紳合辦，并邀鎮江熟手善士經理查放，崑、新、常、昭擬請嚴佑之諸君經放。所苦積水未退，春花難種，明年春賑數倍於兹。再籌巨款，恐非易易。知關仁注，謹以附聞。

致楊子萱初十日

接初八日示并附信拜悉，兹將京都陸來一千兩，翁來三百兩，杭來一千元之收票，信三封，寄請察轉，連前共存尊處，洋二千六百元，規銀一千三百三十兩。合符否？乞示。武昌之一千兩俟尊處核見規銀數，方可寫收信。其銀暫存尊處。瀘州鹽局之八千四百十六兩，河南賑局之規銀五千三百六十五兩，俟匯信到後方可掣收，亦請暫存尊處，均候批示復奪。弟已將尊批作爲銀票矣。常州匯來之二百兩收票，早已取去矣。

致經蓮珊初十日

寄奉尊處徑撥第一次規銀五千兩之收票一紙，即請察收。所有浙臬之一千元，瀘州之八千四百十六兩，請俟收到弟復信再交子萱兄處。收到一封移交一支，以免纏誤。江、震、太湖已與錢渠與之一證。倘蒙將尊處述語之人一示姓氏住址尤妙。

發上海電十五日

蓮翁、吴、費云：江、震棉衣，如船未開，請徑寄震澤鎮廣善堂。福。

發上海急電十五日

蓮、萱翁、劉、張、錢三公，可否請其十七由小火輪拖來，十八與弟及春揚同赴江、震，或十七徑由滬赴吴江城隍廟，十九弟在吴江奉候？乞詢示，福。

致程藻安、潘濟之十五日

頃奉濟兄賜示祗悉，分查吴境，早間淩鏡翁來時，弟已認定漫山、沖山、長沙山、洞庭西山、元山因俱與太湖廳毘連，弟於義賑中認定江震、太湖廳可以連類及之。是否可行，尚求兩督辦酌之。

致張退齋名瑛，號仁卿 十六日

久欽山斗，無緣把晤，調飢之私，非一日矣。頃奉手教，祗承種切。尊議查荒核實、編口造册、不假手胥役三者，實賅荒政之要，敬佩敬佩！此次霪潦爲患，幸得久晴。自震澤以外，吴江、太湖廳、新陽、昭文、崑山、常熟、鎮洋、寶山、南匯災況相等，冬賑不盡急切，春荒則與震澤等矣。江震爲倡辦義賑之鄉，紳士多半舊交。督賑之錢君研觀察又主議招請去歲丹徒義賑諸公前往查放，而令家福左右之。故吴江、震澤、太湖廳三屬，家福即與官賑并力圖之。新陽、昭文，連及崑山、常熟、鎮洋灾視江、震爲輕，官中已舉冬賑。嚴佑翁亦擬冬查而春放，其他則俟力之所餘。質諸先生以爲何如？常、昭情形實已有善友密勘，似水利較放賑尤亟。佑翁臘月中旬可以到新陽，帶查崑、鎮，次及常、昭。家福則不能兼顧矣。本擬趨前奉教，實緣丹徒諸公已到，須同赴江、震。他日歸來，定當摳謁杖履也。

致王鈞莊 十六日

一昨得聆大教，快慰無似！承約赴鄉友人已於今日回蘇，其所查水之深淺，詳詢之餘，竟不可憑，蓋就開示各圖之中而言。一圖之中，即高低懸殊，一圩之中，亦高低懸殊，且單外亦尚有低區，單内亦間有高地，犬牙相錯。敝友亦不能認定爲何圩。故雖據開呈節略，明知不可深恃，不敢呈覽滋惑。至困之家，已量爲給米，爲數甚微也。頃與程藻翁、潘濟翁晤談，知查户之事現擬徑查給票，竊恐難於下手。向來辦賑，先憑公正鄉董查開清册，約計口數之多寡，按諸賑款之多寡，然後約定復查之減數。册上户口過多，則復查時之核減宜緊册上户口，不多則復查時之核減亦少。皆須先有户口、册子爲底本也。今若初查即發賑票，設或預備二萬五千金，每口給四百文，查見口數竟有三十二萬之多，斷不能每人給發百文。如再復查，時日愈遲。轉不若先令鄉董剋期造册好一處，即請城紳復查一處較爲妥洽。頃晤淩鏡翁公祖，知吴縣亦一面造册，隨即復查，尚求執事與諸君力圖之。福因此次荒政深賴重生父母之力，比因粗米減色不能盡人而悦之，有爲執事曉曉者爲之慨然。此次查賑，本非易事，尤宜致慎與始，不厭周詳，以關言者之口。故就身親閱歷，知難圖易之意，不揣冒昧，謹以直陳，伏惟諒鑒！

致宋培之十六日

潘、沈兩處復函呈覽，其事可以冰釋矣。惟三縣已定年底開放冬賑，即日分赴鄉間查户，則此舉似可不必矣。帳兩本仍彙歸尊處，乞查收爲荷。淩鏡翁又托義賑加放洞庭西山、共三十五圖，二千數百户。沖山、廿五都，一二三等圖。漫山、廿五都，一二三等圖。長沙山。十七都，一二圖。就執事看來，還是讓鎮江諸公往查，抑請兩舟友人往查？抑將西山托鎮友，而以沖山、漫山、長沙山托兩舟友人？弟摸捉不定，幸以卓識代酌之。至禱至禱！

致浙江諸同鄉十六日

前辱賜書，并第一次墊發賑洋一千元，敬以收領奉復。兹又奉公示，并第二次洋一千元，拜承之下，感仰無似！另繕收據一紙呈請鑒核。此次官中急賑，蒙發震澤銀一千兩，新陽銀一千兩。官中冬賑，由朱竹石廉訪督辦者，長元吴三縣蒙發銀二萬五千兩；錢君硯觀察督辦者，震澤、吴江兩縣，太湖一廳，蒙發銀二萬八千兩；沈旭初觀察督辦常、昭、宜、荊，蒙發銀二萬兩；李景卿觀察督辦者，崑、新，蒙發銀一萬七千兩，嘉、寶蒙發銀一萬兩。家福經收之義賑，僅就至急之處，力所能及者分別辦理。江、震兩縣急賑則與紳士商辦，約計銀一萬兩。吴江、震澤、太湖廳冬賑則與錢觀察公邀鎮江向辦協賑之靳君春陽，江北向辦協賑之劉君蘭階、張君雪堂十八人，於即日前往分投查辦。除官賑已有二萬八千兩外，尚缺三萬二千金以外。嚴佑翁於十二月二十左右方可先往崑山、新陽、鎮洋，次往常熟、昭文，視灾之輕重爲先後。屆時該處官賑必已放訖，跟查春賑尤爲施當。其厄尚有太屬之寶山、松屬之南匯被灾較重，須看人手財力。苟可有餘，亦當往辦義賑一次。其餘各邑，被灾輕重有差，然視此江、震、崑、新、常、昭、湖、鎮、寶、南十屬，則有間得官賑積穀以濟之，尤恐不敷，然非力所能及矣。正在束裝赴震，率復鳴感，幸諒不恭！

致楊子萱十六日

頃奉十五日手示，知錢以翁十六七動身來蘇，似僅以翁一人而已。頃靳春翁已到，十七日即同往震澤。惟吴江縣、太湖廳兩屬專候劉、張、錢三公及諸同事到後，方可開辦，故望之如歲。今日未奉電示動身，而弟已明日赴震澤，恐以翁到時弟適在江，諸不接洽，不若請以翁諸君徑由上海至吴江爲妙。如約計到廿二日方可到江，則不如仍到蘇州。弟廿二日亦必來蘇矣。杭信一封乞代寄，其洋千元容後再請打回單。

致松江輔德堂黄淵甫十七日

頃奉手教就悉，青邑情形，收成亦甚歉薄。荒政惟花災最難，往往一圖之中高低不齊，豐歉異殊。欲國計民生之兩顧，實在難之又難。要之，明年春荒已在意中，春荒籌賑更難著手，蓋飢而不寒，人心中便爲減等也。尊示未及，圖捐圖賑最爲上策。所苦者，此時物力已非往昔可比。然苟辦理得人，亦必有可籌之捐。閣下家學師承，淵源有自，顧此時艱，想早在籌策矣。談笑有先生清健否？貴邑積穀有幾，今冬諒不發動，明春則當厄之施矣。青浦、南匯而外，想明春尚可支持，然亦總在乎人耳。漕糧蠲減則有司存，故未敢詢諸當軸也。

致張廉泉十七日

頃奉十五日手諭，祇承一一。此次得公替靳辦事，俾靳來蘇，已屬感激萬分。祇要靳去公來，明春得以蟬聯查放，更爲感激十萬分。弟本知尊處已如曾文正老湘營光景，而統帥更分身不開，祇求兩位中來一位也。欲公與靳并來者，錢君翁之意也。尊示六難，當一一轉達之。明日即與靳春翁諸君同往震澤，尚有吴江、太湖廳須候劉蘭階、張雪堂兩路，新陽、昭文須候嚴佑之一路，太倉、嘉定、寶山、南匯、青浦須候劉、張、嚴以餘力及之。宜、荊與此間之長、元、吴相等，故不擬義賑矣。比聞本地紳士已請九帥另發兩萬，則更無需矣。餘不盡意。

復安徽道員錢曉嵐祿曾 十七日

辱奉賜諭，并蒙籌捐江浙賑銀，仰見痌瘝在抱，飢溺情深，跂企仁風，莫名感佩！一俟匯到，遵即分解兩省以副仁注。此次官中急賑餘同十六致浙江同鄉函。

再肅者，此次江浙大灾，輕重相等，灾區之廣，則浙倍於蘇。浙捐現歸上海總匯，蘇捐則嚴佑翁及福處分收分辦。常、昭之灾輕於震澤、新陽，一俟佑翁所邀同事到後，辦完新陽，接查昭文。知關仁注，謹以附聞。皖北亦有水患，較之前次尤甚，則春賑尤必孔殷。公於賑撫之餘回顧梓桑，正是不易。然此間春荒已定，春賑所需，視此際加倍猶恐不足。搔首問天，徒喚奈何！浙江爲福祖籍，故鄉父老亦復嗷嗷待哺，真無法以處此矣。

復經蓮珊十七日

此次長、元、吴官賑得二萬八千兩，江、震得二萬五千兩，崑、新得一萬七千兩，常、昭得一萬兩，嘉定得一萬兩，宜、荊得一萬兩。義賑不能不細查實情以定分數。現擬震澤、一萬五千，吴江、一萬，太湖廳及吴縣之西山、沖山、漫山、長沙山五千，共計三萬兩歸靳春翁、張、劉、錢三公分查。此間已有二萬四千，連存子萱處者在内，尚缺五千。俟張、劉、錢公行時，尊處可否再解五千？此弟等經手所辦之處也。崑山四千、新陽八千、常熟四千、昭文六千、鎮洋二千，共二萬五千兩歸佑之所辦，其款已有著也。太倉二千、嘉定二千、寶山五千、南匯六千、青浦春夏兩賑需款甚巨，所冀官款充裕，無事義賑，俾家福得安愚分，尤深禱祝。

致經蓮珊、楊子萱二十四日

呈奉議單一紙，乞裁定。尊見如以爲然，求抄寄佑之一分。至托至托！内中收款數目少寫幾款者，因備當道閲看，非脱漏也。弟俟錢、劉一到，又須到吴江。一身而兼收捐、放賑兩事，實在分拆不開，請尊處接款時先電知來路，説明弟在江、震查賑，俟歸轉交爲要。

致楊子萱二十四日

寄奉杏翁、京都兩信，即求飛速轉寄爲叩。劉、錢至今未到，既廿一動身，今日總應到蘇，不解其故，而錢君翁等人又約定廿五來蘇。因有喜事也。初一赴江。劉、錢到此後，勢必閣住五日，悶悶。

致潘濟之二十五

吴江歸，奉手示，祗悉一一。送奉議單一紙，一切詳載其中，請察閲爲禱。誼翁處即乞轉交可也。

上海協賑公所電報收支局蘇州收解義賑處議單

一、此次先由上海協賑公所刊發浙蘇捐册及電求各省捐賑，議定七成解浙，三成解蘇。繼由蘇州電請同鄉零星集助，以資江、震急恤。如有巨款，仍請徑解上憲。繼由京都同鄉、山東同鄉各發公函募捐，均囑交付蘇州放賑。是勸捐遂分四起，而辦法總宜歸一。議凡義賑經放之款，均歸蘇刊造徵信録。

二、蘇、松、太、常四屬受灾不等，現經滬、蘇各請公正善士分勘輕重，體察情形，已所聞所見之悉合，自應公平攤賑，俾免向隅。現除花荒之地，查賑即有礙於租糧，衹能由本地官紳酌恤外，所定各縣分數，均就整片灾區核計攤分。此舉係補官賑積穀之不足，如遇官賑過多，積穀較豐之處，續再剔除，以免濫施。

三、蘇省習氣物議最多，若請命各邑官紳分別攤賑，爲卸罪諉過地步，各屬州縣紳士均詳近而略遠，勢必各顧一方，不足以示公溥。現既一再統勘，衹能不恤人言，定於一是。所有灾賑等差開列於後。

震澤、吴江廿二分

太湖、吴縣兼轄之西山二分

崑山、新陽十四分

常熟、昭文十分

松太常鎮廿四分

以上七十二分，每分合銀二千五百兩。

議歸嚴佑翁辦。佑翁獨查四縣冬賑，斷來不及，亦須前往分辦也。所有與上海合議條款抄奉台覽，便知大略。再江、震兩邑，今冬賑款既有原發之二萬五千兩，義賑二萬兩，似可敷用。藩署續發之一萬二千五百兩，似可留備明春之需。聞蘇城及崑、新、常、昭均擬放大口四百，小口二百，江、震祇能一律。然崑、新、常、昭義賑，佑翁必放每口五角，小口減半，江、震反無義賑，又似缺陷。應否於四百文外酌加義賑，幸裁酌之。福意總似明春正月補放義賑，每口五角較妥。仍是官、義合辦。所謂義賑者，抵崑、新、常、昭之義賑也。然不敢決也，拉雜奉布。

致浙江諸同鄉 二十七日

十六日奉上第二次收據復函，度已鑒入。兹奉第三次公函，并賑捐洋一千元，拜領之餘，無任感仰！諸執事高呼四應，巨款疊來，具見念切梓桑，孜孜不倦，高誼薄雲，尤令人拜佩無極！現在查賑情形已與京都、山東、上海三處函商，分作三路。以吴江、震澤、太湖及吴縣之西山應辦急賑、冬賑、春賑、夏賑者爲一路，由家福邀同靳春陽諸君經辦；崑山、新陽、常熟、昭文應辦冬賑、春賑、夏賑者爲一路，邀定嚴佑之諸君會同官紳於十二月中旬開查；寶山、太倉、鎮洋、嘉定、南匯、青浦、華亭、婁縣、宜興、荊溪以及長、元、吴三縣偏灾之區應辦春賑、夏賑者爲一路，由劉蘭階諸君於明正開查。捐款則三路公攤較爲平稱。惟灾區甚廣，春、夏兩賑需款甚巨，茫茫後顧，焦灼萬分。遥企慈雲，無任頂禮。收據一紙，附呈台查。

復廣西藩臺張丹叔印聯桂、道臺秦文伯印煥 二十七日

奉展賜諭，就稔勛祺集祜，藎祉延釐，慰符私祝。蒙恩賑捐銀三千五百兩敬已收領，仰見誼篤梓桑，情殷利濟，敬仰之私，曷其有極！謹繕具收據三紙，呈請察核。此次霪霖爲患，蘇屬最重，松、太次之。現在查賑情形，同上至。焦灼萬分。大君子遠逮殊施，得資急用。鄉民有生之日，皆仁人再造之年，遥企五雲，傾心九叩！

復安徽支應局彭壽人觀察二十七日

前奉手書，實因往來江、震，尚未作復。頃又奉到手諭，祇承一一。仲帥、曉公均蒙鼎言勸助，備深感仰。兹特遵諭，繕奉收據，即乞察收。長、元、吴三縣已由諸大紳查放冬賑，約計下月望邊總可開放。嚴佑翁專辦崑、新、常、昭義賑，劉蘭翁專辦松、太義賑，福祇從事於江、震，已覺竭蹶不遑，故本縣之事，本不及與。實深抱歉耳。祇復。

致楊子萱二十七日

十一月廿七日付存廣西來規銀三千七百六十四兩二錢五分，又浙江來第三次墊款洋一千元，其銀存尊處，乞付回單。再十七日京都之五百五十兩，合規銀若干乞示知。附去浙江、廣西、安徽三信。

儉。

發北京電二十八日

翁韜甫太史户孫捐到。福。

發河南電二十八日

撫憲、河帥、賑局鑒，憲捐善後墊共二萬五到。萬五由滬解浙，一萬歸蘇。叩謝隆施！福。

發廣西電二十八日

張方伯、秦廉訪函捐到，叩謝隆施！謝家福。

發杭州電二十八日

臬臺諸公二三次到。福。

致杭州賑局金苕人觀察福曾、**丁松生觀察**丙 二十八日

聞貴省賑局，即設同善堂中是官紳聯絡之情已可概見，不禁神爲之往而心爲之羨也。兹有循例稟報公牘一件，呈請批復，餘不一一。河南有移咨浙藩憲之説，此稟想須由貴局移藩憲也。

致楊子萱二十八日

十一月廿九河南來汴平五千兩合規元請存尊處，給付回戳。附去收據一紙、回文一件，其銀請向蓮翁處收取。蓮翁處恕不另箋。前後兩次公文兹并一稟復之，乞蓮翁查閲去稟可也。再附

湖北一信，楊梅卿一信，求分别轉寄爲感。

致吴鶴軒、任友濂二十九日

本擬陪同劉蘭、錢以翁諸公趨謁台端，因悉望翁先生有初一日來蘇之説，彼此勢必相左，於換洋等事，反難代參末議，故不果行，歉歉。蘭、以翁仍辦吴江，既諸公衆議僉同，决計就吴江負郭查起，明日先去十二友，下兩日尚有四友，共計十六人，亦可分作八班矣。友翁疊次復示，均已祗悉。共收到三封。修圩極好，惟欲盡三千圩而統築之，勢必不能得尺得寸，其可乎？然此次急賑中，總須現發不可以工代賑，俾斯民共沐天恩，歡歌聖德，到明春再議如何？

致施少欽、經蓮珊二十九日

劉蘭、錢以翁於今日在蘇接晤錢君翁後，因知靳春翁一路日内已到震澤，而吴江附近待賑萬緊，故又改議蘭、以翁分辦吴江，準於初一日同君翁前往。福因吴望翁於初一日來蘇領款換錢，故不能陪往，須俟望翁到來再定行止矣。專此馳布。

致任友濂二十九日

此去之統領劉蘭階，名芬，拔貢。幫統錢以湘，名維錡，監生。及方伯寅、劉秉禮、祝蓉卿、王鳳岐、席梓儀、洪仁甫、金國瑞、祝伯康、方以矩、謝宿年，舍弟張魯孫、舍親則甫從山東放賑來，現亦歸劉、錢統帶，不必調入鎮江營中矣。尚有未到，比來之。許道良、周文易、邢省

三、蔡少齋均係賑壇宿將，歸卧田里，逢灾再起者也。一到蘇，即趁航船來江。共得十七人，可以自成一隧矣。所有原解之一萬三千三百元，請以一萬二千元分派。各處之數及各處收條報明錢君翁、吴望翁，俟捐票刻好後發給。收到京都協助蘇省義賑收解處第一批英洋一萬二千元，收照一紙，俾弟交帳，續交兄處。一千三百元請遇春翁一路開銷，及盛鎮之米票，各路□來之急恤，同里之掩埋，在此一千三百元中開將來由，兄開一細帳與弟，俾弟交帳。此次劉、錢兩君去時，弟已付盤川洋二百元，請兄在帳上作一收轉，共計弟解兄處。義賑中另恤盤川，兩次合成一千五百，請兄先給一收信，便算目前交代也。

致浙臬廖穀士十二月初一日

頃奉惠諭，祇承一切，欽佩無量！承示德運憲捐款擬核貢監，現因官局印收，或歸藩署一處，或各歸各縣製付，尚未定議，故洋款暫留福處。一俟定局，即當代解。惟印收既懸而有待，無以昭信於仁人，故仍將親筆收據寄上，聊以塞責。取到印收後，再行寄奉更換也。今日劉蘭階、明經等十二人赴江、震，幫同靳君等分作十六路開查，一俟趕畢，蘭翁諸君即擬移查太屬。知關仁注，謹以附聞。

致錢君研初一日

今晨碌碌，不及叩送行旌，至爲歉然！頃有浙江德運憲捐洋二百元欲核貢監者，福雖收下，究不知尊處能否將來核獎。現在先給捐洋，印收無從作復。爲此飛函奉詢，如將來可獎，現在印收已刻，即乞示知，以便解奉。倘有爲難，擬即解藩署之總局。然不知藩署已刻印收否？若位老手當日未能同去，不知續到已有幾人。蔡信昨日到蘇，已往。恐不僅差不順手，查友亦稍遜耳。許道良、周文易、邢省三，福不知其住處，無從代催。閼閼換洋之事，福當專心致意與仲甫辦定，不誤要需也。大約蘇賤則蘇換若干，寧可白丢脱小輪船費，不使兩邊俱漲，而使兩邊俱跌也。六萬元全放在福家裏亦不怕，但怕市儈之作怪耳。真真可惡之至。

致劉蘭階、方伯英、謝宿年、錢以湘、張魯孫初六日

上游催放賑錢，而水區斷查不快，可否分作一人一起，老手則可，新手則不可。以期從速？祈善圖之，至叩至叩！

致張廉伯初六日

此次江、震義賑，弟早經推出手，非公在芸翁席上一言，此時但剩官賑，灾民即少一半賑款，無如現在義捐既集，然官賑未放，義賑即難加放二次。苦於處處斷水，查户不能捷速也。弟看各處紳士所帶，惟公處最認真、最趕快。雖辦事人多，實由執事領綱挈領所致。現查吴江所屬人手太少，可否拜干洪造，邀約數友，由執事與之俱來，聯絡江陰各友搭班趕查，以賤當時千金一諾，餘力幫忙之語？翹望雲天，無任企禱。曾文正有云：主軍不强而但憑客軍，不維可耻，抑且難制。知此意者，惟仗執事耳。弟與我公蘇府屬也，主軍也；鎮江、江陰皆客軍也。弟不才，甘讓人。我公一時俊傑，必能奮然一出。盼禱盼禱！

致吴望雲祭酒初六日

昨日派郭琴孫、黄麐生赴上海收買押運洋蚨，惟市價時刻變换，福實無可禀承，必須屈駕到蘇，方可隨時酌辦。至盼至盼！吴江查户未竣，放賑尚緩。惟此换洋之事，出入在一二百金上，似乎煞有關繫。幸祈暫捨江局，必不礙事。此間則重仗主裁也。盼盼！負公重托，實累公明，故作不情之請。諒之！

致錢君硯、任友濂初六日

頃因舟人立候，分布各箋，不詳不備。换洋事福尚可自任，欲請泰伯來者，省得以鰥寡耳。然泰伯因有此事，恐必不肯來。究竟此輩何人所使，縣中必可踪迹而得之，宜婉勸其丁男，再至泰伯廟，真必釀成事端，豈非笑話？或竟請兩縣設立老婦局以養之。友公忽自引咎，甚奇。今年震澤如果開徵，必定收租，必鬧事。既鬧事，必不止餓死幾家業主已也。一家哭，何如一路哭也。友公引咎，不近於婦人之仁耶？此間何嘗停徵？何嘗不收租？何嘗無熟田必收租之告示？然凡收半租者，皆已還到八九成。十成熟田僅收半租也。欲收六成、七成、八成租者，亦十成熟田也。皆僅收一二成不等。震澤即使開徵，豈能收到各業主稱心如意？今忽歸咎於泰伯，實無理取鬧。然泰伯斷不可疾之已甚。然泰伯豪傑也，不能自轉灣以敷衍之。重□君公之善商兩賢令也，至托至托！然人情如此，放賑時恐不免有婦女滋擾，城内似不可放，即各鎮分放，亦須放得愈快愈妙。無論一隻檯子，兩隻檯子，給小票，不給小票，總不及放洋票、錢票之快，能否將錢洋交存各當，即由各當出洋票、錢票？一元、一千、五百。一票臨放時以賑票加戳，即給以錢洋之票。一鎮不止一當，則勢散；當票可以贖當，即不必立刻去取，則勢緩，而放賑可速。如嫌一鎮僅止二三典，則大米行亦可令其出洋、錢票也。出票之處愈多愈妙，乞酌之。福前在山東，連點心店亦可出票也。匯洋至各鎮，斷匯不了。明日擬在蘇州略換幾千，托仲翁先匯些至各鎮，俾可以洋換錢。年近歲底，洋必日長一日，錢必日跌一日。福於此中稍知一二，故現以兑換江、震六萬元，崑、新、常、昭佑之之二萬元爲第一要義，必將此八萬元定見，將郭琴孫、黄賡生等一班脚色吊回蘇州方可。交托一切，自來幫忙。此時斷走不開。佩侄即去，似既不能查賑，祇有放款時用場，故目前無須急往，是否？侯示。洋既不能全匯，勢必炮船押送，應辦炮船，先請君公辦定。福看來，要洋與錢流通，必須將震澤、湖濱速放，若到十七八、廿一二放賑，恐家家做壓歲錢，今年不復用出關住了。一萬餘串在鄉間，放吴江時，連各鎮之錢亦換不到，故遇小縣分窮鄉僻壤換錢不易者，必不可全行查完後一律開放，蓋錢難流轉也。此老法則也。幸再思之。蘇州錢價更跌，今日每洋祇兑九百九十文矣。

再啓者，六七萬元之洋，非十日、八日不能收齊，蘇州市面小，必須上海買。上海運至蘇，須用小輪，又不能一萬一運，極多分作兩起，亦已三萬。年近歲底，錢莊亦豈肯代藏三萬巨款以耽風險？似必寄存藩庫爲妥。福與官場隔膜，如以寄庫爲然，請君公先行布置。布置既定，方可囑上海輪運來蘇。此等事，福在外省尚優爲之。在此間，則官民分隔致不靈便也。其實將洋六萬元輪解吴江城内，或放城隍廟，派炮船四隻，或親兵一哨以守之，且戒之曰：「有失則請令，還怕何事乎，」就吴江解運各處，亦便當也。

致周謙山初七日

手示祇悉，此間因長、元、吴、崑、新官賑全行發錢，共换五六萬串，故欲買幾百千文亦且爲難。各莊又因錢串不準，不敢經手，有方台命爲歉。

致楊子萱初七日

接初六信并水票四張，費心極矣。初五日已匯奉規銀二萬兩，昨今不再續匯者，因佑之所借杏翁二萬内，有一萬須解還旭人老伯，可由此間劃付也。又因所存尊處及佑存蓮翁處二萬五千兩，除去劃抵對劃旭伯外，尚有萬五千，日後亦須匯蘇，故不再匯奉矣。所有佑收杏翁之二萬，究竟是庫平，是規平？請電報問明杏、佑翁一聲，以便俟台款到後，即由弟處對匯與旭伯也。所有尊處已换之二萬元尚爲便宜，感激之至！初五此間之價係[illegible]，今以[illegible]規合[illegible]之洋，僅[illegible]也。弟今日换洋五千，係[illegible]，然非市上曉得兄處六萬將到，不能跌落也。現悉上海亦跌到[illegible]矣。請尊處陸續收買至三四萬元後，聽候此間消息再辦，不必買齊六萬。以後來電，請用補樓望炊密本，并用二加急。弟亦如此矣。

再弟處實共至正月底止，要用洋十萬元，不僅六萬元也，因佑之所用亦必代備耳。尊處買四萬元總不嫌多，所以欲聽此間消息者，恐此間已進得多也。此間擬陸續買，故今日僅進五千，然一買之後，又漲到[illegible]矣。

致安慶電局彭省三初七日

頃奉手示，祇承一一。稷翁捐費神之至，僅具收據并信拜求察轉。蘇賑情形，長、元、吴實不可不發冬賑。無如發款太多，故各大紳已爲衆怨所歸，因放賑即不能收租也。弟承辦江、震一路，與官賑搭辦。佑翁辦崑、新、常、昭，亦待十二月望開查。劉蘭翁辦松、太，則待正月望後開查。目下款尚有餘，來春必竭蹶矣。種種仰仗，叩禱叩禱！

致郭琴孫、黄譽生初七日

洋款已改定直解蘇州，不解六鎮矣。僅買見三四萬後，乞萱翁示我一電。應於何日解來，臨時電聞。

致錢君硯、吴望雲、任友濂初七日

仲翁傍晚獲晤，匯洋兑錢大局可定。除前存各鎮一萬二千元，再交仲翁一萬八千元以兑錢。炮船運洋，共須運洋五萬元。惟公是賴。江、震地廣户多，不比他邑，即今年查不了，似亦官民所共諒。長、元、吴已於初五日放起，查户則僅得半耳。現既兑定洋二萬五千元，便宜一百九十兩光景。一面已發電至上海，無是公處囑其賣出洋八萬元，以跌上海之洋價，一面已傳布蘇市即有六萬現洋到來，以跌蘇州之洋價。趁此收買，大約總不到〦〣也。

初六領款時，價〦〣。估銀時，即漲到〦〩〣。現兑二萬五千元，照〦〩〣算，應得銀一萬七千三百二十五兩，現在祇合到一萬七千一百三十五兩而已。

昨晚專馬船帶去一函後，又寫一函，今晨寄去，想已入照。内中所陳，實恐諸公膽小，故作壯膽之話，其實到底宜小心也。上海兑到之洋，決計存蘇，待君公派炮船提取，現總交仲翁。匯一萬八千元至各鎮，預備兑錢可也。望老被圍，祇要請縣署各給老婦收租告示一紙，便可散去也。

致吴望雲初七日

奉初七日手諭，祇承一一。老婦祇須每人各給縣署勸還租米四言告示一紙，總可散却。惟錢洋到時，必須有炮船或早隊以壯聲威。換錢須三萬千，除原存一萬二千元外，當交仲翁一萬八千元。此三萬元要交托仲翁一人設法上海解現到蘇後，約五萬元。以炮船運各鎮。專靠君公設法，皆可不慮矣。

致劉蘭階咏伯、**錢以湘**遠孚初八日

頃奉蘭、以翁初六日手示，拜承一一。許、周、邢、蔡四君已先後過蘇，想均抵吴江與方伯

翁合股矣。咏、遠翁係素來協賑同事，故所查之户不比圩長，所開脚本，一切必甚精密，弟之敬佩者以此，錢君翁之嫌遲亦以此，蘭、以翁之可敬可感亦以此！惟現在年近歲底，而水區不比旱地，勢難趕查。可否設法將熟手分作一人一路，生手則兩人一路，較爲迅速。吴江附郭知前日尚未查竣，弟所薦魯孫、宿岩恐不得力，還祈調至附近兩公之處，或將魯、宿兩君分作兩幫，各配以江陰來生手一人，互相維持，是所至禱。弟因連日在此，預備以銀換洋，而佑之兄初十邊將到，故尚未能抽身至吴江也。

致秦暐齋 初八日

奉示，極見痌瘝在抱之忱，敬佩敬佩！惟弟所經手者，僅指定吴江、震澤兩縣，太湖一廳。故派到捐款僅得三股之一，計一萬四千餘兩。尚缺冬賑、春賑、夏賑五萬餘，了無頭緒。常、昭、崑、新一路係嚴佑之辦，亦派三股之一。太倉、松江所屬係劉蘭階辦，亦派三股之一。餘均官賑也。尊處芙蓉圩情形，卓論極是。然須俟嚴佑翁辦完常、昭、崑、新後，再與之商。弟處則自顧不暇矣。因從前爲收捐之人，今日變爲放賑之人，來源多少，在他人手中，不能自作主也。

致繆蘅甫 初八日

專啓者，嚴佑翁於初八到蘇，初十赴崑、新，謹以奉聞。

致靳春陽初八日

專啓者云云。同上。

致周謙山初八日

專啓者，換錢之洋已交仲甫兄，請徑向支取。放賑之洋當由錢督辦用炮船送上，請臨時駕至吴江接洽，不須赴蘇矣。

致施擁百初八日

換錢之洋已交仲甫，請徑向支取。放賑之洋當解錢君翁，由炮船送奉，可不勞駕至蘇。惟貴鎮兑錢必先取洋，似應早向仲甫去劃，庶免臨時爲難耳。專此飛布，并請轉陳新甫老伯、遠孚先生爲感。

致方伯寅、劉蘭階、錢以湘初八日

專啓者，嚴佑翁初八到蘇，初十赴崑、新，俟江、震趕畢，再請諸執事與之合爲一局，佑翁望君如歲也。弟看江、震兩邑四君子今日已均過蘇趨前，則正月初十邊必可放竣，倘能年内趕完尤妙。

致葉仲甫、吴望雲、任友濂初八日

嚴佑翁於初八日到蘇，初十赴崑、新，因專辦義賑，不分准灾圖分，故票上加戳云「此係善

致葉仲甫初九日

頃又托復昌莊匯奉英洋五千元歸入兑錢項下，連舊存萬二千，昨交一萬，共計二萬七千元，以之兑錢，應可敷用矣。上海洋四萬元，十一夜可以到蘇。知關雅注，謹以附聞。

致葉仲甫、吴望雲、任友濂初九日

頃接上海來電，先後已兑三萬五千元。此間亦先後换到一萬八千元，所領之款大致楚楚矣。君公到此面議一切，定於十六日放江、震負郭，十八放湖、濱，二十放震澤、盛澤，爲期甚促。似仲翁必須先與湖、震、盛三處接洽預備，以免臨時爲難。至叩至叩！佩孜侄、麐生小婿準於十二日趨前幫忙，分赴幫放。福十四五日亦必上叩臺階，分一隻耳朵一塊肉，以享老太太們也。

致周謙山、張聯伯、施擁百初九日

頃君翁已定十八放湖、濱，二十日放震澤、盛澤，謹此馳聞。

致施擁百初十日

錢君翁囑由協順莊轉交興盛、昌盛，當解上英洋二千六百元，即請查收爲要。

致施擁百十一日

手示誦悉，棉衣勢難開銷。因助來者均一概未收，全數退回，自己反去買送，刻在徵信録上，必致物議，且與急賑似乎不符。可否由尊處另行設法，以免爲難。至感至感！米票一切，均須開銷。其洋已有另款存交友翁處，請徑向支取爲禱。弟明日赴吴江，尊處開放時，非佩侄來幫忙，則小婿廖生來。君翁所托也。

致繆蘅甫十一日

奉初七示，祇悉一一。佑翁俟崑、新、常、昭畢後，即與劉蘭階合局，接查松、太、濱、湖之區，本在明春矣。棉衣一節，弟處僅有上年存票百件，本年因租米闌珊，無人施送，此百件已完矣。有方台命，歉歉！

致嚴佑之十一日

昨早未克握别爲歉。頃接杏電，似公不可無此一行。届時托劉蘭翁、劉少翁代辦半月，一半俟公回來再行開放，何如？乞示知如何電復爲要。再弟明日赴吴江，尊示寄舍交郭琴孫兄代拆代寄可也。

復浙江諸同鄉十一日

前月廿七日奉復第三次公函，知蒙察入。兹奉第四次賜函，并賑捐洋一千元均已拜收。貴處值此重灾，諸君子鼎力勸募，巨款疊施，足徵餘力不遺，拜感無極！江、震查辦情形，經劉蘭階、靳春陽諸君分路開查，已得其半。惟江、震兩邑共有三千數百圩，户口浩繁，未易查遍，祇能隨查隨放。福於明日前往，隨同錢觀察諸君開放，以冀從速。嚴佑翁諸君往辦崑、新兩邑，顧綬章諸君往辦太湖一廳，亦已次第開查矣。冬賑款項盡可敷用。惟明年春夏兩賑需款甚巨，恐難爲繼耳。收據一紙，附呈台察。

致楊子萱十一日

臺灣九千兩請速在申鎔見元寶，合見規元，以便收帳。所來臺庫一千兩已收，此間鎔見數目後再行奉聞。代換英洋三萬五千元已收到，除匯去二萬兩外，是否淨不敷規銀五千九百零六兩二錢五分？又代付輪船價三十五兩，酒錢若干，莊力若干，請速開示一數，以便向江、震算帳，至此項不敷五千四百零九兩三錢七分五釐，及輪船、莊力，請結見若干後，即於後帳回單上劃除可也。又來原存四千九百五十元已收到，今將一切回戳之單盡行寄上，另換新單一紙，請加回戳爲禱。又來代換佑之之一千兩，合一千三百五十三元六錢三分八釐亦收到。還杏翁之一萬兩究竟要交旭翁？抑交閣下？請電詢杏翁。如交閣下，即在滬劃；如交旭伯，即請向蓮翁取到後，徑匯中市公帳房爲要。此間僅存三千餘兩，無款可付也。杭州之一千元信已收到，其洋仍存尊處，已加在新回單上矣。請一并加戳爲要。回信一封，請轉寄爲托。

致楊子萱十二日辰

昨函發後，細思回單上所云「請以二萬兩代存銀行，其餘代换洋錢」之説尚未妥致，因明春江、震、常、昭、崑、新一賑便須用六萬元，皆於正月底邊要用。現在蘇申價既相同，加以上海輪運之費反不合算，不如就在蘇地逐漸買洋爲妙也。約算現存尊處尚有四萬五千兩，應還杏翁之一萬兩尚在外。擬以二萬兩留滬代存銀行，以二萬五千兩匯蘇收洋，故電請尊處即匯交蘇協順莊規銀二萬五千兩，恐兄未解其故，故特函詳。再頃所去回單上，請即除去規銀二萬五千兩可也。弟明日早赴吴江，俟二萬五千兩匯到時，弟已寫好收條留在郭琴翁處，以便銀到即復。琴翁現在舍間代管賑中銀錢也。

留致楊子萱十二日

頃收到由協順莊來申規銀二萬五千兩，照收無誤，請在弟存單上除去此數爲要。

發上海急電十二日辰

萱速匯申規二萬五千兩交蘇協順，須申規，不可蘇規，已寫好親筆收條，托郭琴孫於十四日向協順取。詳見十二辰信，十一信托換洋作罷論。福。

致汪卓人十八日

頃奉手翰已悉，本年蘇賑前與經蓮、楊子翁商定，凡各處捐款寄到電報學堂者，均歸收支所楊子翁經收，故將原信奉上，望即飭送楊子翁處，以便接洽。以後遇有蘇賑，請即徑交子翁可也。

致葉仲甫、任友濂十九日

所有急賑項下，同里米票、約三百元。盛澤米票、約六百元。小蘇米票、約二百元。同里掩埋約一百五十元。及七處急賑初查經費，約二百五十元。靳、劉兩路盤費，約七百元。前經去過一千五百元，茲托復昌又解上英洋七百元，除去方伯翁劃奉四十元，淨匯上六百六十元。即請查收，由友翁歸帳爲禱。

復奉天電局馬晉侯十九日

承籌蘇賑銀三千兩敬已收領，仰見仁風噓拂，惠及桑梓，引睇慈雲，莫名拜感！現在查賑情形，已與京都、山東、上海諸同鄉商定，分做三路。以江、震、太湖及吴縣之西山應辦急賑、冬賑、春賑、夏賑者爲一路，由福邀同靳春陽諸君，隨同錢君硯觀察查放；崑山、新陽、常熟、昭文應辦冬賑、春賑、夏賑者爲一路，由嚴佑之諸君查放；松、太各屬及常屬之宜興、荊溪，蘇屬之長、元、吴三縣偏災之區應辦春、夏兩賑者爲一路，由劉蘭階諸君查放。捐款則三路公攤較爲平稱。知關仁注，謹以奉聞。附奉收據一紙，即請台察。

再啓者，承示五千兩一款，弟處尚未收到。此款到後，大致須代解藩署局中矣。至平色一節，子萱兄處僅收申規銀三千一百六十八兩，與每千申七十兩之數尚有未符。然萱翁處不能過於計算，還請向原匯之數確詢爲禱。種仗鼎力，感泐無似！

致陸鳳石十九日

頃從江、震歸，奉展十一月廿二日手諭，并京足銀三千五百八十四兩八錢七分，分繕收據十八紙，即請察轉爲禱。此間事稍有頭緒，福與蘄春陽諸君附入官賑，專辦江、震、太湖爲一路，山東同鄉所請嚴佑之諸君專辦崑、新、常、昭義賑爲一路，上海賑所所請劉蘭階諸君專辦松、太春賑爲一路，款則三路勻攤。佑之已於十二日赴崑、新，劉蘭階暫先幫辦吴江，故江、震兩邑年内均可查竣。福十二至吴江後，即安排開放，計分七處放錢。負郭一處，已於十六日放訖，平安無事。其餘六處亦於明日起陸續開放，大約兩縣户口減之又減，總有二十萬左右也。知關仁注，敬以奉聞。現在捐款，本年斷用不完，春賑則又斷斷不敷，做到一分是一分。惟年近歲底，款有存餘，不免啓人疑謗，然亦顧不得矣。

發京都電十九日

陸鳳翁廿二信款到。

發奉天電十九日

軍尹左奭、高憲、馬晉翁均鑒，承發三千兩到，叩謝大惠！

發上海電十九日

蓮翁、豫藩之款應全歸貴所，不必交萱。

力，欽感之至！

致楊子萱二十日

頃接十八信拜悉，奉天三千兩，京城三千餘兩收票回信已寄去，文報局之四千兩係蓮翁誤會，實不關我事。應歸蓮翁收者已有函致蓮翁，請向尊處收還矣。兹將杭州一千元，廣平一百餘兩，奉天五千兩之收信兩封、收票一紙寄奉台察。又填奉存條一紙，即請照發或加章亦可。

致太倉陸馨吾二十日

奉十六手示并由蓮珊處交到陳君一信，募啓一宗，一一拜悉。本年松、太兩屬雖不若震、新灾重，然亦實在歉收。各省來捐本指蘇省，不便獨振蘇州一府。弟故留出三股之一爲明春松、太春恤之用，以期公溥。然冬間飢寒交迫，亦實可憫。故曾函商松、太各縣熟友，冀捐補助。然接來信，均有善心而無善法，深恐撥款前往，不但於事無濟，且恐鬧出事來，故至今毫無端倪，專候明春查放也。陳起翁所商一節，極可照辦。惟起翁究竟能否任事之才，想我公必知之。有素即示知，此第一要義也；此廠每月需費若干，本地可籌若干，此第二要義也。弟因見來函，既云户口有二萬五千餘名之多，而來單僅於牛角尖設粥廠。查古人成法，一廠極多放千人之粥。既有許多灾口，斷非一廠所能了，一可疑也；辦事不能畏事，來單不署名姓，恐行止尚未定見，二可疑也；辦事無論大小，總有章程，函中單中所述，均言其所當然而已，三可疑也。竊計此時殘冬將過，欲辦則必然已辦，辦法必楚楚可觀。恃執事所居較近，拜求密探示知。如果辦事得人，辦法得宜，因撥若干，衹須我公一言，立刻遵教。如其不然，則冬臘將過，倒不如二月初間查放春賑爲妙也。堂中來函，尚未敢啓一封，因離家旬日，諸事蝟集，先擇刻不待延者料理清楚，故須後理堂事。一切當遵教也。

再啓者，太屬春賑擬過元宵後即囑劉蘭階諸公開查，究竟太、鎮、嘉、寶四縣中某區准灾，某區未准灾。未准灾之處，可查可不查。恐礙租糧。可否請我公向州署切實一探，能摘示一單尤妙。將來蘭階到時，必聽指揮於我公，想未必怕業主之吐駡也。近來收不著租者，無不吐駡賑中人。

致松江輔德堂閔杏南、沈平叔、閔頤生二十日

疊奉十一月十七日、十二月初九日手諭，并承頤翁見賜精校各集，拜承之下，感激無似！松屬情形，已見一班。惟平糶非本地人不能辦，花荒非義賑所易查，欲求善全之法，殊苦不易。且何處准灾，何處未准灾，亦覺茫然。官中尚無一定辦法，紳士即無從率循。衹得俟明年正月後，嚴佑翁、劉蘭翁查過崑、新、常、昭冬賑後，再與斟酌，并請教而行也。貴處租穀漕糧情形何似？此間則鄉人盡行抗霸，業主幾有無可奈何之勢，亦事理之難平者耳。近因往來各處，以是奉答遲滯，良用歉然。

代收，以免分歧。用將原洋如數寄趙，即請察收移交爲禱。

致黄麐生二十三日

來函均悉，今日有炮船一哨，旱隊兩哨來震鎮相近遥護，中丞有鬧賑必須殺一儆百之説，故有此舉也。嚴墓董事似是，俞君可轉告之，請其善爲勸諭，免致以生道殺人爲要。

致嚴佑之二十三日

奉廿二示，一一印心，快極快極！新陽查數十圖，崑山緩查，亦查幾圖更妙。昭文查過五圖，太倉查過兩圖，鎮洋查過六圖，妙極妙極！蘭翁萬萬不肯辦常、昭，且此時去似太早。弟知太倉所屬之寶山甚苦，有灾民二萬餘。嘉定亦有低區，已請蘭翁由江、震徑至尊處商辦太屬，即寶山、嘉定兩縣冬、春賑也。尊處如可辦圩岸，則崑、新兩縣竟是以工代賑，辦圩不辦春賑可也。祈察酌定局。第一椿實濟事也。山東兩信附呈。

致楊子萱二十三日

廿一信悉，河南四千二百九十四兩繕奉收據，即乞轉交文報局。廣東朱太尊三百兩收條亦請轉寄荔翁。其寧波之洋，衹好退還不收，請閲復信便悉。再信局停後及明年弟赴各縣，勢不能函到即復，恐有立候收票者，故寄去收票五十紙，請兄於騎縫年月上加蓋收支所鈐記填發可也。

致周謙山、黄麐生二十三日

頃接廿二早麐生來信，就悉一一。君翁今日已請炮船、旱隊開拔到江，尊議留出嚴墓、烏鎮末後開放，極妙極妙！盡不妨遲至廿六七開放，使其要緊過年，無暇鬧事。但放期必須預貼告示，以安其心。鄭孝子放米票以補大賑之不足，尤妙尤妙！義賑款中本可酌提款項買米數十石或百石分給米票，不在現在官義合賑之中，米票之款，向友濂處取算可也。如果嚴墓果有漏查，即不妨多給米票以昭平允。至要至要！面子上總算賑外文章可也。日來抱疾，不能馳赴台端幫忙，深用歉然。

再啓者，崑山同鄉間圍困知縣之後，又復聚衆鬧賑。前日經太湖水師魏槃翁統帶炮船一營前往轟散後，拿到十餘人已解省。聞中丞定欲將爲首者立正軍法，以遏亂萌。平望等處離崑不遠，當亦聞風知戒矣。

致施少欽二十三日

接奉手諭，祗承一一，獎賞過情，汗流浹背矣。此次江、震賑務，托庇粗安。惟現在接查嚴墓一帶，深恐滋事。據聞有鳴鑼聚衆之説，現在已設法防護矣，聊抒綺注。盛澤、震澤、湖濱均在開放，北拆、北庫擬廿七開放，黎里擬廿四開放，平望擬除夕開放，年内大約可竣。福倹舍侄廿六來即仍往江城接替，大約在江城度歲矣。移文甚妥，當即代送不誤。龍門書院王君書大爲痛罵，連執事亦波及在内。此君頗熱腸古道，未知辨法情形，無怪其痛罵也。本年小業主之過不去者，無處無之，此間毫無想法，蓋非按户恤給數十元不可，非石米斗粟所能了，真無法以處。此欲言不盡，惟照不宣。

致楊子萱二十三日

廿二信悉，因存條上須加四千，須除一百另二元，故仍繳奉，乞察收爲荷，開歲再通信。

再啓者，八千九百十六兩四錢三分八釐一款，現囑申協康内厲蘇協順友許令伯兄於廿五期向尊處憑弟信收五千兩，又囑協源於廿四期向尊處憑弟信收三千九百十六兩四千三分八釐，特此關照。

上海公文二十四日

竊查敝所絲業會館於十一月初三日接奉福建藩臺奎函，開由蔚長厚號匯來江浙賑捐規銀四千兩，又於十一月二十四日接奉河南善後支應局候補道衛函，開奉撫憲倪諭籌募江浙賑濟，由日昇昌號匯來汴平銀五千兩，來函均未指明轉解何處，僅囑匀撥兩省散放等語。敝所因賑款急需除分，半匯解浙賑外，即於十一月初四日解交嚴訓導作霖領辦崑山、新陽等縣急賑規銀五千兩，十一月廿四日解交就職直州判劉貢生芬領辦吴江、震澤等縣急賑規銀一萬二千兩。以上閩、豫兩款均已匯解在内。

致施少欽二十四日

昨夜匆匆復一信，想先入照。兹奉廿三燈下書，初不料味畬兄遽作古人，慨念同盟，爲之惻然，已函托子萱兄代致薄分，稍伸微意。去函即托轉交爲禱。一切務求格外關垂，至以爲感！承示外省之款，此等款項還不勝還，且來文徑囑分撥灾區，并未囑解官局，此乃方伯公未知底裏所致。尊處移文甚妥，大約不必提還也。若提還，祇可囑蘭翁在萬二千内在蘇劃解，屆時再酌可也。此間所謂江蘇籌賑局者，設在藩署之花廳上，無所爲局也，仍是方伯之公事耳。一切情形，即駐局會辦之觀察公亦不能詳悉，無遺紳士則踪影全無矣。松屬情形，前日面詢朱觀察，云祇能就已准灾之圖分查賑，而松江一屬，以南滙爲稍重等語，亦不能確實指□。此事祇好明正再商矣。

致寧波江北岸費金組二十四日

久欽山斗，未遂瞻依，馳念之私，無時或釋。頃奉手教，敬稔鼎裀集祜，履戀迎庥，慰符私頌，荷蒙捐集蘇賑洋一百三十七元，仰見登高一呼，衆山皆應，情殷利濟，惠□梓桑，引睇慈雲，莫名感泐。惟閱此項捐啓，係浙江塘工局所刊編，有字號，且聲明款寄前途，似應彙歸一氣。福處故不敢代收，以免分歧。用將原款如數寄奉，即請察收，移解前途。是所至禱。

致楊子萱二十四日

廿三信悉，味翁可惜之至。已有一信托少欽丈送上，請代送廿元等語，計得入照矣。費洋一百三十七元，亦仍是浙江捐啓所募，弟未敢代收者，特寫一信并捐啓捐洋一并交還，仍乞將洋交付原莊匯往爲禱。再凡有捐款之信，請兄盡管先行拆看可也。匯銀信昨已發奉矣，係分作兩莊收匯也。

發三線各局二等電十六年正月初十日

諸公暨蘇鄉大人新禧。江、震除夕放畢二十萬五千口，即同劉蘭翁、錢以翁初四移太倉。佑翁查崑、新亦畢，初八同嚴抵常、昭，遍勘情形，震爲最次，江、新又次，崑、昭又次，常熟、長、元、吴、松、太亢晴三月，水稻撈盡，與十月望情形異。各屬低區官賑遍，蘇屬高區農霸租，惟水僅退二尺五，慮桃漲春花不及半，桑有傷，慮夏饑。現議義賑江、震，仍附辦崑、新、常、昭、太、鎮，盡款辦圩工爲主，不求續濟，以裕官賑，東賑、浙賑之源。家福叩賀。常厲發。

發上海電初十日

心、萱、芳翁新禧。福病發趕歸，來信緩復。福叩賀。

致嚴佑之十一日

弟歸，氣急痰喘愈甚，不能起床。洋一千元已托履康崑新公堂解上，稟帖等已托人寫好，即發。一切俟病稍愈再復諸公。前請先道謝，續再通函。

又托履康莊崑新鹽公堂寄

兹托履康莊轉交崑新鹽公堂解上賑洋一千元，乞檢收。餘見正信。

致嚴佑之十二日

昨奉一椷，并由履康莊匯上賑洋一千元，不日計可達到。兹由劉紹誠兄帶到手示，拜悉一一。江都界之五百元，丹徒界之三千兩均用匯票遵交紹翁帶去矣。公牘昨已送去，未識憲意如何？奉到批示，當再奉聞。履康莊再加五百元，合昨來一千，共成一千五百元。當即遵照辦理。錢已買定三千串矣。

致嚴佑之十四日

昨轉奉揚州一書，計邀青覽。履康莊五百元已匯去，收條一紙，呈請台察。

致錢君硯元宵日

有急欲面陳之事，苦於不能動且不能談，悶極！實因床中倚几，吃飯亦氣急不耐也。前日與佑之面商時，以各縣情形，圩工較爲有益，惟須州縣出力，鄉董出力，圩民出力，其事更難於放賑。佑之因款不多，有不犯著作此難事拉住身體之語。福故已將原議福一路，佑之一路，蘭階一路，各領二萬五千兩之外，許其如有來源，盡數歸佑之專辦各縣圩工，以堅其志。佑之始發通禀，并告以如果江、震可以照兄擬章辦理，則請兄發款驗工，使彼可一鼻孔出氣，在我則尚參活路。要辦圩工，仍可向其撥款。兹將所議章程呈閲，應否向鎮董一問，請裁酌。此其

致浙江諸同鄉十七日

頃奉鈞函，并蒙惠到第五次賑洋一千元，仁施所被，起瘠嘘枯，感激之私，如同身受。福因此次灾賑地近情親，外來協賑諸公必須隨時照料，且江、震義賑又係福所領辦，故在蘇日少，外出日多，仰蒙各處惠款，往往未能接洽，特托上海電局收支所楊子萱大令隨時代收，繕具收條，以期周至。事竣後，仍由福彙總報銷，以免支離。兹承大惠，已由子萱兄代奉收據，想已先登記室矣。此次江、震冬賑，福因官賑、義賑均須普放，故與督辦錢觀察、善士靳春陽諸君商定合而爲一，按户查勘，分别極貧。查至十二月中浣始竣，隨於十二月十六日起，福常川在江，幫同散放。至大除夕止，統計極次大小二十萬五千餘口，賑洋七萬二千餘元。正月初三即伴送領辦松、太義賑之劉蘭階諸公由江、震至太倉，議先擇松、太各縣中向種早稻晚花，去年均無收成之處先行開查。嘉定、上海積穀最多，現在散放，姑從緩議。初六日後，與領辦崑、新、常、昭義賑之嚴佑之諸公查看情形，新陽最苦，崑山、昭文次之，常熟又次之。去冬亢晴，三月不寒不雪，水中之稻幸未全爛。十二月初，得以次第撈起，暫支口食。所慮者，積水僅退二尺五寸，春水一發，又必氾濫。官中冬賑，甫經開放，目前可以支持。因思仁漿義粟，來源既極艱難，濟急救危，施惠必求確當。與其發不急之賑，不如修已破之圩。現擬就此四邑中廣勸鄉農，領款修築，以工代賑，老幼婦女不能任工者，始給賑票，候至松、太兩屬查竣之後，一律給發，共先解去七萬餘金。此崑、新、常、昭及松、太兩路之情形也。福領辦江、震兩縣，春賑擬貼數千金，仍與官賑合辦，騰出義賑捐款，勸民修圩，已商諸各鄉紳董集議，惟江、震各鄉情形隨在，無故自擾，甚至徹夜不眠，私購軍火，名曰防盗，時虞滋釁，未知尚肯加意力作否？前議托友零星分恤各屬之舉，鎮江沙洲已撥款托尹元仲、劉紹臣諸君酬恤，江靖沙洲已撥款托蘇静卿、唐樂如諸君酬恤。此福領辦一路及分恤之情形也。向時福僅司收解，故捐款惟恐其不多，此時兼司查放，時虞不能實濟，有負執事諸公之重托，故不敢再求續濟，盡此來款施之得當，已覺才力不及，至於感仰之私，實與被水灾民同此啣結也。除彙開清單轉致京東領募諸同鄉外，專肅布謝。

致湖北瞿賡甫、江蓉舫、惲松緣方伯十七日

惠到賑銀七百兩。云云同上。

致張文治十七日

惠到賑洋一百五十六元。云云同上。

致江西鄭仙根榜詔十七日

三奉手教并惠到諸同鄉公助第一次、二次賑銀共一千九百兩。云云同上。

致廣東河口釐金總廠朱太守咸翼十七日

奉到手函并先經惠到賑銀三百兩。云云同上。

致張廉泉

奉到手示，祇承一一。弟自十二月十六至江、震放賑後，即在江城過年，旋於至太倉、崑山、常熟商辦一切。新正八日，因病回里，今尚未愈，靳春翁想已晤面，一切面陳矣。

致靳春揚

奉到手書敬悉，安抵珂鄉，慰甚慰甚！此次江、震賑務全賴鼎力，感泐之私，匪可言喻。又蒙捐助經費，令人欽佩萬分。捐票已收到，徵信録中當代聲明也。

致龐賫臣

接奉手書，欣悉種切。去年秋雨爲灾，閣下仰承先志，造福梓鄉，高誼薄雲，實令人拜佩無極！弟自十二月十六日赴江、震一帶幫同放賑，即在江城過年，旋至崑、新、常以及松、太兩屬察看，情形似較江、震爲輕。現由嚴佑翁議定章程興修圩岸，以工代賑，分別辦理。上海之行想因此而誤也。途次因病回里，現在痰喘氣逆，尚未復原，率復。

致盛杏蓀電

杏公函悉，春賑已鬆，惟水尚大三尺，可憂。擬留佩孜辦圩工三個月，尚未定。東賑如急，可邀孫嶼芝去，候示。再求借規銀二百兩代付潘振翁，少緩即奉還。

致淩磬生

前晚甫上一緘，昨晚奉書，知尚未達到也。拜讀大著《新樂府》，竟是直追白傅，雖鉛山不得媲美，敬佩之至！俟抄録一分後，再行奉繳。惜善政之偏也，擬改歎善政之窮也，以其曾有催租，示不肯自認偏字耳。然目前時向人云，夫民而後得反之也。面子不偏，骨裏則偏。前次抄示《老和尚堂》注脚，因已遺失，故《志餘》中就記憶者約略書之，與原本必異。此次開示慈氏庵、慕栖庵，密庵，舊築唐家園四則，未及老和尚堂，倘《百城烟水》中另有此條，乞再録示一通。倘無此條，不知娘家在何處，亦乞一查原根，將原文抄示，以便更正。至禱至禱！承許續咏則又捨不得更改式樣，究竟將名勝標目與否，請代酌一式爲叩。著述自有體裁，非小子所知，故必質諸大雅也。《府志》稱桃花塢於唐宋時極爲著名，今考桃塢之見於宋詩者有之，見於唐詩者絕無博雅。如公曾經入目否？五畝園與桃花塢均在熙寧時興築，然五畝園詩僅一見蘇軾，一見楊誠齋之更好軒，不知尚有陳作否？如有所見，并乞惠教。北厍一舉，俟春賑時想法，望先囑漱翁將上年十月起本年二月止嬰户姓氏摘一帳來，以便照户設法。此次因無款不經公牘，故報銷不能不辦。專幫一處保嬰，勢有所難。故衹能將嬰户作爲急賑開出二百户，可每户貼六百文。此間作爲北庫急賑二百户，共發一百二十千文出帳，漱翁處仍但出保嬰户一百二十千收條，庶於兩邊公事可無窒礙也，乞先轉致，大約帳到即可照辦，蓋春賑亦將届矣。弟見各鄉情形，春賑可辦可不辦業户之放賑已每畝幾斗矣，赤貧者似可支持，不貧者供其酒肉，不貧之事無過於此。故十二月望間打定主見，義賑之款不貼春賑，專辦圩工。一面已先通致吴、錢、費公，春賑幫以力，不幫以款，諸公已允可矣。弟自前月歸，卧床不起，筆札之煩，賓客之多，一概卧治，因起床即喘不已，并不能會客，動筆不如高卧，猶得聊爲因應也。

再有請者友人云，章子厚有詩詞集，（弟僅見過《花庵詞選》中有《柳絮》一闋，《府志》中有《天平山七古》一首），其子有《子京集》、《伯成集》，則《桃塢歌咏》必在集中。梅校理亦有詩集，則《五畝歌咏》必在集中。然此四君大集，去年夏間訪諸數人，俱云從未聞知天壤間有此書也。又貝意琴兄見過《范石湖集》中咏桃塢者不止已刻志中之兩詩，且有詞一闋，因向友人處借《石湖集》，竟無一家皮藏者，不識鄴架有此本否？或代録出，或借一抄，均甚感也。

致張廉泉

奉十三日手諭，備悉賢勞。弟發電時未知有三河之行，既得屠公電復，便知執事心雖在吴，勢難兼顧，故不復求此，雖天下人亦諒苦衷，况弟也耶！承示一切，南針之賜，感不去懷。病中率復，言不盡意。

致吴芳伯

二十一信到，公事三件閱過奉還，佩侄信請寄盛澤種善局施擁百收下轉交。因佩侄游歷各處無定所，此間信亦托擁百收也，大約四月底總可回蘇矣。

致金苕人

前奉賜函，以圩事作芻蕘之詢，當即奉復一函，寄托松翁轉呈，因未知大駕住杭何處也。計已入照。日間陰雨經旬，辦圩各友處處發極，現幸晴霽。然已漲水一尺五寸，祇好見機行事矣。嶼芝兄知蒙招致，一切尚叨教益。嶼兄心直口快，毫無城府，熊純丈云，蘇州頭幫惟嶼翁辦得最好，蓋指原武縣賑也。我公不必客氣，則所造於部民者多矣。福賤恙如舊，時眠時起，竟斷斷不能静養，故病亦難愈也。舍侄現辦江、震圩工，附以奉聞。

致盛杏翁

昨奉布一椷，計可達覽。兹又奉初七手論，拜悉一一。墊款二百兩實在老例，在開銷項下支付，不但非炊所借，實亦非蓮翁所借。惟振翁年年如此，不説是朋友所借，决然不要。振翁零用一概不報銷，每年總寄三五百金，去此老例也。故作此樞紐，否則斷不肯放過海關道臺而反累及蓮老。一經説穿，想執事必恍然也。其銀仍托子萱兄，如蒙匯還時，即收尊帳矣。天氣已晴三日，或者圩工可成。備事有一樁最無章程可擬，請先酌定存券交何人之手，此事定後方可再議。因前次弟與佑推來推去，大家不收，至今仍擱住。此間已安入遺囑箱中寫好，身故後送交佑翁之信。然恐將來爲家中人吃光，大吉也。

致盛杏蓀

奉到專函，以備賑事下詢芻蕘，賑中得此專款，實爲無量無邊功德。將來無論何省官賑義賑，均可應急，不致遲回審顧矣。惟此款不能不准官場一例借用以示公普，即不能不由北洋奏明，以便索還。若交涉義賑紳士，反難向索，蓋各省必欲義賑中籌還也。不可不慮。且佑之斷斷不能再問賑務，炊亦同之。要之，收解者捨炊之外，不患無人。放賑者，除佑之外，難得全才。義賑一舉，祇能有人則辦，無人不辦。蓋義賑之弊可以勝於官賑加倍。間與佑之談及，實足寒心也，條説如下：

嚴紳居揚州，施紳雖在上海，亦係客籍人。既散處，遇事不能會議，且向來每逢災賑之始，一再函商，往往迹似推諉，情實遜讓，無人肯作主張。此款如由義賑紳士經手，將來必滯事機，擬請將前項銀兩發交招商局代存匯豐銀行，存據即存招商局。如遇各省災賑，一面聽候北洋大臣電飭借撥，即由招商局員簽字提，一面由北洋奏明索還。如無北洋電飭，不得擅動，蓋招商局關係中國商務，必無中止之理。義賑紳士終有生老病死之時，不若招商局之可持可久也。

向辦義賑領袖之人，無一非家貧力薄之人，亦無一肯受賑息中薪膳之人，其餘司事各友，無一人無銀錢之責，故非領袖之人向所深信者，雖經公舉仍不敢重用，如同贅疣，蓋慎之又慎也。近年以來，頗聞所延司事不甚洽於輿論，謂爲倉卒召募，未能精選，亦是實情。然試思廉隅自飭、結實可靠之人，世方延攬，恐後何暇來受薪膳乎？受此薪膳之人，未必即領袖深信之人。以有定之司事聽差於無定之領袖，未必肯服節制。此節請姑存其說，不必先求其人。

義賑流弊，不可不防其漸，嚴紳一再相戒，勿再與聞，以免造孽。細思其故，義賑如勇，官賑如兵，勇久即兵也。此時義賑已有兵七勇三之兆，况金紳未衰而已老，嚴紳未老而已衰，似不必再留義賑之局，定造化勇爲兵之實。陝甘備存賑銀之法似可仿照。前項銀兩竟由官借官還，不與義賑交涉，惟遇義賑紳士稟請借應急需，但有人具結歸還亦可一例奏借。至於由招商局代存滙豐一節，則千變萬化總可定盤。

現遇小小灾歉，僅須設一數十千文施粥施米之局，可以拯救者亦必過甚。其辭謂已餓莩載道，死亡枕藉，遽向上海義賑撥款，不應則致函痛罵，自將灾况遍刊新聞。外間即以指賑其地結帳也。一俟報出，大約尚須江、震一行，因有截存之款須發當生息耳。初十後既有送考之便駕臨蘇州，敬當掃榻以待，藉聆大教。

致鄭茂雲、周謙山

前日駕臨，諸極簡褻，抱歉無似。江、震圩工報銷現擬即日辦出，尊處發出米料細數，開工各圩段頭細帳可否即賜開示？因各處均已抄來，專候尊處一到即可稟也。

致周謙山等

頃展手教，并荷開示土方發料細帳，正在結清發刊。奉此實爲感慰，一切當遵示刊行。内惟土方統改八折爲官尺，以符各縣辦法。

致高淳保嬰局諸君

頃展手諭，就諗高邑摘賑，仰蒙鼎力，得臻妥善，欽佩無涯！抄示報銷業已收到，眉目清楚，尤徵精細。所商一節，事可遵行，容再商諸同人可也。現乘徵信録尚未刊竣，即將清帳附入，以副仁注。

致陳綬甫吴江邑侯

前在棠封，備承厚愛，心感無涯！别後即擬肅箋報謝，實因公私栗碌，加以病魔纏繞，致尚缺如，想蒙心諒也。前接鄒芷薌表兄函，傳示台諭，敬已祇悉。江、震圩帳昨夜始得結清，即日由友翁諸君具牘列册呈報。冰案内中計黎里修一百二十六圩，折實官尺土方七萬三千八百方零，盛澤修一百二十九圩，土方六萬七千二百方零，同里及江境之平望修九十六圩，土方五萬方零，北坼修二十八圩，土方三千四百方零，北厙修二十七圩，開漊一百四十八丈，土方九千二百方零，金家壩修八圩，土方二百方零，掩埋棺骨九千九百餘具。尊處如報大略情形，似可即行辦出，友翁諸君之公牘大約望日投呈台端及三台也。

致蘇静卿、錢以湘

前月下浣，寄有蕪函，托静翁轉交以翁，未審收到否？兹有賑款洋八百十九元四角五分，指解江、靖、通、如坍岸灾民散賑之用，擬仍請兩公擇尤散放，但不知此款應匯何莊爲妥，乞速示復。

致李秋亭

弟自丁艱後病日支離，致疏箋敬。頃奉二月二十七日手示，知有慨助蘇賑二千兩，具見惠及梓桑，心殷利濟，敬佩敬佩！大約此信到時已在三月底工賑停止之後，故程松翁并未送來，即使送來，亦未便再收，因已事竣也。惟南中民情日下，必要大荒，此款尚請留以有待將來，必有得當之用也。漠事名爲礦而不僅礦，具見經世宏猷，同輩中得一老兄可爲朋儕增光，感幸何極！若人人如弟之待斃，將無遺大投艱之人矣。愧甚愧甚！佩孜侄一信附呈台端，其意因弟已病廢，爲門户計，不得不爲貧而仕，欲向老兄求一會款以凑引見之費。如蒙許可，感戴同之。

致任友濂

頃奉十七日手書，敬悉一一。黎里存息已定見每月七釐，屏、青翁辦事真結實也。尊處務祈照辦爲禱。芥蓀已奉委丹陽縣丞，可喜也。

致嚴佑之

正懷想間，奉十三日手諭祇悉。弟即於大駕行後是夜下船，下日返蘇，布局事已接杏翁信，楊公仍舊接辦，杏已推出不管矣。朱文公册仍未題好，當托姚荷翁再催也。江、震圩工共二十五萬方，用洋三萬元，提存八千二百元，即同里局局用亦祇七百元，公事尚過得去。所不堪者係北厙、北坼、金家埧、梅堰、溪港、平望六小局，經費各百元，僅做一萬方材料，貼土約二百四十文一方，爲可怪耳。

致施擁百

奉示知掩埋款已托定邑尊，惟利錢黎里已定見七釐，不知能否照式。昨已奉函，想先得到也。前托帶奉汲老詩一册，幸勿忘却，至禱！兹又寄奉一册，拜煩鼎力轉求沈咏裳一詩，至感至感！晝長無事，定有佳作，當焚香以待之。

致任友濂

昨寄奉套一、甲一、扇一，想先得達，不識和兄貴恙如何？想執事定有一番勞頓也。局批一節，抄呈台覽。再盛澤來信，亦已定見每月七釐，與黎里事同一律。尊處之二千元專候尊處定見後，望閣下劃條找付。

致施擁百

頃兩奉手書拜悉，協順已照條劃付矣。友翁處已將黎、盛兩處均是七釐告之，想彼必能援案爲請也。惟江城之一千七十元，弟因不知應行關照何人，祇好由執事函致一律七釐最妙。一俟江城、同里款匯出，弟即上塞板矣。芥翁稟批亦到，彙案給奬，大約即此是奬。芥可謂取不傷廉矣。惟捐地作塚一層，可否由執事先行倡始，譬如捐地二畝，留出當中一畝爲墳，四旁一畝爲溝，溝深三尺，即以溝泥培高塚地三尺，每地一畝合官尺土方六十方，三尺高則一百八十方，每方一百二十文，則須錢二十一千六百文，辦定一處則各圩皆可效法矣。功德無量，子孫繁多，預祝預祝！

致錢以湘

兩奉手諭，拜承一一。坍賑得靜、樂翁當無遺憾矣。兹托莊解奉銀五百五十三兩一錢二分八釐，又洋二百八十七元六角七分，均祈檢收，示復「此款濟坍賑之用」。靜翁節略已寄佑翁，杳無回信，想來斷斷無用也。前寄一信即是批稟。

致施少欽

昨得噩耗，知尊閫老伯母大人神返瑶池，此必功行圓滿，遂歸仙鄉，不得以尋常生老死病之例言之，想執事自能達觀也。侄極應躬親來滬，一伸慰吊之忱，實因病體未能復原，願與心違，至爲歉仄，附呈祭幛一懸，略伸微意，幸乞代懸爲荷。江、震圩工、掩埋於四月底小作收束，現在趕辦徵信録，一俟刊成即行呈請監察。日來又興閩賑，賢勞何似，敬佩敬佩！

雜著

致任友濂

昨奉書，度日來萃塔必有信到，仍須破費信錢，故閣遲一日奉復也。礪生不即來，綏之不即去，全聾、半聾、近聾諸星宿將於何時合璧連珠耶？木樨蒸時，天氣竟熱，早稻可收，大有可卜，是真勸募羔皮馬褂極好機會。公盍充其笨做之心，到佃户家中挨户苦勸，施送皮褂。如果募得到手，弟從此佩服。友濂老伯手段不可思議矣。昨日曾至五畝一坐，荷花已有。七十大慶，光景頹然老矣。四塊瓦爿不彀大嚼，蓋魚大人洞裡相好，愈見其大，而且多也。《五畝小志》裒然成書，附去兩本。兼呈《磬志》兩本，又一函，請閲而發之，至禱至禱！純公遺文，還求檢抄，俾付手民，感感！弟向不會寫純羊毫，今日試一用之，覺得寫成此信可敵鍾、王。如果閣下寶而藏之，或者千百年後，人共珍之，曰此乃謝望炊真迹，與任半龍之畫各有千古。一經壽石，便成謝帖，撫臨恐後也。悶了一日，寫此數紙，略開懷抱，幸笑覽之。

致淩磬生

奉手諭，并熊文十五篇、詩六首，一一拜收。此間亦尚有詩十餘首，不知將來能湊成一卷否。閱定發刻之文，連前六篇，已得二十一篇，即使一無續得，亦足以豪，况乎源源而來耶！兹又寄奉《小志》、《題咏》兩部，乞察存。李、柳兩處，因第二卷尚未刻，將來再求轉寄，故僅去兩部也。弟命中無文字之福，故方以《含齋文》、《五畝詩》相玩賞。而潘伯寅兄連來三電五信，勸募棉衣。電報局因處處斷線，又加夜班，須立刻添教電報學生一百名。上海即須添招精明洋文之人，趕緊教習。因此十餘日來，函電分馳，方静之寫得臂膊酸痛而未艾也。小區區纏得頭暈咳嗆而難休也。專望有幾篇文字來讀讀，可以稍爲鬆動些。譬如猛風急雨之後，忽見半角斜陽，令人心地一清。把玩手書，字句間皆有逸氣，又有一種少年態度，最令人欣羡無窮，歎爲福徵壽徵，不可企及也！鳳生處當一一轉致之。

致施擁百

捐票送至藩署，隔四日仍退還，云已改章，由牙釐局咨藩署，遂又托人送至牙釐局。又隔三日，牙釐局云此案尚未定見，仍即退出。兹細探實情，蘇州係七月二十截卯，一面仍許請兩江轉奏展限，必須俟奏准後藩署方可核辦，牙釐局方可咨藩臺也。票與洋均閣在此間，應否寄還，抑留此間？再聽後信，乞示。尊處有無捐票賣出，如有賣出，應賣幾成，乞示，因有人托辦也。

致彭芥孫

兩奉手言，一一拜悉，當路之意，似乎發款買塚一層，未必竟照尊牘撥款，而勸設義塚，已曾飭縣。此聞之吴江人之言。官場傳言，則冬間江、震必大興掩埋。因有閣下一稟，而上游知閣下冬間必捨缺往辦，遂傳到官廳上，傳聞於官場也。此事請兄自行打定主意，如果定見，八月底請交卸，則須稟請藩台。用夾單稟。大約上游預備兄冬間辦掩埋，亦預備兄臨時交卸也。與其等上頭授意，不如自先稟請；與其拖到冬臘，不如提前稟請，可以多積陰功。祈熟籌之。如果準定如此，則宜在丹陽發稟帖，因須用貴署之印，不能蘇州代辦也。夾單稟係用梅單寫，夾在手本之内，不用白稟。手本上不寫稟由，衹寫官銜，仍用稟封封好，外面再申封發驛遞爲妙。再啓者，衣啓轉托馮公，感甚感甚！江、浙捐已停，順、直捐未開，故核獎無從問津，稍緩必有打聽處也。陋室名甚好，珥鎮情形，活畫紙上矣。

致經蓮珊

奉諭祇悉，北省如此情形，非公在滬，竟是斷竅，弟深望鄂省織布局與上海布局一樣，遲遲便覺功德不小也。陶事既了，快慰之至！陶翁分辨徐礦，弟兩年來牙已盡落，眼已盡花，可分辨墳礦，其勢如此矣。秋亭又故，奈何奈何！弟不惜金礦，頗優邊患也。頃挽一聯云：「當

致松江閔杏南、沈平叔

兹有懇者，現擬搜羅純叔先生遺稿刊刻全集，尊處及貴相好倘有藏其文字者，可否録示副本，俾付梨棗？不勝感幸之至！

致黄淵甫

久疏箋敬，懷想爲勞，惟起居曼福，爲祝無量。令業師熊純叔先生文章經濟，卓絶一時，弟現與費芸翁、淩磬翁搜其遺文，壽諸梨棗，已付刻者僅二十餘篇，令祖母傳已刻入。尊處及貴相知倘有藏存詩文，即乞録示副本，俾可纂入，不勝企禱之至！

致施擁百

奉手書知有去汝適彼之想，如得買宅桃塢，豈不甚妙！撫松方留以有待。日間九帥將到曷，乘此來觀魚龍曼衍之陣，一暢胸襟。如果有興，當俟莅止。有的期再行奉聞。此間傳説鹽梟不靖，究不知尊處一帶相安否？甚念甚念！牙鼇局收條已來，緩十日可换，實收每户要加小費兩元。弟當代應十元。正數上多三元，光景實少七元，係牙鼇局之局費也。熊純叔現刻詩文集，尊處倘有純文筆墨，幸乞抄示副本，俾可彙入。

致沈蒙叔

春間一别，企想爲勞。前承賜譔《五畝園詩》，實足冠冕群英，會當鋟石。兹先壽諸梨棗，以慰讀公。詩者，先睹爲快之心耳。兹合前後所刻裝成一册，呈備清覽，幸乞察存爲荷。日來搜刻熊純叔先生詩文，不知有零星金玉存藏鄴架，可資集腋否？

致李辛坨

往歲曾讀大著《熊純叔小傳》，知其文其人各有千古，兹以刊刻純叔詩文，必當以尊作冠首，可否藉重抄胥録副寄示，同壽梨棗，不勝感幸！礪生處想時通音問，聞收租時或將回來，未審確否？辰州之會，其道大行矣。

致劉南墅

奉手函快如良覿，承抄示熊丈文六首，原稿留存，决不遺失。感荷感荷！内有兩篇已由别處抄到付梓矣。并蒙函致菊翁，尤極快慰。新志序文已托談笑翁代抄，日内當可寄來。此間因無《青浦志》，故先已托之也。此間刻價照蘇、菑，録每字一文二，照《五畝志》每字二文。惟刻手遲遠，不及排印之速，執事謀刊《淞濱先生集》，甚善甚善！程朱之學如布帛菽粟，人生一日不可無。惟説理之作異於考據家言，往往中年所作不如晚年之純，蓋窮理盡性之功，做一分則精進一分，非選擇其極精深之作以傳之世，恐未饜學者之意。然操選政者甚難，其人迥非詞章比也。以執事有衛道之心，故不揣冒昧，妄抒所見，尚乞垂擇。如果不謬，應選以出之較爲名貴而必傳之久且遠也。玩諷跋語，具仰見理之精，有與原作心心相印者，欽佩無似！蓋此等事與不可見，傳抄者互有異同，各有差謬，竟是無可校對，祇能分托細勘，定於一是矣。敬將已刻四十四頁先求法眼正藏，以期盡善。此後續有刊成，尚當隨時奉懇。先生篤念故人，定蒙許可。劉南丈處亦擬寄樣求勘，因不悉其住址，倘尊處有便信，可否俟勘定後再請南翁一閲？内中或有名字、年月無可勘斷者，就近或可訪問也。

致費芸舫

純翁文詩集清本已寫完，現就青浦黄、邱兩公選定者一律寫樣付刊，計有四百頁，刻工連印二百部，極少須二百元，遠逾原約之外矣。福擬集資之法助十元，送書十部，庶不致竭力。刻成後，無資刷印傳送，質諸高明，以爲何如？現先就原備之五十元付完刻店後，再行求助於人。尚求於純丈熟人中預爲道及，至感至感！純翁原稿不可見，抄本互有異同，互有差謬，故竟無可校對，祇好勘誤矣。已刻四十四頁先求法眼正藏，以期盡善。倘閲過後再寄蒔庵丈、子屏丈一勘，尤加密焉。將來成書時，擬將校勘諸君題名卷首，仿《松陵文録》之例也。

致談笑有

前奉手諭後，即經布復，并寄還《青浦志》兩本，想已入照。邱、黄兩公抄本與別處抄來者異同甚多，竟有無所適從之勢，大約此書竟不校對，祇能各就所見，爲之勘定。兹將已刻成四十四頁寄請法眼，及邱執、黄哲翁先生少君校勘一過，將來校勘諸君大名，并擬刻入卷首也。

致任友濂

昨方寄去一函，并磬老一信、熊文三本、墓志一篇，計可達上。今日因爲刻店所逼，擬由黎里寄磬老書以促之。其所以避過同里者，欲省老兄一封信錢也。乃陶店又印刻樣來，必須送呈校勘，則不能不仍寄同里。可見信錢之微，亦有定數存乎其間。必須天聾子爲破財星，雖財神菩薩極力照應，仍舊免不得耗此十四文也。印樣共計六分，一弟與頌眉、静之校之；一送芸舫轉至蒔庵、子屏先生處；一送張純卿、劉南士；一送談笑有、黄淵甫、邱希孫；一送淩磬翁轉致辛垞、詒孫、元簡、厚甫；一送閣下轉致仲翁、子眉、擁百。如此六路校勘，比《四庫全書》又加鄭重。純叔先生必在玉樓上哈哈大笑曰：「我方修文之不暇，諸公如此費心，再歇數十年定要奉托代勞也。」天聾子聽見此語否耶？

致淩磬生

前此刻工緊逼，望眼欲穿，故昨日一接好音，急將文集六卷寄呈。由同里任友翁轉奉。蓋自青浦寄到百三十篇後，算來共有三百頁，詩尚在外趕刻，已須年底可竣。緩刻恐弟長別，即不致因此停頓，然不忍以未了之緣使父老獨任其繁。因命工人速雇寫宋好手，用定刻手數人，咸唯唯，至二十一、二日來催清本矣。期以三日，今日又來催矣。且謂停手以待，費將誰屬，情辭迫切，確係爲難。因再延以七日之限，許其初二日必有寫樣。蓋操之太急反受其累，天下事固常有此倒行逆施者也。約計同里轉上，廿八總可遞到，務求將首卷目次及序跋、書牘、傳志先賜閱定，或竟將目次及不論何卷之一早日寄下，俾分應兩家，聊以塞責，譬之爲弟解圍也。至感至感！此次連付三卷，約計刻資總須二百元外，視弟原約實四倍之。現且做到那裏是那裏，而預擬一集資之法。凡與純翁相交者，極少助資二元，即贈書一部，十元即贈十部，各隨人意。弟願承五十元，俟付完刻工五十元後再行求助於人。此時視若無事，如此辦法似尚抖鬆。來示謂無論好不好，且刻兩卷，是否任刻兩卷之意？然卷帙多少不均，不如竟約洋數爲妙，亦宜隨意爲妙。弟之五十適有意外來源，否則無此力量也。擁老來言，準來大閱。囑俟九公稅駕有期，預先通報。執事撥文之暇，亦思奮武否乎？

致盛杏蓀

伻來得手示并拜多珍之賜，極與病軀相宜，尤爲感激！惟是荒山林瘦，莫報瓊瑤，感且愧耳。秋亭一席，須得慎於取予，心在邊防而又夙嫻軍務、商務者任之，始無負創辦之苦心。橫覽熟人之中，祇保舉兩人，一爲原辦長江工程之姚訪園，一爲我鄉傑出之孫少襄，軍門而已。甚不願將來執事得選舉不慎之咎也。如看不準，不如緘口爲妙。少襄若奉奏請簡派，待以雲南唐中丞之禮，未必不去。特主持此事者，視此事若無關輕重耳，將來俄釁，此亦一端也。弟聞秋亭之耗，不樂三日，惜我好友之意少，惜我國家良材之意多。蓮翁不赴鄂，與電局頗有益。

襄陽事大約梅仙銷假之後仍回襄陽，其欲脱卸於乃郎者，别有所在。一因本省下屬向本省上司苛索報費，實在爲難，换一兒子出名，面目稍生；一襄陽道頗與要好，住在襄陽必可另謀他差耳。尊示水到渠成，大妙大妙！王景桴似尚罪不至此，聞與花農却有意見，能爲另行調劑否？教習學生能任局員者，意中却有兩三人，然宜俟其過三十歲後方再説穿，此時説穿反害之也。教習二班一節包在弟身上，於十八年底奉繳二班廿名，千萬不必葛雷生，徒糜經費。數日前早經函商陸、吴、俞君，以唐心存專教測量，另行添額十人，張兆□、唐文高專教按報，仍舊原額廿四人，李承佺專教額外，請其察看□□，妥速議復。一俟復到，即須禀請尊意。如欲以廿名爲額，祇須在批禀上加額十名，便子弟何以可包，必成實在。前年教成二班測量八名，去年亦教成六名，今年因夏秋兩考直須報生，僅留學測兩名，在今冬明春必可考取。二班已有成效，故可包攬也。巡綫章程，甚爲佩服！自與公識面，便承刮目，把臂入林事，極快意。惟於出處之大，頗嘗反復，熟計請爲公痛快言之。人生在世，既未邀科第之榮，則捐保出山皆是正路。况有明保在前，又有二、三友人許我出山之時代爲捐過道班，現現成成而做觀察，人所求之不得者，我以適然得之，豈不甚妙！第念所以要做醫生者，治病也，無病、已病、危病皆易治，獨有病已深而外象竟若無病，則病家既用不著醫生，醫生亦無所施其伎，不如不做醫生爲愈也。如僅爲身家計，則宜争利於市，仁濟中翹卿諸君皆已極熟，月綽二百兩補與，眉素要好，梅亦寮，置機具，闢間道，通車輛，招流亡充丁衛。一年之間規模大定，采取者服君令，披煉者循君法。越兩年，遂得黄金一千鎰，實值白金四十萬兩，都市之價，漠金貴重，逾於鏢金一等。於是礦兵足以自餉，運道足以自通。廼鑿山徑，購輪船，將大有爲於斯土。胡天不吊，遽於光緒庚寅八月初四日寅時告終於漠河礦局。

嗚呼！人生會有一死，死何足異，而君當不可死之時，膺不可死之責，溘然長謝，此豈君命數使然？毋與國家甚有所繫歟？我朝優禮勞臣，恩明誼美，飾終之典，自極從隆，君死可以無憾！而獨邊防未固，大願未酬，忠靈耿耿，猶將不瞑於九原。此家福所重爲君悲者也！

君先以電工告成，賞加二品銜，誥授資政大夫，配陳氏封夫人。子四，長澤恩先卒；次沛恩，知府用，候選同知；次溥恩；次澍恩。孫男一，福保。君卒時，沛恩適奉檄南來，以家福久交君，乞爲詮次行事，乃撮其大要爲狀如右。吴縣謝家福謹狀。

致丁松生

前得手諭，一因福八月廿三、廿四兩日痰氣沖厥，不省人事者兩日，氣尚至今未平；一因《近思録》事爽約已久，愧無以副良友之囑，而適有機可乘，欲得實在始敢作復，故遲不報者一月矣。天下事無十年不變之理，協賑已辦十三年，總宜停手，乃天之相逼而來者，竟無一歲之停，桑孔復生，亦難肆應，祇好硬著頭皮矣。福精神、學問、才力，無一可方我公，獨於病情則不讓大賢，真没趣也。前因《近思録》爲磬、礪公家之書，其女、太太們頗有誤會，求之愈急，絶之愈甚。今春始托其公家之親疏通之。尚有兩部，均托其設法。面復云：「《詩經》等早於四年分鬻諸陸仁齋，以資公助豫賑，而深怪礪之含糊妄應。惟《近思録》并未易去，一時亦無人檢取」云云，遂付諸無可如何。礪以他事，幾幾與福絶交。自上春至今，屢曾通書，不復一字。磬於去歲秋灾後，時通音問。因以此事還求諸磬，實情有爲難之處，非不肯代爲檢取而深拒之，謂宜仍托原人。此八月初所面談也。及接手示，因想得一法，謂因書局借抄發刻重托柳君，其親也。就在彼處倩人録副。頃因考事來蘇，欣悉書已取到第一本，共有六本，雙行細注，共四頁，字數約二十萬。現甫開鈔，鈔工講明五十文一千字等語。弟已切托其能否多邀兩三人拆散分抄，或借三本三人分抄。俾得先睹爲快。已允覓到抄手再圖添取，抄好一卷即寄一卷來。如此情形，總已著實，敬以奉慰。書本落於公家婦人之手，非棄之如敝履，即靳如珠玉，難在説不明白。今則庶幾有交卷之望矣！

致淩磬生

得手示并目録一宗、尺牘十通、詩一紙、茅注《近思録》六本、《吴郡志》六本、《百城烟水》四本，一一拜悉。贈汪邑侯詩係創見，俟并入尺牘録稿後再行寄還。《吴郡志》、《百城烟水》中連桃花塢不列專條，無論五畝，此真不可解。此兩書即可奉繳，因係善本，不敢徑已不支，心又時時震蕩，竟耐不住一點外感矣。奈何奈何！執事欲樂倦不善，除非聞灾不動心。此等功行，恐賢者極力揣摹不能到家也。再原本差字之多，無出其右，已對過一次，悉仍舊差，不敢更改一字，此莘信所云也。此間一本亦仿而行，但對不改，附以奉聞。

致劉南墅

前奉手示，尚稽裁答復荷。小春八日賜教，并校正純翁第一次樣一本，拜佩無似！承詢北街倪君實因廿年以來在家時多，故不知其人。又自愧立身無狀，見棄於君子，即向時以道義相切劘者，近以福馳騖太甚，日疏日遠矣。慚愧慚愧！菊翁既已丁艱，想回鄉之期不遠矣。純丈賑務書函計八篇，分卷則不足，雜入文中又似不倫，當俟諸賢酌定。茲又呈奉二次刻樣，求執事與純卿先生校定爲禱。倘内中有應酬文字必須抽出者，亦求加注以便附入目録之外，暫印一次，以後即不再印。庶目前不致掃人之興，而日後傳本均是精金璞玉也。質諸高明，想亦爲然。

致高龔甫

得手書，略悉近狀，豈真同病相憐歟？八月之杪，正弟欲死不死之際，幸而靈光不來，否則拉將弟去，同顯神通，必將高坐而受鳳生之拜矣。此間疫氣盛行，内人病、小妾病、小女病、小兒病、許媽病、陸媽病、愈僕病、忍甫家嫂病、佩孜侄妾病。門内如此，門外可知。弟頭痛、牙痛，五畝園亦不能常到，且獨樂最是無趣。安得一道靈符召將兄至，或弟趁電報之便，囑報生打到杭州，與執事作晨夕談乎？再過二十年，弟不過六十，兄亦不過七十；即再過二十年，弟不過八十，兄亦不過九十；即再過十個二十年，弟不過二百八十歲，兄亦不過二百九十歲，就彭祖看來算什麽事。後會正長，且緩以期之，抑榮枯之命，非己所操。兄或特放江南主考，弟或特放浙江主考；兄或特放兩江總督，弟或特放閩浙總督；兄或特授文華，弟或特授武英，相對乎大廷之上，左之右之，亦與棲鶴時無甚差别也。則有前二十之不期而叙，安知無後二十年不期而叙？二十年前之前二十年，不知有棲鶴之叙，後二十年之二十年前，安知必無如棲鶴之叙？擴而充之，等而上之歟？則竟再待二十年何如？鳳生之言曰：「洗兒筵開，約將同去。」弟此兩年中牙齒落盡，往年之黄牙菜、燜火腿亦未能入口而化。故此行未必果來，不如惠我喜蛋以當吃粥小菜，較爲兩便也。弟近日作無事之忙，或者括痧，或者問病，或者伴醫，視執事忙在處館，生涯得失爲何如耶！來示云霜風甚厲，爲報一言曰亢陽惡熱，諸爲珍重！

致任友濂

天聾居士有道：尊脇微傷，如僅係外面稍破，旬日必可告痊，如痛楚不能即定，亦須防有内傷。深用懸懸，大致俟破肉收合之後，須得忍痛稍爲動作，不使血滯爲第一義。此間租事，長吴尚收有二成，元和則寂然不動。蓋自去年十月底即有拜土地、打帳船之約。後來打帳船未重辦，打水利廳又未重辦。今年本已爲難矣。李邑令循吏也。此次下鄉，廣分《弟子規》令經造身體力行，而於是佃户更誤會官來諭話，不催租米，大約又是免糧，遂又將竹椿釘浜。長元鄉間得信後亦闌姍，恐江、震鄰近元和者亦難免聞風裹足。大約李邑尊之意不忍不教而誅，後來血肉横飛，恐所不免耳。掩埋辦法，尊議極是。再五畝園對山閣之前，留去露臺地方三丈，又開大池，接通西面之地，南北五丈，東西三丈五尺。即以此土加高，土山計官尺一百五十方，必可高高在上也。東西籬槿之外，南方又造丙舍七間，與前所造者作對照式，西面貼在丙舍上半，而亭子已臨新開之池矣。繪圖呈教。

致陶詒孫

展奉手教并法揮山水四幀，蒼秀之氣，淡遠之致。殊覺前無古人，得增眼福，感佩多矣！熊純翁文集已刻七十頁，初次抄示各件均已在内。因各處抄稿互有異同，已印標本轉托磬翁呈請校勘，日内當可達到。前後共得文一百四十篇，詩二百首，大約可成四卷，謹以奉聞。

致淩磬生

徑啓者，前日由友翁處寄還《歌哭草》一本，《見獵草》尚未抄完。子屏信十一紙，想已入照。兹刻店因前日寄來之一本又已寫完，專誠雇定之寫字人不能接手，囑速函取續勘之樣云云。幸祈將已經勘定若干頁先行寄下，其卷首之傳、狀、詩，度無更動，亦祈先行擲下，俾令接寫。

至感至感！

致任友濂

自別後久思作一快談，未知磬翁出月來時能同舟惠顧否？礪老帶到《榮哀録》及信稿，立刻倩靜之寫就封固，寄滬轉遞矣。附慰磬翁一信未封口，内有欲語，執事可一覽而得其大概也。繹志非弟寄奉，大約必有人來索去矣。此次有書一包，恐爲繹志之續，故將此信粘奉，想不致另送別處矣。此間大疫十人七病，想疫氣必從圩岸中翻騰出來。如租米之不旺，從放賑中激勵出來同一話柄也。礪老神采奕奕，不但弟老病鬼望而却步，想天聾星亦必對之生羨。近悉清恙漸愈，已陪礪老同至新宅，此好消息也。慰甚慰甚！磬翁信件費神察轉，瑣瀆惶恐。

致淩磬生

礪翁到，奉手諭并熊文五、六卷一册，快佩無似！陸進士文即照紅字本抄，其餘加簽處，因純翁回常熟，刻店擠寫樣，故悉照尊擬删節付之。其卷首卷、卷一、卷二俟勘定後亦祈陸續寄下。因蘇地生意清極，攬刻者竟來四五家，於是羲授齋恐人分去，反來催稿，遂覺應接不暇矣。時艱如此，良堪浩歎。陶詒翁畫前日已承寄來，費神之至。詩則珠玉在前，竟爾閣筆矣。兹附上《見獵草》一本，熊詩三卷計三本，百咏四本，志詩合刻四本，均乞檢收。純丈之詩必須大加選擇，故預先奉上，以備隨時甄選。許蘊伯哀詞亦仍留存尊處，以爲後圖。《慈氏塔院翁之後。無可如何，一概不問。佑之、嶼之、蘭階、佩孜信如雪片，一概不答，實做「雖生猶死」之四字，希冀死中求生。我公聞之，得毋托其不近人情耶！

致丁松生

奉手示并《西湖集覽》、《醫學叢書》、《杭堇浦梅花詩》各一部，内多不經見之秘本，百朋之錫，惠我多矣。感謝感謝！已翁一分當轉寄也。章莊簡《運司園亭詩》，苟非我公藏書宏富，亦查不到。所云梅氏詩、《宋詩記事》、《成都文類》、《全閩詩話》，此間亦未聞，盡藏者零星殘墨，此外必更無自搜求。吴中自遭兀术之難，書籍蕩然。宋元之際，紀載甚略，致使名賢著述泯如，爲可歎耳！梅灝字子明，蘇詩、黄詩中均字而不名，豈《杭府志》中以字著歟？看來三不朽中立功尚不足恃，故莊簡不甚著稱於人口，與文正絶異。詩文家不得爲之立言，更遜立功一籌。子明宜無可考矣。所賜書略繙其目，容當細讀。堇浦狀中御賜「收買破爛銅鐵」六大字，倒是名人佳話，卓卓可傳。福擬輯《桃塢小志》，專爲表揚莊簡起見，而惜乎詩文不多見，事迹除史傳外又無可紀，作料既少恐難如願以償也。承許摹贈六如象，俟《小志》略有眉目，再行請領。明年倘得到杭，必一謁大王廟，惟「白雲在望」四字，殊覺觸境生悲耳。雙松聳翠，於亂後殊不易得，殆靈爽式憑，劫火不得而奪也。配吴夫人宗乘所不及，當補入我族中。宋末人才盛於兩晉，如疊山公、臯羽公亦皆令聞千秋，獨四大王以靈迹著，爲特奇也。

致任友濂

得手示適磬老、擁老初二回去，正在臨歧，握手未即攤箋，握管歉甚。昨今兩日應酬碌碌，静坐思君，覺雞鳴風雨，皆成離索之歌。鳳雛桑中之約，聞從海上歸來，大約即來書所云，多是老曲子，無甚新鮮文章。而易地觀之，便覺天宫中物色也。牙已拔盡而便食，却是妙法，然則耳以割去而便聽，竟做無耳朵仙人如何？此間租務蔗境甚甘，竟得九分收場。礪老醫道必定得法。老兄書法何獨不然？弟有楹聯兩付，奉求紙恐不合用，請代覓紙一書。係做灰漆。長官尺三尺八寸，闊八寸五分，求書。滄海桑田梅氏宅，山邱華屋葉家園。又長官尺三尺五寸，闊七寸，求書。曾經滄海難爲水，若濟巨川汝作舟。皆五畝中物也。潤筆極少，每付八元，已托匯票莊另行匯上。老鳳近又以仲子患爛喉痧，憂悶更甚。此間無良醫以療之，令人思礪老不置。

致淩磬生

此來未得十日叙，而星馬返旆，令人悵悵。然亦善留有餘，作明正鄧尉章本，計亦良得。《純叔先生序文》已就，并代删星垞先生原作，删本甚好也。兹均呈閱，再付手民。鳳老交來木質關防一顆，特派全盛局督辦委員及管帶莘塔航船統領官賫送轅下，擇吉開用。

五百年後猶有人馬爲之欷歔憑吊，莊簡其不死矣。宋室邊患始於西夏，平西之功僅聞范文正、章莊簡，二人皆吴産也。不知此數十年中吴中尚能挺生賢哲爲國家建奇勳於西北否？不則延陵尚書所建中俄分界銅柱，不足以當天塹，後患且不可言。李秋亭觀察歷辦義賑，福不甚傾倒，獨於漠河藉開礦以寓兵，深佩其血忱爲國，爲譔行狀，末云：「嗚呼！人生會有一死，死何足異，獨君膺不可死之責，當不可死之時。溘然長謝，毋與國家甚有所繫歟！我朝優禮勞臣，恩明誼美，飾終之典，是極從隆。惟是邊防未固，大願未酬，耿耿孤忠，猶將不瞑於九原。此某所重爲君悲者也。」言之頗覺沈痛。俟删定後當録奉教正。此間亦苦太旱，河水皆濁，舟行不利，滕六不來，疫氣將甚。昨微灑雪珠，尚不濟事也。

致黄麐生

接電驚悉椿庭棄養，突如其來，幾令人手足無措，親友聞耗亦無不同聲嗟歎，謂天下又少一辦事之人。尊公一生事迹，載在口碑，傳諸輿論，此時撒手歸真，亦可無憾。惟我輩同袍舊旅，日間寥落，殊令人有今昔之悲，且府中失所禀承，殊覺爲難耳。此次杏翁來電，已准假百日，由孫君代辦，似宜乘此百日之内扶柩回蘇，入城大典，例得舉行。雖多此一番須有耗費，大約須費百千文。然榮哀所繫，宜簡騶從而不廢此舉。停柩之所或輪香局，或昌善局，各隨其便。輪香局新造茶廳等三進，可以藉開吊。如在輪香則將來鳳生與福就近可以代祭，似亦一便。安葬宜速，未知明方向如何耳？扶柩回籍後，似衹能全眷赴襄，以局爲家，徐圖出山之計。明春費氏喜事能否展緩，在期年之外尚未可知。如需辦過喜事再回襄陽，便須展假矣。親母等到蘇後是否暫住吴宅？抑暫住郭宅？須早預備，度已有成竹。發書在途，此間真無從逆料也。景况不言可喻，目前總可過去，殊代爲後日慮耳。道路遥隔，一切無從捉摸，欲言不盡，先此布慰。

致張純卿

奉手教并惠大著《論孟書法》一册，《管子碑帖》三種，敬謹拜登，感謝之至！宋漢兩家之説，分之則各有所長，遂不免入主出奴，合之則義理俱足。始不愧爲通儒先生，以漢儒之義法闡宋儒之理，藴創古所未闢之境，爲學者引掖之門，嘉惠士林，實非淺鮮。名山著述，大有千秋，拜倒之至！淩礪翁行醫於申江，遂爲病者所束縛。淩磬翁鄉居莘塔，明年或可來蘇，届時當函招之。純翁文仍求精加甄選，寧約無博，即如《送劉》一序，微先生言，亦不覺出諸及門，迹似阿私，故當以法眼爲準，則磬生亦同具此心也。

致淩磬生

張退齋先生常熟來函，抄呈台覽。兩次過從，深仰賢竹林高風，欲得一見，未知明春可得過蘇否？抑正月間約擁百、友濂同游虞山，亦一暢叙也？礪老爲醫所縛，未必能與耳。閣下代人譔聯夥矣，弟更有援例以求者。章莊簡文章，經濟不讓希文，即其後裔不附蔡京氣節，亦自可稱，乃一傳一不傳，實足代爲叫屈。擬祀諸對山樓下，樓上則祀張長史、梅宣義、唐六如、呂貞九。樓東新造之正屋，則祀文文山、張少傳。凡此三處，非各得名賢楹帖，不足以垂千古。敬求於老譚公外，推廣及之，下風之拜，自無既矣。

致任友濂

純丈文又刻成四十頁，呈請傳觀，祈如曩例爲叩。大約看到第六齣便是收場鑼鼓矣。此次尚緊檔也。

致任友濂

奉教，開椷細讀，展聯快睹，萊峰叔祖大筆如孤山之梅，老氣橫冬，別饒婔媚之態，法書如彼澤之荷，秀色可餐，仍不失挺勁之氣。一經漆工之手，必更出色。潤筆較滬上舊名家加倍，允當之至，何必自貶其價？況發軔伊始，瀕行即追踪請教，到家便催書馳至。生意之忙，此其預兆。愈忙則潤筆愈貴，正宜照仿單加倍也。虞山張純卿先生飫執事及磬生、礪生、擁百諸君清名久矣。頃有書來云：「純叔文集擇別宜精，倘約諸公於明年二月初到蘇一敘，公商去取尤妙」云云。弟則擬請執事諸賢於正月中先赴虞山一游，或先虞後鄧，或先鄧後虞，惟求其便，不設成心。來函擬於驚蟄前兩三日赴鄧，則是正月廿六之前也。我輩本不合時宜，但求實事實做，不慕虛名，謹當遵命以行。祥弟塾師，有鳳生門徒中顏淵在，馬子駿兄品學兼優，但少年老成，未知有當此選否？此事寧可精而遲，不可泛而急，當爲共謀相當者，以慰畹翁於天上，俟駕臨時再爲妥酌。五畝園中弟竟大書特書，凡爲匾五對四匾，爲吟梅社、武陵舟、清夏軒、采香亭、慶雲亭，對則五言者、二七言者、一十一言者，一仿單未到已居，然小膽嫩面皮，不知老法家先要吃齋行酒否也？

致施擁百

奉手教，祗承一一。惟士爲能之士字，乃讀書明理之士，非八股秀才之士字。兄自誤解，乃怪經訓不合耶。悟千已出房門，悟父愁眉未展，將來終不免疲於憂，此病殆難藥也。交來半洋，云是找還綢價，乞照入。琴蓀處找來水仙頭九個，裝作一蒲包，新春清玩，淡雅宜人，對此素友，定增吟興。友老廿二三有來蘇之説，大約辦年貨也。渠聞鄧尉之説，眉飛色舞，謂必踐約云。

致施擁百

芸舫來索閲《陳子松先生行狀》，此篇是否在磬老處？可否由尊處就近函致磬老？將文稿就近交弢廬閲定，將行狀寄下，轉送一閲。含齋刻件，年内可竣。《子松先生集》明正即可聯手付雕，《匏齋集》蟬聯而下，若一擱住，則恐散勁，一火成功，辦事妙法也。

致劉南士

奉手教，并純翁文二、三次兩本，細閲之餘，巨徵法眼，敬佩敬佩！即轉達諸同志，删汰之際，隙之大者莫如内地兵荒耳。如天之福，熟收一年且過一年，脱忽凶饑洊臻，則非前十年情形可望。賑款源源，資以拊循，言念及此，殊爲焦慮。此間晴雨，尚稱應時。北地灾荒，自經丁艱以後，病情總未脱體，遂無精神顧及，衹好讓滬上諸君獨爲君子矣。

致盛杏生

有舊友鄭橘泉大令，名熾昌，己丑即用分發山東，即委發審局差，曾審結京控案三起，上游應知其人矣。橘翁是黄梅先一流人物，悃愊無華，實事求是，是循吏坯子。惟親老家貧，旅況艱窘，非得一缺，勢難立脚。我公以培植人才爲任，已此時求長才肆應之人易，求顛撲不破之人難，橘翁其庶幾乎？可否仰懇鼎力？俟朗帥見面之便，嘘拂春風，力加培植，借缺立脚，造福地方，或亦我公所樂爲也。附呈節略一件，尚乞垂察。如蒙俯准，感且不朽。橘翁爲吴下諸友中福所欽敬之人，故不憚冒昧之嫌，尚乞諒之！

致丁松生

奉惠賜《五布衣集》一部，屢拜琳琅之珍秘，感謝實無既。鄧尉之行較諸生長西湖者無殊。貧家收得一石米，而與千倉萬箱比數，不值先生一笑矣！來吴江因去春圩工僅做到高出水痕木尺二尺，現須加倍木尺五寸，故與在事諸君妥酌，實則擺一人様而已，事仍他人爲之。大約此間事竣，尊處報銷亦了。然事之大小亦與西湖、鄧尉無二，可愧可愧！苕老到時務宜節勞，究竟大病初愈也。龔翁竟忙到如此，想亦漸漸入於没趣之境。風乾日燥，此間亦祝融肆虐，較甚往年。初十日桃花塢東首焚斃老夫婦及一子兩孫，極爲慘烈。聞老翁患癱疾，子救其父，婦救其夫，并遭其焰，僅存次子、次媳、一幼孫，均在親戚中，幸免於害。然死孝死節，可敬可嘉，不得以禍福之説例之也。比來氣體如何？甚念甚念！玩來書，字裏行間，精神團結，健可知矣。尚望益加節攝，以慰蒼生之望。

致黄釁生

頃始接王乃翁電，知已請到咨文，是入城已無疑義。既準定寄在輪香局，即當囑局將客座預備舒齊。惟開吊、入城分作兩日，則費須加倍，若并作一日，可省百元光景。寧可柩船到蘇，在城外停泊數日，再行入城開吊。所有親友應訃者，速即開明寄下，并將印好之訃，或板子。速即寄來。大約訃上要加〇日入城，至閶門桃花塢西大營門輪香局内五畝園，即于是日彙吊一日戳子矣。餘須船到蘇州，再可商辦。嫁事其實總過百日，天經地義之事，何男宅不諒至此？

致施少欽

兩奉手教，敬諗佛心仙手，愈忙愈健，佩慰之至！振翁所商永清、卧牛兩事，已疊來電函，比又面談一切，極爲艱難。尊處湊解一萬兩，實爲當厄之施，敬代灾民千萬叩首！任處因前年秋間起，本地親友之婚喪喜慶一概不能應酬出門，各省故舊之通候函信一概不能往來，遂與世情相隔，竟如活死人一般。忽欲向人募款，衹能向平日往來應酬之人而告之細數。近時書問往還者，亦衹上海賑所、電局諸君，尚不生疏。應酬未斷者，衹有幾家窮親蜜友，皆大半欲薦館地，欲有告幫之人，無可與謀捐款。皇皇闊老，漸漸生疏，與籌捐竟不利矣。此種情形已向振老面達之，衹好重仗大菩薩鼎力獨擔救人救澈之重任，切叩切叩！一切再容續宣。承賜玉照，如見先生，尤爲感慰。

致任友濂

正因七襄公所泥深籍没，一根取不到，懊惱萬分。適承惠我藕秧五支，比吉林老山參尤覺名貴，我感如何？惟病體甚虛，五支老山，内中三支又不過三錢，一隻恐不足收健挺之功，能否再爲代謀數支。庶虛怯之癥，或可因此見效。芸老見贈四支，亦盆中物。池南白蓮爲紅藕糾纏，無從分别，故再瀆懇。老池甚深，盆藉秧必透不出。或求在尊池中紅白相間處，不管紅白，取幾支來，以補老池之虛。俟茂盛時再擇白色者作記憶，下年分出。現在則百朵紅花中僅見兩朵白花，直在難於分别也。且必致移東補西，總衹此一支耳。

致鄭茂雲、張聯伯

奉手教，知已到湖濱開辦一切，重仗大菩薩之力，敬佩敬佩！三千餘具中無主可葬者，共有若干具。堂夫盡農忙前可做若干具，每具連甏約若干費，均乞查示。

致淩磬生

茶樓一别，夢想到今。忽奉賜函，如獲天書之下墜。君子愛人以德，專待下年分解。純翁刻稿三册拜領。目録不但已寫樣，且已付梓，衹好附入補遺之末，無如何矣。日上公冗，大約聯吟者一忙，畫眉者又一忙，提香籃者又一忙，扶筍輿者又一忙，然耶？否耶？弟移寓五畝中，亦極忙矣。猢猻搬樹者一忙，一面打墻者又一忙，墾地皮者又一忙，掘泥潭者又一忙，不見樂，但見其苦也。黄梅先親家於去冬謝世，弟擬作一挽聯，苦思三日竟不得成，欲求先生於百忙之中代爲擬成，未識見許否？如蒙玉允，則三月初七日開吊時便可懸諸壁，大家稱賞也。

致潘濟之

送上稟摺共六分、總捕一分，三懸合一分亦在内。京都復電一件，并祈轉致竹岩表兄爲荷。杭郡朱、金兩公來書，因應敏翁專祠已蒙傅相允爲出奏。松、常、鎮、太四屬紳士，已另函致。此間諸紳，囑爲轉商。弟因不常出門，未易見面。敏翁與先表叔大人極熟，可否藉重鼎言，轉商任、曾爲浙撫。吳聞與應熟。諸公，并祈列銜之處，尚乞酌之。

致張蒓溪

奉手書，藉悉分别驗收，全班出門。甚慰甚佩！閣下衹宜坐守中軍帳，接應四方，俾諸事可以接頭而彙總三局。驗收之法務在寬嚴一律，以實價買實貨。此次比較眼光後，當可放心矣。

致任友濂、施擁百

紀游諸作各體俱全，各盡其長。若寫刻還元，閣中足娩前賢。如此雅韻流溢，何獨靳於五畝乎？弟居此間，隔牆即叢冢千百，與鬼爲鄰，却不同啾啾夜哭，蓋金玉爾音，不輕吐凡響，如擁老之五畝題咏。然天甫明，鳥聲歷亂，破人曉夢，披衣早起，遍覽墦間景色亦自別致。登高墩而望北園，菜色黄黄。襯出司徒廟、演武廳、北禪寺、齊門鼓樓，無數樓臺殿閣，如在畫圖中。惜乎年考一事，無數雜事累我。否則在此數月，必可精神稍健也。諸君事畢後，定當奉屈數日，領略野趣。此番圩工不剋，追隨後塵，此心終有未安。三處收工，不論寬緊，總宜一式，方見持平。此番同往驗收，比較眼光，則極妥矣。

致金苕人

敏公專祠，名正言順，賤銜請列知府銜爲禱。河帥中丞自得賤恙後謝絶應酬，故難望見顔色，且雲泥分隔，頗有我親彼疏之勢。此間遇公呈等事，大都潘濟之表兄提調。玉泉表叔之子。擬將呈稿托其轉商兩公。朱硯翁處當托芸翁轉商，俟畫路後再行布復。賤體自去冬大吃羊肉後稍見起色。庭芝侄現辦三汊口河工，事竣再行引見。

致淩磬生

奉手教并代撰輓聯，欽佩無似！卅四字中已將彼此生平盡情包括。弟揑沙不成團者，先生如調錫也，書卷之可貴如此。純翁稿上應改處已一一注明，俟各校本齊集即行彙録。挖改董公哀詞，幸寫樣雖上板尚未刻，已重寫樣歸入正卷，可紓綺注。稿本在此，而執事猶能記其字數就格配字，此等記性，大約腦子重到二斤半，可否告借半斤來用用，健羨健羨！西人有記性在腦，重四兩之説。桑陽之會盛到如何？俗冗終不能净盡，無福來江躬逢其盛，悶悶！

致任友濂

奉手諭并藕秧十五枝，謹將千葉之一枝植於樓前新池，居中圍以竹竿十餘，以爲標識。果是異種，後年當可分栽，此池底係生泥，堅結無比，不患無撈摸也。其餘十四枝恐侵細種地步，分植文昌閣，惴惴然。惟恐此中或有一二細種，失諸交臂，汨没真才於不自覺，到將來反而求之，不肯復爲我用，便不得不爲天下惜此才也。嗚呼！今世之視執事諸君不過十八瓣，自弟視之，更有貴于千葉緑心者，奈之何僅以圩工見賢也。問天搔首，天意云何。令阮處借秧，大約即日可到。舊時姊妹盼念已深，姗姗來遲，益自名貴。此次承芸翁分根於盆中，木瀆馮園分以細種，南翔嚴氏亦惠佳種，皆白蓮也。奢願亦已足矣。然要爲中興扶景運，人才自多多益善。猶不能無望於南雲三局合成一氣，可免不均、不安之病，其利甚多。鄉人不怕，即少勉强亦覺利害參半。惟所最惹厭者，桑陽會之輟末以嬉，爲之悶悶。弟仍寓園中，肝陽忽發，頭悶異常，大約天氣太亢陽之故。新種各樹，枯憔其三，得有夜雨兩三寸，則圩工亦覺有益，然恐祈雨得風耳。

致張仁卿

奉展德教，敬諗起居曼福，爲祝無量！純翁文一册拜收，重勞清心，感荷感荷！此集文已刊竣，尚未修補，因各處校本亦未齊也。至於編次去就，福實是門外漢，大致就劉先生所取百有六篇，由磬翁先後之未取各編之必欲刻者，另歸一卷，以徇人意。然此選似未全妥，俟竣發擬求先生再加精選，將應酬文字一律删薙，俾爲後日傳本。目前則就事論事，無如何矣！諸君元簡福未謀面，聞係宿學，僑寓吴江，亦一振奇士也。福吴江歸後體又不適，在五畝園養病。昨忽又吐血，愈養愈不振。未秋先凋，安敢希鮑魯萬一。拂拭過情，惶愧惶愧！

致凌磬生

頃奉廿四手示并純翁五次校樣，拜悉一一。匏翁遺文集得公甄選，必愜天下之望，純翁詩不知删剩若干。弢翁之病，其猶福乎？而惜乎礪老生意好，先生游興好，坐令病如弢者，更增一相思之病也。弟十六又發血癥，日來極疲軟，不多及。

致凌磬生

地僻犬號，池荒蛙老，清夢一破，無復睡意，喚起老奴，同登梅塢，舉頭一望，明月澄空，樹影摇曳，波光蕩漾，此身却在明鏡中，此心乃無些子事。盡興入室，讀莘廬詩數章，心又憧擾不定。遠念韜穎村兩君多愁多病，未諗其近況如何？退思、含齋均僅以祔祀終，窮達顯晦，盡是埋没英雄之境，可勝浩歎。礪老、友老遁至海上，歐齋鬱居盛川，莘廬先生方將大造斯民，撫松館主或尚得意揮毫。夜色如此，惜不得與二三君子共享之。又不知先慈之念我，勝於我之念友幾倍，不禁淚涔涔下沾襟袖，安得此病不起，早隨先妣於地下，且不復見人間再有擾攘事，遂不覺丙舍諸君之可羨矣。嗚呼！死者已死。含齋文已刊竣。陳、李兩君之作亦且待鐫，後死者所不敢辭。莘廬詩已録副，尚望次第其先後，俾爲名山之藏。恐郵寄有失，不敢不鄭重，竢副本歸，再以原本往，非質也。園中木工次第畢工，新池舊池荷錢已滿，所未已者山徑耳。竢路頭看清，老僧方有著脚處，且得位置。緑蕚仙人之地不讓淩波仙子獨占，勝於此間，爲彼拈酸也。手泐布意，不盡言懷，敬候起居萬福。附去擬刻《五畝園題咏》三紙，李柳三作。題目究應如何寫法？乞酌示，謝詩可刻否？又祈惠示。又友濂詩兩首，應否刻入？熊集乞酌定。

致孟葑謝堯雲

頃接手示，知琴叔大人偶抱微恙，不知近體如何？又不知所服何藥？已未痊可？至以爲念！弟處工程離省甚遠，寄信殊不便捷。一信往復，動輒數月。現在一面將附信寄去，一面電達，以期妥速。兹將去電抄奉台閲。前接盛杏蓀觀察電，據云河工將畢，一俟事竣後，大約宿弟總而爲中國之大禍，吾不能不拒楊墨、放淫辭，以閑先聖之道。予豈好辨哉？慨自中原兵燹，饑饉洊臻。禮義不生於貧賤，廉耻漸喪於困窮。外侮乘其敝，異端啗以利。禁無可禁，防不勝防，邪説遂因而大作。嗚呼！是邪説也。顧不足要結我良民，詎不爲奸回之淵藪，即未必傷殘我子赤，安保不淆亂我倫常？甚且恃朝廷怙冒之深恩，將挾持乎長吏，召假托誅除之大亂，反遷怒於疆臣。嗚呼！如人心何，如國政何，甚矣害！雖然聖天子擴大一統之量，無外之抱，獸處禽徙，同居覆載，東西南朔，莫不尊親，惡不禁而自革，患不防而自弭，有不必口誅筆伐，目視手指而邪説不能肆其害，六七作聖君賢辟，惟德動天地，庶幾重見中興，正氣作則邪氣日息。數百年祖德宗功，育我髦士，不以微言垂教。道心喪，即民心亦衰。嗚呼！聖人復起，不易吾言。

致任友濂

前日偕沈夢翁、李咏翁同赴虎邱，今日讌集。此間深苦，執事及擁百天各一方耳。池荷竟有千朵，惜皆紅客，頗與病卧衡門不稱，爲之奈何！大從何日回蘇，豈樂而忘歸乎？念極念極！可不必效孟母三遷，早慰孟光之悵望，與夫故友之枯寂，大君子敦倫飭紀之道也。姚叟字課，屢次壓卷，獨宗師所閲一期，抑置於後，不免抱冤，是何故與？他日相逢，必要深深三揖，多叫老伯幾聲以自贖矣。一笑賤體，氣塞如故。惟望其塞則不通，而止便是大解脱。

致吴望雲

手諭祇悉。此間疫氣極盛，東半城更利害，田稻似亦不惡。教堂賠款，聞須百萬，真僞未知。此亦等於群雌所爲耳。

致嚴佑之

手諭謹悉，弟豈敢欺師。實實在在於十四年三月間，便覺惘惘然如無祀之魂，皇皇然若喪家之狗。捉住心神，恍覺尚在人世，不捉住心神，覺陽世即是冥間。有牛頭馬面者，有披髮戴角者，有手持刀銘以殺人爲事者，特不知其姓甚名誰。有專以善度衆生爲事者，則地藏王菩薩也。所見如此，豈非魂已入冥？蓋鮮民之生不如死之久矣，豈敢欺師哉？承示四疑，其一則匯豐與各典均不妥，莫妙於用去。蓋師與諸君千年之後，總歸要被人倒去也；其二則如晉豫之情形，則民捐民辦如現在之情形，大宜官捐官辦，不必民賑奪朝廷之權，無論工賑，皆如此。既有心於以工代賑，祇宜幫官之賑，不宜自立一幟；其三則進爲校官，達則爲朝官，而斷斷不可做外官。退則爲鄉里之善人，爲門户之嚴君，而斷斷不可與當道往來；其四則原案指存匯豐，匯豐倒則心安理得，倒在别處則心不安。此款不并，惟俟你我兩人有一人過世，則不過世者經手用去了案，免得將來爲人倒去。此等存款，須能立刻提用，萬無押存鹽包之理。鄙見如此，然師以詢弟，無異生病人與鬼商量也。弟爲代謀者，無異條條是死路也。應否參以活法，惟師仍是喉癥。大致凶多吉少矣。而又有大慮者，鳳生前夜得寒熱，當夜吃表藥，汗出不止而涼不退。昨又服抖發之藥，輾轉一夜，涼仍不退。今日堅不肯服藥，兩日未見面，瘦不可言。但囑其郎公云：「如爲娘看板，帶看一副。」自料不治矣。弟與擁百兄極代焦盧，僅欲保鳳生而無策。執事能到蘇一診否？

致淩礪生

昨函諒到。鳳生今日似已轉瘧，惟其夫人已於今日巳刻謝世。循俗不設二座之例，午刻先將其嫂、其孫女、其侄媳、其媳、其女、其孫女六隻座檯先行入祠，實罕見也。手泐奉聞。

致嚴佑之

佑公我師，奉八月廿六示祗悉。鮑生事已將尊函寄與芳翁，但恐無此凑巧耳。如無凑巧，而就近告減半薪也。商局勢不能不去走遭，惟病到飯多怕吃之時，而有此一行，恐在滬則定做木偶，一事不辦，一言不發，一缺不調，未幾則以遵例入城銷差耳。

致吴潤甫

頃接廿八日手示，始知廿三去信閣住五日，甚奇！弟亦頭頸望長矣。北棧之劉安翁是何處買辦出身？各船之倪三如、王子平、劉松山、李星衢、劉曉嵐、魏培元、朱仲嶼、鄧桂亭、朱志光、梁達三、王梅生、李梅坡、沈卓峰、潘雲峰十四位是何處輪船推升，或向當何行買辦？漢局董仁伯是否向當洋行買辦？大好老鍾靄堂、蘇寶昇、施子香幾個老手現在何處？是否已經辭歇？朱西亭船上好手因犯何事上岸？如兄不知，一探芝翁爲懇，并祈請安，恕不另函。伏求一一探示，至以爲懇！太古、怡和竟仍是可良、茂枝，則漢口必仍是寅賓矣。漕務局寄來毫無要緊札件已收到矣。

致嚴芝眉

頃奉電示，復難詳，故再泐函爲執事詳陳之。弟自六月起，坐轎即暈眩欲嘔，故來客至今未答。若聞可以到滬而仍不答拜，太不情理。故擬今明兩日了却此事，以候廿五日所發中堂、杏翁兩稟。初五、六批諭到後，即由吴江繞道至滬。因吴江有必須前往之事，因病已閣住五個月，若能至滬而不繞道一往，躭閣一天亦太不情，故祇能如此也。無如廿八日因病斷不能起床，廿九閣住一天，昨日方將寓中收拾搬回家中，稍一動彈，夜間又發肝陽，今日又未能起床。總須俟能起床方可收拾行李，再行答拜六七處極客氣之人，方可動身，總不出原稟初旬之限也。小輪船千萬勿放來，因聞談天之聲即覺暈眩，若以小輪拖帶，恐不耐此震動之聲，且須繞道吴江，小輪亦不能走也。此行真屬無謂之極，於事實有損無益。此去祇一僕一主，故不租公館即住棧房，俾稍清静。此後惠示，請除去「憲」字、「稟」字，彼此同辦商務，應照生意規矩，是所至禱！

致吳潤甫

奉初一示祗悉。弟於廿五日曾稟明，老表兄及梅卿、新之，均係弟所薦，應請迴避，兩月薪水由弟補送兩個月。弟交卸後，再請回局，未識批語如何，特先聲明道歉，幸祈原諒！如馨甥聲明十年前梅閣所薦，卓人甥聲明賑捐司事，漕局捐送薪水擬請無庸迴避，想可照准也。弟大約初五左右動身赴吳江，初十前到滬，住棧房中。

致嚴佑之

奉示祗悉一一。備款祗能藉重施經，弟亦不久滬上也。船事人情難却，允代眉叔兩月，即日帶寒熱動身，局中人手一概不動。俟舉定商總，請其作主承示諸賢。取友必端，可以預決。將來從公於金焦畔，剿滅哥匪，必是羅、李一流人物也。

致王夢仙

頃奉手告欣悉，起居曼福。家鄉情形，總須歲歲豐收，方可平安無事。外間伏莽，竟致勾結外人，一何狂肆，有心人必爲之先憂矣。弟自丁内艱無生之氣，絶迹滬上實已五年。近忽有必不得已之事，而不能自持其奄奄一息之身，亦時事可怪之一端也。不盡之意，另函布陳。

再啓者，另示一節。兹抄奉兩稿，即祈台閱，曲折斯詳。惟前言如此結實，自己竟轉圜不來，慈心人必能見諒。弟遲至十一月初必欲委而去之，屆時請兩公徑函津門，恰到好處。惟伏波如已清理，則此函可不發也。

致施擁百

弟行矣，買辦矣，與洗宰爲伍矣，與高賢日遠矣。惴惴焉，恐兩三月不能脱脚遵例入城矣。前日故將典當之喻又達津門矣。今日姑且偷忙提工夫到天聾處走遭，再到上海矣。回想五畝之叙，可謂暢極矣。近日必復杜門不出矣。天道其有知矣，賢者安而不肖者苦矣，如被縲絏捉我去矣。此局真難辦矣，精神欲提提不起矣，且近日肝陽更甚矣，真真要卧治矣。兩三月亦難挨過矣，兄必聞而見憐矣。無怨堂格子行將畫好，要拜托轉致歐齋先生矣。夢仙兄一信不知其住址，要拜托代寄矣，費心之至矣。鳳生瘧疾已止，可以告慰矣。再寫寫不動了，就此敬請台安矣。姻弟鋭止頓首矣！九月初五夜矣。

致彭芥生

奉示祇悉，擁翁已賦歸與，鳳生又痛斷絃，弟則竟做買辦矣。算來尚是閣下略勝一籌，但未識萬民傘已否捐廉置辦耳？弟今日到同里候友濂兄，即從同里至上海，從此權充買辦。高洗宰一肩株守公司，但占地皮六尺，無足爲父台告矣。五畝風景，尚足盤桓，請不時惠顧。今吴宫花草亦沾培植之恩，君其許我否？

卧者五十晝夜，實實在在并未禀報。到局衹當做花去養病之資，捐得一封委札，可笑人也。

致施擁百

弟初到滬時，搦定主意，兩個月後，衹能托病以逃。初不料期不待滿，病不待托，竟鬧成真病也。是九月十一日到後，即行到局，并拜南北棧諸友。十二、三日接見各局友、船友。十五之夜方在床中作烟臺信，忽見先慈亡妾坐在離床二三尺外，如是者三次。十八日，不復能勉强起床，因思時近霜降，不妨稍補。十九日服參鬚二錢，從此胃倒拒飯，夜則徹旦不眠者五十日。十月下旬，發厥一次。滬友均勸歸里，弟思十一月初五即滿兩月，準擬再遲數天，圓滿功德。不意十一月朔忽發十五年未發之偏頭風，神志已昏，局友雇輪送歸。初八日痛始定。十五日移住五畝，花去四百八十餘元，買到招商局差一次，可發一大噱。現不管上游准其撤差與否，我方寸中已將此差撤去，可經營五畝園矣。園西南角尚少點綴，繪成一圖呈覽，其灣灣曲曲者，四百枝梅花扎成梅籬也。力薄尚能勝之屋十三間，如鎖式者，丙房也。已有人藉本取利，與爲經營精舍、園廊、水閣，非四百元不辦。無此力量，以期來者。此園中情形也。友濂廿六來送考，可到此暢談。鳳生過廿六字期後，因居家慘然，準移卧具來此。礪生斷絃後，定見續娶。在滬時，曾見六七次。來時，弟必以徽麵一鍋、紹酒一斤款留獨酌，此朋好情也。執事雙耳重聽，近稍聽否？然私心竊祝愈聾愈佳。弟偏風至今未愈，一用心即痛，直無如何。現惟以燕窩一味治之，但未見病增，不增即效驗也。孜儀、魯孫氣體甚强，頗深豔羨，現均在西北風中鎮日督工而不知疲。非此兩公，不足以成此結構也。明年正月杪鄧尉之約，萬萬不可爽約，并乞預約頤老弟。即不能登山，尚可在舟閒話，必去無疑，謹以預訂。屆時五畝中，想亦有花可睹，聊當附庸可也。

致施擁百

昨得友翁書，知尊恙甚劇。今日正值鳳翁來園，擬致書問訊，恐勞作答，非所以愛良朋。擬明日函詢歐齋，不意鳳生方去，惠函適至，大快大慰！弟十一月初二歸後，初五又大痛一次，初八痛定，十五遷來園中。起床則喘不刻停，不起床則粥飯均不能下咽，無可如何。每日必起床一次，而喘則至今不能稍停，名曰卧病兩月，實則日日起床，名曰日日起床，實則卧病兩月。較初來園中函致閣下時，愈疲乏也。此次歸來，機器事幾成決裂，除領局價四百廿兩用完，弟墊三百廿元用完，堂墊五十元用完，尚須四百廿元工錢，二百廿元料錢，方可完工。仲泉共須折本九百元矣。現在無如之何。截留每月薪水五十元，計一年，共六百元稟明立案，以抵堂墊五十、工四百廿、料一百廿，而弟墊三百廿尚在海中撩月。凶在實係折本，并非虧耗，又凶在仲與局打合同，不能伸脚，真是絶路也。耻不逮齋皮毛論，如何是了？實出意外。尊恙是肝陽升之最重者，弟十月二十在上海亦如此，然尚不要緊。弟年年總有一兩次，惟千萬不可用心，人才布置妥帖，則今年再比去年多出十萬，亦似不難。要看今年總董運氣矣。弟一事未做，白取薪水，殊覺問心難安。惟既行知杏翁，則弟再行璧還，勢必又勞禀報，顯似固執矯飾，祇好收存，以還前次在局時所欠杏翁之債矣。子翁復函敬乞代交爲禱。布股餘票，仍祈銷去。磬生等費，爲數雖微，係弟私用，可否免其開支，歸弟布股銀兩中劃除，尤徵愛人以德之意。弟元旦後，喘仍加甚，日在床褥，殊乏生趣，大約因年底稍勞所致。有謂弟因避局差，故而詐病者，弟想此時已准辭差，病可不必再詐，日内必可大健特健，飛棹來滬與諸公暢叙矣。今果何如乎一笑。

致施擁百

前日奉布一椷，計邀青察。鄧尉之游，友翁訂於月杪來蘇，初三由郡放棹。届時正值文宗案臨，兄勿誤爲歲考避而不前，是所切禱！緑萼香中正是治汗妙劑也，歐齋先生能否同來？實深盼望。日來天氣大寒，玉體諸宜珍重，弟實還在床中也。招商一節，昨日始得二先生批回，已荷開釋。無病不如有病好，弟所以不得病也。今年鳳生僅見二面，亦發肝氣，未審能否同行？鳳老此病，屢以延壽膏治之，極靈。兄須多帶，壽人壽世，功德無涯。病卧無事，惟從事於筆墨，然不能用心，真苦極！欲言不盡。

致上海賑所

頃接陳六舟先生來函，并竇應募賑啓。詢諸電堂教習山陽張君，該邑及鹽城等縣旱蝗情形，確與募啓所言，過無不及。兹將募啓呈閲，倘尊處亦已接信，大發菩心，是否派友前往？抑即托寶應城隍廟因利局代爲散放？幸祈賜示。再該局經理諸君，是否與尊處向來熟識，代募各省賑捐，結實可靠，亦祈示及爲感。福疾病淹滯，至今未愈，心與力違，殊用悵惘，所冀大君子有以教之。

致沈夢粟

德星既歸，病魔即來，寒熱五作，今始霍然。正深馳想，由莪庵處傳示傑作，浣薇載誦，傾倒無極。雅韻流傳，湖山生色。磬生諸君必有和作。弟啞不能言，深用自愧耳。天氣不時，伏想旆旋以來，起居勝常。至頌至祝！上巳以後，君有西湖之行否？届時或相晤於六橋三竺未可知也。擁百歸後，頗健旺否？想時常晤叙。莪庵將赴鄉掃墓，風雨雞鳴，殊形岑寂。

致任友濂

德星既退，病魔即來，寒熱五作，魔亦退歸。術者云，今年天剋地沖，大約此即。初晉爵，敬上鮮湯也。不知亞晉爵，敬上隆菜，三晉爵，敬上玉粒，是何滋味耳。鳳生來云，犨上人書來，缺其半，不知後一紙被人取去裱册頁，抑本僅寫得一半。弟謂衹寫得一半，半而不結，是最好地位，犨公於此真有至理。乃披廿二日手翰，則又全而不半，且益以再啓，可謂神龍變化不可測。三月西泠，必掛龍尾。惟蘭成以會試北上，無可向商，且到那裏再説如何。兩個大人闗去總不怕湖上無住處。岳墳、彭祠安知非異日事耶？呂君薪水截留一半，須有尊長逐月承領。請示承領之人，再當札行該堂遵照。

致淩磬生

正抱采薪，天醫星帶到手書，拜讀快慰，且以杏廬非酖人者，特爲之破例吃藥一服而寒熱作，再服而寒熱退，三服而起床，依然是一個故我，感甚感甚！大著楹帖兩聯，各極其妙。佩服佩服！歐齋紀游詩計已徑寄台閲，不再抄呈。歸途有無傑作？先睹爲快。匏廬五畝詩序尤望閲定，俾付梓人。至感至盼！鳳生擬於上巳後由同里至高齋，届時倘可脱身，或且附驥以行也。

致佘瀓甫

承發北洋各生名摺，已由總堂吴芳伯大令祗收，仰荷隨時飭知，俾可按月照登，實紉厚意。鈞處須用各件，惟十七年帳略，向過四月，再行付刊，其餘已函懇芳伯隨時寄奉。家福身成病廢，殊負栽培。前數年尚僅病喘，艱於言動。近則痰濕入絡，握管即痛及腰膂，竟致不能事事。近數日來，勉可伏案，未識沉疴能否漸起也。總堂事已稟請屬諸芳伯，滬堂事屬諸郭嵩仙公祖。惟考核一層，雖已稟歸俞隸雲大令專政，然係叢謗之事，不得不稍一顧問耳。

致張廉泉

連接十一月十七、十二月初四日手示就諗。政通人和，至以爲頌。弟久病在喘，年來愈甚；新病在絡，握管即痛。奉書至今，屢答屢止，重以厚愛，未敢倩代。欲親致其拳拳，遂忽忽而改歲。疏遲之咎，惟求諒於知己矣！招商一席，伏案名爲會辦，實居總買辦缺，非真内行不辦，故不得不輸誠上相，別舉總商，非過爲矯激之行也。弟於十一月歸里後，奄奄床席，苦況難堪。年未五十一，衰至此行自傷矣。我兄以身加民，似祇得知其不可爲而爲之，以求諒於上司，俾百姓陰受其福。下方稽首，惟祝老兄爲循吏傳中人耳。舍侄亦以病勢纏綿，在家卧病，尚未入引。命運如此，夫復何言？

致張純卿

前奉手諭，適賤恙加甚，未及裁復，抱歉無似！賤體既苦痰喘不良於語，又苦痰入經絡，握管即臂腕作痛，真苦累也！承示《募建亭林書院公啓》，拜讀一過，仰見崇儒勸學之盛心，敬佩無已！倘有機緣，當代效力，未識已否？鳩工集款若干，私心切祝，庶幾必成。亭林先生生當末造，際遇興時，出處大節，皎白如日，尤足令人景仰於無窮也！

致牛文卿

接函，知二號機器并未失去別針，是前次博總管所來兩電，一云失去別針，一云試打津綫，實在極好等語，似皆係病中之語，不能算數。現在博既未能即愈，弟竟無從議復杏翁。究竟二號機現在能否打津電否？如果試打時脱落語句，點畫不清，即乞將此機寄蘇。如果毫無毛病，即請裝在頭綫津機上試用三月，并祈詳示。

致謝德輝

謝爾恩所驗機器，不意爾恩於製器事如此外行，連筆上鼻針脱去未曾看出，鼻針既脱，點畫如何能勻？可見洋匠亦大有軒輊。少翁處隨後函詳也。兄近兩年來苦於不能用心，每當病體稍愈，將緊要公事筆墨料理一兩件後，便覺神志恍惚，一切私事信札祇好閣起，閲數日復然。尊札遲復之故，實因乎此。

致朱静山

保險一局，得執事久於其任，遂能收清三四十萬久懸不結之款，積存十餘萬利外，溢餘之利，可謂十全無上。乃以榮赴直省，莫遂挽留，此真股商之不幸，大局之深憂！所冀代者仰循碩畫，不墮前功，庶美善益彰，後先相濟耳。

致沈子梅

敬肅者：竊家福夙隸帡幪，備承拂拭，自辭歸於故里，每感激而難忘。恭惟方伯大人勛祉凝庥，籌祺篤祜，引瞻棨戟，倍切依馳。家福襄事電機，自慚日拙。悵觀成之不易，將坐廢於半途。前讀憲局新定章程，欣知督率商董經辦，雖資各員，而局務群策，實賴總持。從兹日廓利源，全仗心殷擘畫，雲天翹首，禱祝傾心。一昨顔參軍鳳高到蘇，述悉朱曼伯觀察已爲面懇。弟仰荷殊施，許爲位置，囑再一言爲介紹，特修寸稟以抒誠，干冒尊嚴，無任悚惕。

致黄譽生

襄局領班資格已老，前因漢局犯事，函請令尊察看，當時督擬革出，因從前辦事甚出力，故爲保全。現在情形如何，望詳及之。如性情漸能平和，擬俟大學堂、測量學堂，現在三班一等選入兩塾者，共四十人。隨時派差之際，調襄領至稍繁之缺，以圖進步。襄局事簡，難圖進階也。如仍性情不改，并望切囑其學好。今秋至明冬四十餘頭二班推出來，不能不予位置。從前將就之人，必致投間置散也。電報飯過四十歲，勢難再吃。目力、精神均吃不消。全靠早圖進階，節縮春老之資也。

大女覽二月廿五曾寄去橘子桶兩隻，馬鐵箱一隻，三月廿四又寄錫掇一隻，均托漢口招商局代收代寄，未知該局曾否轉遞到襄也？父招商一席於十一月初一日辭去，此後恐招商漢局未必肯代收代寄，倘有必須寄之物，先須招呼漢口，不論何處來信，寫明交付何處，方免失去。漢招商局、漢電報局父皆無交好在内，恐不關切也。景宣現讀《里仁下》，晝補讀《大學》，不能認真，餘均安好。父三月中方能行走，可以步行至五畝。每月約回家數天，餘住園中也。

致任友濂

初九去函，云鳳生不能赴杭，我兩人究太寂寞。今奉手書，亦云鳳生料不能行。吾兩人究嫌岑寂，得不謂使君與操所見略同耶？畫册尚未見到，未知是何寶貨，盼企深之。此來金研翁題咏兩頁，拜讀敬佩。此公於吊古諸作獨能捐盡悲涼之氣，以相論功名，殆不可限量。往見鳳石所作，醞釀深沉，書味盎如。竊疑其必貴，後果然也。研翁所作，將毋同。寄聲謝惠爲托，極擬上謁高齋。日來因拆砌惠好軒，藩籬盡撤，夜不閉户，不得不儕看夜之工人，藉壯聲援。前函所謂極道地之墻，并乞黄白薔薇種，即指此也。况二十四日陸母開吊，大駕必來晤面，匪遥落得省此一行。剛中丞調廣東，代者爲山西撫奎公俊。附聞袁渭漁已中兩榜，其餘尚未盡悉。

致浙江學臺陳六舟

敬肅者家福以就醫歸里，奉讀二月十一日鈞函，并承頒示寶應公啓，展誦之餘，敬維六舟文宗鄉大人起居篤祜，胞與關懷，仰望斗山，莫名佩頌！去載秋冬，自常州以北迄於寧屬，均受旱蝗之患。蘇屬大疫，田多抛荒，惟灾情不甚著稱，故賑恤無從下手。所幸入春以來，雨水匀調，藉資補救。兹蒙詳示，適家福已先由敝友將所賜公啓轉商上海諸君從長計議，冀慰藎懷。家福病根已深，幾成廢物，遠負期望，彌切慚惶！

致任友濂

奉手教，知已代購黄白薔薇各五盆，感激無似！配以紅色者五枝，便可將四十丈粉牆變成錦屏，會當延年以竢之。此間更築之墻，皆實編五尺，花滚五尺，純用太湖沙砌，每丈包十工，自辦料而已。真若退思園中之堅結也。

致石問壺

奉書，并承惠賜大著兩册，歡躍祇受，如挹清風。《述懷詩》先得讀於春堂先生案頭，深有味乎。玉書先生序尾數語，我亦云云，且歐歌咏調絶似漢歌謡。命意遣詞，足與香山樂府異曲同工。南溪詞婉而多諷，深得風人之旨，皆有功於世俗士大夫。挺生天壤間，顯則發揚謨略，晦則寄托詩歌，不必有至亨極盛之遇，必不可無匡濟天下之心。鄉先生達如陸宣公、范文正，微時豈敢操濟時之柄，亦不過寓諸心，托諸文字而已。鄉人中苟有曾文正者起於他日，君其爲李次青歟？弟不能有是心，并無是文字。三復高歌，無任主臣，謹識欽佩，以代題辭。弟自丁丙内艱，無復生理，身爲僇民，分與世辭。痰喘惡疾，始作於法越防海之秋，僅遇秋冬槁卧不起。此四年中竟惟四、五、八、九月勉可動作，餘皆床褥呻吟之候。前歲曾有朝鮮駐使之薦，去秋曾奉總商總局之札，皆未克就。日惟與鳳生競病争愁而已。鳳生去年喪母、喪妻、喪次女、喪孫女於五十三日之中，亦文人厄運也。假寓五畝，比諸削髮。在弟實無聊之極，思藉得盡其餘紀，許爲分咏，待壽棗梨，不必急急也。協賑一節，微生乞醯，生平愧事，莫甚於此。若蒙豁除善士之綽號，猶捐免地棍之混名也。

致諸元吉

奉手諭藉悉清况，尊體神清骨瘦，却不是食肉相，然看似老幹枯枝，極耐嚴寒，何致如尊書云云耶？弟向來過五月半後，不爛脚則卧病，同歸於不能行動，屈指又届期矣。文不敢與先生争，病則不讓先生作第一人矣。春花幸而無恙，秋收尚無端倪，但求二十三省永無水旱大災。元氣不傷，則邊患尚不足慮，即與先生老死户牖，亦何所惜！弟日寓園中，西南片壤已闢草萊，獨有西北一隅墻外，即通城之河對岸，爲萑苻出没之鄉。河邊甚狹，不能築墻，不能築室，以處防守之人。苟非大興土木，時時有失竊之虞？然財力不足，既不可借債以修防，又不可置之於度外，竟是難事。先生將何以教之？

致聶仲芳

昨奉鈞牘三件，家福久抱沉疴，就醫鄉僻。前辦協賑公所已於前年停止，各邑籌捐等事久鮮通問。去年曾頒徵信册籍，雖即分送，無如各善董或已出仕，或已下世，未能處處取具收條。此時又閲一年，分送恐難周到。因思省城積穀倉爲二品封職分部郎中吴紳大根字培卿經理，素與九縣各倉董聲息相通，由其分送各倉，由各倉以分各鄉，社倉可期周遍結實。若蒙大公祖大人俯准改發，擬請補發吳紳照會。諭函三件寄蘇州桃花塢舍下，以便連同冊籍代爲轉送吳紳接收。一面再將原奉諭函照會寄繳銷案，以昭鄭重。家福因與各縣倉董全不熟識，故有此請，仍祈裁示。

致諸元吉

拜讀大著，傾倒無似！先慈謝世後，既絶望阡表於隴岡，則藉名世之文章以休揚懿德，實有未可緩者。然不得其人不敢求。不揣冒昧，擬求椽筆俯賜立傳，附奉行述，敬祈垂覽。倘蒙俯允，感且不朽。更有一言奉懇左右，協賑一舉，實係乞隣，弟引爲終身之耻。行述所載，原稿本不如是。一再由友人加入，故印好後各省友人處均未分送。如荷立言求勿涉及一字，感激尤摯。承教設防，竟無防法。小竊則竟可聽之，倘遇大寇，我雖結籬爲衛，彼將對岸依屋，泊舟河中，肆其貪噬。微論結籬無益，即築墻起屋，亦不過與之相持。似祇有多住能事之人，使其不敢萌鼠竊之心，或者得以稍安。然江北之人在蘇者，正亦不少也。病中有作録請笑覽。筆墨未嘗學問，恃在至好。伏維教正爲荷。

園居有感

誅茆鋤草一年年，遍插槿籬當備邊。自古天傾西北角，鴨闌橋外泊漁船。
戲水文鱗長子孫，傷心都爲鯉魚吞。放生老婦今何在，縱賊殃民一例論。
餘光爝火亦堪哀，萬點飛螢撲水來。風卷雲開天宇朗，月華明處見樓臺。

犬吠蟲鳴夜色凉，一聲清笛度隣墻。自慚不是知音客，負爾吹簫引鳳凰。
荒池野草亂蛙鳴，兩部鼓吹迭重輕。聽到晨雞三報曉，繁絃急管盡收聲。
我欲乘風破浪游，寧從海市買漁舟。神山隱隱難飛越，降伏鯨鯢渡上流。

贊有友五人象册

匏齋不作岥廬危，莘廬先生天下師。那大老忒情癡，買盡烏鬚藥，爲唱畫眉詩。莘廬
歐齋居士老名公，笑話奇談填心胸。聲出金石氣如虹。筆陣横掃浙西，潤筆滔滔用不窮。歐齋
書中聖，畫中禪，詩中仙，壓倒伯虎不值錢，拜毯拜到悶溪前，桃花塢裡一鄉賢。悶溪
耳半聾，心太聰，高隱南雲草廬中。經濟羞諸葛，文章鄙揚雄。荷花蕩裏一條龍。南雲
愛閑居士趕忙客，不住笠澤住盛澤。斜橋西畔孚龕宅，老屋三間書擁百。跳出書城去，講甚麽秦漢石、韓柳格。孚龕

致丁松生

二月間擬作西湖之游，爲約伴所誤。閣至四月初十始定秋間同往，上謁之期屢成畫餅。上西天見菩薩，無怪其難也。賤體自三月初起勉可出門應酬，亦常年老例。交伏後若不爛脚，必又病卧，非過中元不能起色。《靖康稗史》因下本轉抄閣誤，近始寫竣，謹以呈閲。細勘所録，與正史異同處頗多，内如欽宗皇后之死，烈史稱不知崩聞；張叔夜之死鞏縣渡河時，史稱

過白溝時，似皆有關掌故，故惟須考定此書是否後人杜譔，方知兩説之孰是。前曾借得《三朝北盟會編》及《靖康要録》、《大金吊伐録》對勘，互有異同詳略，書似可信。惟遍查書目，從無所謂《靖康稗史》及所引各種書名，又不能無疑。前此欲借書勘對，實爲此也。執事看破萬卷，還仗正法眼藏一定之。龔甫刻書忙竣後，現不知其忙何如。近曾接晤否？亦甚念念！書局中近刻何書？可否代乞書目一本，以廣眼福。此間如在山中，絶少交好，走筆抵譚，不盡百一。

致諸元吉

二十八日曾上一緘，計達壇席。前日莪庵書來，知已將弢廬詩文稿一起取到，喜躍欲狂。乘莪庵苦，難下手抄寫，遂攬差一起代辦，以饜先睹爲快之心。昨夜略一拜讀，第一册、第二册中，改於斜行書眉者，細如蚊足，輒再三易，非精於詩者不能擬，大約莪庵亦告不敏，將來須求參考者。其散片一宗有極清楚者，有極模糊者，紙則大小不等。表裏有稿費。一夜工夫爲之粘訂一本，以免散佚。尚有抄成紅格者三十餘頁，文又三十篇，爲之分訂兩本。既擬分頭録寫，審視原稿，有寫删字者，自不必抄。然其中每有大可存者。其餘兩圈、一圈及無圈者，惟第一二本弢翁自己分别出來，紅格中大半莘老閲過，散片則全未區别也。約計八百首，不能不全抄出來。欲其抄完，頗不易易。非抄之難，辨識其字，良不易也。實在此事祇須先生與莘老及抄友四人當作主考，一科費半月工夫，隨選癡抄，便覺事半功倍，無異地同心不能璧合耳。頃因束手無策，仍以商諸莪庵，取到弢廬口授之信纍千言，幾爲之一讀一淚。大似遺囑，直是遺囑。就其病論，似不可治。然其精神尚貫注於文字之中，若語以杏老、莘老能操選政爲不能摹擬其本然之字，俟選定後仍仗其自爲主政，則此心不死，此身必尚可支。敬愛之餘，作此癡想。擬上一書，勸其息心静慮，以俟録出清稿。恐反勞先生之口授作復，遂未敢發。倘值駕往，可否姑以此言進之，或一續命湯也。弢庵先生詩文固是傳作，然僅以詩文傳，亦大非國家之福。頃讀其詩，覺一片忠愛之忱時流露於字裡行間。身在山林，心繫天下，則其賢可知。弟幸生同郡，未獲前席，頗以爲憾。俟莪庵再往，必當往謁，晤對時乞爲先容。稿本姑倩三友在此分繕，難可辨識者，留隙以俟。既不能束帛加璧，奪先生及莘老半月之閒，衹就此因陋就簡，得尺得寸做去。大熊詩已付寫宋，子松先生詩文已刻大半。刻字者因稍虧空，故意延緩，真無如何。匏齋文已見清本於擁百案頭，尚待選詩彙付梓人。如莘溪有便，莘老已暇，拜求婉懇！將純老詩、匏老詩先行勘定，俾熊、李兩家可以結卷。大家一德一心，爲弢廬成此巨集，何幸如之！欲言不盡。倘莘廬未即晤面，或懇將此函轉寄藉貢近事爲懇。

致謝葵蹊

承詢各節，遍查宋、元、明各支舊譜，凡思顔公、中行公之子，均僅兩人，無名得甫者，僅有昌蒲□老譜所載，思顔公三子曰承甫、性甫、行甫，亦無得甫之名。又中行公之曾孫，承甫公子孫名德甫，亦寫得甫。徙居南鎮，娶王氏，生二子彦彰、彦邦，燒册充遼東軍，大約即尊處分支始祖。明初因燒册充軍後仍回籍者，各支皆有，不僅得甫公之子爲然也。兹寄去《世系圖》一部，計十五本，請閲。便悉岦乩即古寫會稽二字，非即荷花池也。弟係五十二世孟家葑支與蒲□支五十六世芝泉先生族分，已爲極遠。

致任友濂

手示并莘廬詩、鳳生信、錢公善書二百本均拜收。柳弢翁詩文已全行取到。惟内中改本，細如蠅足，亂如蛛網，竟難摹擬。詩有一千首外，真洋洋巨觀！此事非磬翁不了。偏偏今年未必移蘇，選家與抄家分爲兩起，正恐未易奏功也。此間紅荷，竟碩大無朋，小者甚少。大約池暢則易花。尊處池沼，究不甚大，故損一籌耳。明年能爲我設法采取白藕幾枝否？預以奉托。西南角池有開闊一半，故要藕秧。頃詢魯孫、知雲，想衣裳早已寄去，竟欲姓劉而不得也。

贊徐子春

衆母母，善長長，説法已歸天上，電光石火留真像。我與比邱、比邱尼、優婆塞、優婆夷，涕淚悲泣同合掌。

致淩磬生、任友濂

久不通書，懷想無已。弟十五又發血癥，四日方止。紅荷又三五千朵盈池盈沼。大約此間地氣熱，荷發，故早血癥亦易發也。鳳生諸君三五日一來，談讌頗樂。惟時常肝痛而歸，此最掃興耳。此間夙苦，無物可買。近忽打通都亭橋一徽麵館，竟肯送鍋麵，送小菜來。價極便宜，客來不速，居然雞黍可供。此爲近時一大樂事。夜來又想到南雲之名及鋭止之名，與莘廬、悶溪、歐齋、孚龕，上一虚字，下一實地者不相稱，特贈南公雅號曰「條蕩」，出荷花蕩裏一條龍句。并自號曰「騙洞」，出年年騙出洞中人句。尊見以爲可用否？柳弢翁書已爲抄成四卷，并附莪庵一信，敬乞察轉爲感。

致丁松生

奉手教并賜墨拓兩種，又書目一本，拜領感謝！賤體於十五日血癥又發，五日而止。近日更難動心，又不能枯井無波。稗史原本似是摹抄行草書，故字不成字。其外祖母之娘家是抄是刻，則難考索也。

致諸元吉

奉大教，并賜撰先母家傳，捧書三讀，九叩慈雲，母或無愧。魏鄭子實有慚溥果，既感激以涕零，亦汗流而浹背。内中「捷徑非計」句下，可否直接？且「先君言非科第不宜仕，將不足道之賑電船」全行删去，似更簡潔。尊見如以爲當，則「□□女子」句下應否直接？而「鄭善果母」云云或「往還蘇滬間」下補入「戒擇交必善，故家福所交游，皆振奇士」兩句，下接「家福每病，必泣必憂」云云，尚乞裁定。無知妄議，尚祈含容，幸甚幸甚！弢廬先生病狀，莪庵亦以其介弟書見示。弟意如果不見痊，可不妨濃煎極好西洋參每日四錢三劑後，有驗則以老山人參一錢，西洋參三錢配服數日，當可站脚。惜乎帶水相隔，種種不便。血癥雖止，尚難往謁。瞻彼蒼天，徒呼負負。詩文一半已寫樣寄莘老，尚留一半在此次第付抄。

致諸元吉

正聞弢廬之耗，以生未一識其面，歿未能吊其喪，萬分悼悵，欲撰一輓聯以抒意，稍用心思便欲發嘔。接奉手諭，并賜撰先母家傳清本，正襟莊誦，感浹肌髓，復得備聞。行文體要，益爲感快。前請云云，實以文法愈工，而不肖之汗顔愈甚。欲求得使大文不失其工，小子無慚於面，遂有所瀆陳。今荷開示，恍然於史傳中附見諸人，蓋亦有不容已者，非幸也，供文家之作料耳。先母得資椽筆，傳之無窮，世世子孫感且不朽。即當刊入家乘，以永佳惠。弢廬詩已抄竣，文待抄。子松先生集僅存補遺三頁未鐫，大熊詩已令寫宋。園居清苦，僅此而已。久旱得雨，頗覺心喜。先生其亦少慰乎？十四弢廬舉殯，弟終想往吊，未知明日身體如何耳。

喜雨

大沛甘霖潤渴田，預先十日做秋天。澆花種竹尋常事，也省人工六百錢。

張心逸奉復以詩即次前韻

嬴得新詩誦大田，霏霏玉屑九重天。碧紗籠處君須記，要償法聰利市錢。

笑比鈔詩種客田，多君厚誼薄雲天。故遲梅隖題新額，爲怕老兄費刻錢。

誓掃鯨鯢築蕩田，分疆討捕莫遁天。將軍未捷身先病，痰吐都成赤仄錢。

致吴望雲

電光放照一鏡，乞哂收。此君歷放百餘照，惟公與福兩照獨黑，遂成鍾進士殺鬼。面目黑色，即淡墨水，永久不退，與牌照之藥水絶異，將來即可摹入五百名賢石上，以及圖象紫光閣中，用場正大，乞善藏之。福屢次吐血，神氣益疲，度未能躬際其盛矣。舉貢生監公舉之笑話，已曾傳入清聽否？

致平湖金宅

驚聞尊甫大公祖大人倦棄塵寰，上游碧落，不獨諸兄純孝性成，悲痛欲絶。即弟十年共事，公誼私情，倍承厚愛，知己之感，有不容不向西州門而慟哭者，亟擬趨叩靈几，稍伸哀慕。無如喘疾不已，又增咯血，床蓐支離，聞耗益甚。神往身留，既傷且歉。先具祭幛一懸，筵儀一函，尚乞代薦。得稍痊，可再當買棹而前，盡此叩奠之忱也。尊公一生政績，必當環籲請奏。病中尚未能遍商諸公。曾與盛杏翁、經蓮翁電商，均同此心，將來必不容已者。諸祈暫節哀忱，以盡大孝。是所至禱！再尊公自光緒四年以前，同治元年以後，軍功吏治有無年譜可考，弟因知之不詳，將來稟請入奏，必應臚列於前，庶可援李秋亭觀察例請恤。乞囑幕友示知一二，以作南針。

致儒寡會諸君

久擬走候，因抱采薪，未獲一聆教益，至以爲歉！頃晤安節王仙翁、清節陳子翁，談及福稟儒寡一節，已於前月奉到潘憲照會，飭議王仙翁因局基逼窄，無屋可造，勢難照辦。陳子翁云：「如果夫故在三十歲内，現年在三十五歲内，合於堂章者，衹須候補，若不合例，雖有屋價，亦難破百年之成例。」擬即日稟復云。福思歷年以來，同學中托爲代報入堂、入局者，前後數人，無非因候補數年，杳無缺出而止。後有一户，竟流入烟花。如不能癡報隨補，則事過情遷，皆成虚惠。因與再四面商，云如蒙諸公允，議將儒寡存本中先行撥解清節堂，屋價或十間，或五間，請堂□編號舍。不論年例，准其隨時入堂，似尚無礙大局，而於儒寡之中可免，先之守待，終於喪節。子翁心動允許，俟諸公一二月内定擬，再行稟復，合即具函奉達。如可采及芻蕘，或由諸公即日徑商陳子翁處；或即賜復，由福再行轉懇子翁，以免仍執前説。稟復毫無實益，是否有當，尚乞主裁。

致高龔翁

書問雖疏，懷思莫釋。辰展手諭，拜承一一。弟肝疾入絡，右偏手足麻木，酸痛纍旬矣。每念棲鶴樓中梅先已爲古人，兩郎同付病歿，弟又病廢至此，惟公身備三樂，何幸如之？小園荷花極盛，惟一不得意，對之便覺無味。水旱不定，如天下何？窮居野居，殊乏好懷，先生將何以教之？

致任友濂

十日前得書，臂恙不能復，右偏手足却成麻木酸痛，大致可以偏廢，甚幸甚幸！鞠孫托寫碑是其令尊非令郎也。大約秋後奉求，請姑待之。機器廠已撤回滬，弟窮居寂處，殊無好懷。不識執事及磬老、擁老諸君過火燒七月半後，能來半月叙否？弟今年命中天剋地沖，未知能否斷送性命。言念塵世别無戀，惟執事諸君子尚欠我夜談之債未曾歸結，割捨不下，遂難瞑目耳。

致淩磬生

奉手書，祇承一一。五贊已承歐齋改定，易諧爲莊，已寫定矣。滁公請教習事已詳語録，韶兄照相則仲泉已去，來不及矣。弢翁集第二三本待選定，方可分卷發刻，第一本斷難先刻，蹈純丈文集劈板故事，畫眉之瑕，乞即選定以慰同人先睹之心。至祝至禱！鳳生多病，弟將偏廢。前日竟一字不能寫，殊苦惱也。過月半後，天氣若凉，先生能來作十日半月之叙否？倘能拉杏廬同來，又足快心。尊作七友詩當裝潢五友贊前，以存一段因緣。遲復兩月，生平未有之事，乞諒之。

致諸元吉

手諭并大熊詩校本一、尊撰沈君傳二，讀悉種種。熊詩得公校勘，當無遺憾，已付梓人削改。沈君及志銘何其酷似曾子固手筆？傳中趙忠節數句，覺得奇峰突起，全篇皆增光焰，弟最愛讀也。家國事皆有足慟哭者，實願早離塵世。人苦多病，弟樂有病，且樂增病。明知有負知己相愛之深，然不願苟活矣。令弟年若干，讀書一事能否加意？修洋歲須若干，八徒不嫌多否？義塾館肯俯就否？家事應酬不多否？因有人欲延一師專課節婦之子八人，點戲如上所云。得師則籌費舉行，不得其人則不舉。尚是前年冬間所托也。便中示知，俾可介紹成否？雖未可知，不得不盡其心。山西旱、雲貴水旱、四川陝旱、山東、河南、直隸水。弟一事不問，奄奄待盡而已。然一腔煩悶，實不可支！

致丁松生

奉中元日手諭，以賤疾上煩遠注，感荷何可限量。右偏手足已稍得展動，惟咯血過久，氣益哀弱不支，坐久便軟，胃口更減。今年本係天剋地沖，庶幾可一筆勾銷乎？近時最怕聽出京人講新聞，最怕看《申報》述灾狀，而又不能裝聾做瞎，伏願珍重歲寒。爲民爲國下走，則奄奄待盡而已。

致嚴佑之

承示徒陽灾況，深代躊躇。惟蘇省賑餘存款已於前年匯歸山東。至上海道署之備賑存款，須有人出名擔認，凖於何日歸還，方可挪借。兹將原批抄奉台覽。嫂夫人謝世，執事又失内助，深爲惋悵，容再寄奉芻獻，以展微忱。

徐君子春行狀

君諱宗德，字子春，咸豐初慕先君子爲人，執弟子禮。家福因識君時，先君子與諸父執方設難民廠、平粥局及諸善舉，君無不與者。庚申春，粵逆陷杭州，七日告復。先君子倩君與彭君德雲之杭，吊生葬死事未竟而蘇州陷。先君子且謝世，不及見君之歸也。君卒竟其事，冒死至洞庭山、香山、沖山間，訪太君不遇，復由胥口渡過瀆川，卒遇之觀音山。明年辛酉，輾轉之滬，親族孤寡，咸歸之。閲三月，家福奉母避滬上，亦依君東道主。時江浙難民麕集，馮宫允桂芬、王封翁亨謙、封翁鑄諸君方設尚志局、且住局、安節寓、保息局，以大庇士商孤寡之無依者，君爲規劃井井。同治癸亥，王師下蘇州。君歸，受任於諸君，賑粥普濟堂、存心局諸處，存養五千人。甲子冬，遷歸安節寓諸嫠婦。丙寅設保息安節局以處之。宫允、封翁既謝世，馮觀察芳植、王舍人偉楨繼其志，仍屬君爲理。先後增建號舍、義塾、六烈祠、節孝祠二百餘，椽養窮嫠逮其子女三百口。醫藥喪葬咸有。助費日以巨，君慮不繼。光緒乙亥，適沈封翁寶謙議興婁江昌善局，君因謀馮君、王君藉安節局捐存三千五百金，又募益之，建殯舍於昌善取羨，餘爲安節經久費，凡集資二萬三千串。不足又息借萬串。竭十年力，陸續營建三百餘椽。丙子冬，馮觀察留養江北灾民二千口，君爲佐之。大中丞吴公給匾奬勵。自其後，各省告祲，義賑朋興。歷丁丑迄於辛卯，凡舉直、豫、秦、晉、粤、閩、江、浙、山左、遼東諸灾賑，君皆苦口籌勸，先後濟金五萬有奇。又以餘力與聞輪香局、太湖救生局、養牲濟急局、靈巖接嬰局、因利局、同仁堂、位育堂、保安堂、嬰孩殯園，及夫捨衣米、施醫藥、掩棺骨、浚河井、平橋路諸善政，必躬必親，心力交瘁。彌留之際，猶喃喃言安節費窘，恤嫠不容已。無一語及家事。自其丁内艱後，布衣蔬食者十年。薄俗非笑之不顧遺命以布衣殮，不謂之仁人孝子可乎？以光緒十八年六月十三日戌時告終於里第，議叙縣丞，賞加縣丞銜，敕授修職，以子官布政司理問，晉封承德郎。配張氏，子一，濟濤，娶趙氏，女一，適從九丁熊飛，孫男二，世利、世貞。君歿後，厚於君者謂家福久交，君宜爲詮次行事，以俟立言君子傳之不朽。爰就識君後見君行事，具狀如右。

嚴保之先生行狀

先生諱寶枝，字保之，蘇州府長洲縣附生。少隨諸先達廣行義舉。慮淫書壞心術，集資收毁無遺。蘇城既復，先生與諸善士興舉種善局、芹香堂、洗心局、救生局。救生局、因利局以事畏盡交情。連平生佩服，必須汲引者，未能引致一人。天下事無大無小，非人不舉。徒得此上流委派之人，豈能共事？肝陽發越，實因乎此。洎一辭招商，再辭電報後，非無出山之志，深交如任畹香、李秋亭、金苕人、熊純叔諸君，凡肯實事求是者，無非以死勤事而已。此心遂嗒焉若喪，但求速死，豈願醫調？故病根日深一日，而不可爲矣。今此未盡之時，不能不倚几擁被，稍以筆墨遣我愁懷，藉代參苓也。公閲之幸，勿見笑。

對菊有懷莘廬杏廬二君

去歲重陽日，莘廬話別時。秋風今又至，涼月照相思。咀嚼分湖蟹，披吟百詠詩。懷君無限意，祇有菊花知。

我愛諸夫子，中吳老作家。雄文凌碧漢，瘦骨比黃花。漫羨長生術，行驢問字車。杏村如得到，還許話桑麻。

感事

半壁河山百戰收，中興諸將萬紆籌。撫綏本是儒生事，況熟黃粱夢五侯。

柬任半聾

好從未雨小綢繆，茅屋秋風又到頭。寄語江鄉諸故舊，今年少製翠雲裘。

頗聞震澤苦沈災，爲有龍蛇長禍胎。一夕風雷三退舍，萑苻顯出水中來。

柬石問壺

越水吴山隔廿年，君參帷幄我林泉。一書换得詩三百，又結千秋文字緣。
□來竟作在家僧，欲上靈山愧未曾。多謝一編孤嶼志，引人入勝照元燈。
了無介節浪傳名，千古難融物我情。官樣文章君細看，應憐有口不能聲。
兩卷新鈔名勝志，無緣編輯愧文園。多君爲我導先路，石志流傳學有源。
莘野先生四絶詩，招商局裏一文移。而今當作鵝毛寄，少慰良朋千里思。

致王可莊仁堪

月前台旌莅止，值家福病卧北郭。翌日沈子良兄下顧，始知失於迎迓。抱罪萬端，正擬肅箋布歉，先荷鈞函下逮，并捐啓二十扣。承奉之餘，感愧交縈。本年鎮屬旱蝗，地本瘠苦，非賴垂念民命，登高而呼，將有不堪設想者，辱在部民共深啣結。子良兄下顧時，因知大旆即旋。家福又病，難摳謁。曾托代達下忱，一陳十四年分鎮地旱灾，并非嚴佑之助教獨任，必藉諸紳之力，方有成效；一陳上海義賑公所情形，必須登報指募，方可據收。數以匯解專托嚴助教力請施、經諸君，庶幾呼應較靈。十五年分蘇屬水灾，因未登報指募，滬所并未代籌分文也；一陳本省籌捐已成竭澤。一二善士自願捐資者，聞鄰省灾重，每捨近而就遠。非上乞天恩，恐難攸濟。度已代爲上達。其後陶、唐兩君下顧，家福以賤恙增重，卧疾未見。滬所收數甚微。分應各省，其能浥注鎮屬，恐必無幾。家福抱病三年，以肝氣入絡，未能握管，各處舊好，箋候久缺。本地親朋，又鮮見面，致無以仰體德意於萬一，自怨自艾，夫復何言？承頒捐册及嚴、柳兩君先來二十扣，隨時面懇。問疾之友妥爲分散，自登報勸募以後，捐册竟格不相入，但求有人接取。多寡竟未可必，此出於無可如何，尚求垂諒。

致嚴佑之、柳少雲

承頒到捐啓二十扣，弟因抱病三年，肝氣入絡，各處朋好久缺箋報，本地親戚亦難見面，僅能就下顧問疾者，托其分募，而人又意見各殊。有力者早自捐至上海，有心者持册無從募勸。王太尊處亦來捐啓二十扣，現僅分出二十二扣，但求有人肯接，不能必其有捐。此間業田者，亦以減租而愁窮。生意場中則四五六年間十不及四而叫苦。弟又百事俱廢，奄奄待盡，不能稍效驅策，抱歉到十萬分。尚求見諒。如有機會，必當代爲想法。

柬任友濂

驛使剛傳春信回，鶯鳴出谷且徘徊。却緣俗冗相牽掣，不是闉人不放來。
毒龍釀禍未消除，矮虎神謀足起予。誰約淞陵諸父老，聯銜先上郭公書。
負暄閒話對山樓，暖氣薰蒸冷氣收。安得聾翁相對坐，宵深喘月效吴牛。

致高龔甫

相念之深，如日添線。惟侍祺勛祉，并茂爲祝。鳳翁座中曾見驛使傳書，齒不及才，兩地相思，若合一轍。感慰交并，比來又一月矣。鳳翁令尊，病已痊可？賤恙者仍難動作。年未五十，竟成廢人。有負遠期，殊自恧耳。黄梅翁謝世後，家事如此，殊不能解。天人之理果是，若何回溯前塵，已成陳迹，宛然做一短夢。天下事，大都如此耳。近來收藏碑版又多幾許？此外公見如何？頗深懸想。近見靈芬館詞，杭州所刻，坊中出售否？便中，幸示及之。

致石問壺

朔日奉寄詩筒，旋奉初四手書并拜賜《雁山志》，惠我教者多矣。感何可量！日來因天氣漸寒，弟若蟄蟲壞户，不能動作。名勝志各友處采訪未齊，俟彙齊後再將題目及小志録呈，以佐吟興。舊刻小志，既不能合，又不能分，衹好棄去。此次采録，多必分門類，當如來教。如不甚多而分類，既不能缺人物一門，人物一門斷不能備，即斷不可有，中有妙諦也。又不能將家於斯祠。於斯者合并爲一，故體例未能遽定也。近況頗甚懸懸，亦代熟思。今之歸省分者，謀差已不易。蓋一省之中，同班千百，非有三台青眼，四門籲俊，難於得差，亦難於如志。若不歸省分之差，如洋務諸局，則合二十三省之候補候選，無不可得。京函省簡以謀之，大約先後次以來頭之大小。雖身任指揮者，幾不能不捨己從人。弟家居冷眼，惟有長歎而已。何敢再有他志以速官謗？愛我者，必當祝我早世也。家鄉情形，窮窘太甚，否則青氈世業，蔬水家風，正有不改其樂者在，而何必勞勞車馬？然此特家居，非比十年以前，越窮越闊，越闊越窮，均有難於支持之勢，衹好就眼前地位，撞一日鐘是一日。兄則素鳌卡，行乎鳌卡；弟則素生病，行乎生病。君子無處而不叫苦焉。且爲奈何！

致熊菊孫

前奉手示，并先德碑銘，立即寄交友濂寫，因書丹難，不如書紙易也。石則問諸慣常刻帖之人，云一塊極少十二元，如有蓋者，一套極少二十元。究竟要蓋否？乞示知。價嫌貴否？亦速詳及。前因返旆及期，故未函復，兹接續示知。因湖洪水漲，不果行，不得不急爲問詢也。大著金公行述詳簡極稱，文氣大茂。佩甚佩甚！請恤之舉，北洋因候各省咨復，尚未會奏也。詩文集前已刻印《耻不逮齋》四本，并印五百部，得刻價一百二十餘元，每部二百四十文。現刻合訂詩集，尚未結數也。

致鄭陶齋

手示敬悉，前款係弟還兄之利，斷無兄再加利擲還之理，故仍請萱翁奉趙。如必要見賜，亦請暫留尊處。弟緩數年，即須披薙，擬建一鋭止庵以奉三寶，届時正須募化諸大護法布施也。

致任友濂

兩奉手示，欣知頭痛醫頭，脚癢醫脚。藥服温通，茶煎冷雪。山林樂事，筍輿相邀。此病此樂，不勝健羡。此間水缸破而鹽菜之甏亦碎，馬桶冰而烟筒之梗亦塞。雖曾烹雪，却未藏泉。他日荷亭啜茗，祇好河泥漿水也。撫松送父入板屋，送子入洗心後，纏夾依然如舊，尚幸硯池雪水涓涓而來，不致掘井求泉，刻刻發極。弟棲身白屋，絶勝公卿，遥望白雲，悲銜屺岵。雖白雪之白勝於白玉之白，漫漫地盡可怡情，而憂人之憂等於憂已之憂，憂心悄悄，難抒萬一。此次一寒徹骨，溝中之瘠多有吐白涎而見白無常者，有吞白砒而上白玉樓者，更念松陵木烏，既不能販此白雪，又不能開場白相，保無有乘此寒冬居然白拿者乎，則更爲趙魏白轉瞎念頭也。近日有新聞，甕中人深願示及，不宣，白。

致淩磬生

奉展手教，并莪翁信、弢廬詩、陳先生詩，一一拜承，近時情味，約略得之朋輩，惟祝老當益壯，常日加餐。中原氣足，邊釁何傷。大抵人生過五十後，不管家事有人接手與否，心中便當放下，無論不能置之度外之事，祇好置之度外。蓋再五十年後，身非我有也，家非我有也。此時已一半非我所有，安能不度外置之，而以半死人自處哉？弟自丁内艱，家中事無一不足痛哭流涕。長太息，然又將奈何？惟有自處於半死。或半日振作，半日頹廢，或半月振作，半月頹廢。總歸得半，斯已矣。若怡情悦性之事我所自有，非傳之祖宗，遺之子孫之物，要以全力注之，不肯得半便罷。鄧尉探梅亦其一也。明年正月十六便當放棹，莪庵條蕩，有約偕行無第二副眼鏡抗衡先生，非貢諛也。年夜脚邊，族事未寧，尚能潛心伏案，從事丹黄，自是仁静多壽之徵。此莪老語。極確極確！其感激佩服，自不待言。莪老近動公憤，竟爲此事氣結三日。此老真血性男子哉！天將放晴，梅將放花，婆婆幾時肯放公公爲我輩班頭？大家在梅樹底下縱談古今得失，以資笑樂，企予望之，尚慎旃哉。毋攖婆婆之怒。

致淩礪生

别久思深，時勞寤寐。弟去冬幸未卧床，蓋百事懶廢之效也。《陳子松先生集》已刻兩卷，尚有未刻稿十數首，補刊後即可發印。柳弢翁詩集已刊竣，尚留文集、詩餘未鐫。二熊君詩集已刻未修。李匏齋文集方在寫樣，詩集尚待選出。五畝園中客春、新葺、更好軒三椽，覓得緑苞翠心紅邊白蓮一種，吐二十餘花，此即十八年分年譜也。莪庵有興，訂於十六日游鄧尉，借寓偉如先生之花園中，以待同好。所訂同游者莘廬先生、歐齋、任半聾、施乎龕數人，更欲得天上醫星，人間散仙以爲之伴，未識有此緣分否？撫松老子改期二十七日舉襄。撫松在苫，不可俱往。探梅歸來，恰好往奠，先生其有意否乎？

致任友濂

奉一月六日手教，具仰君子之德，與年俱進。尊慮歲不我與，試問高興活若干歲，敝閆浮當奉贈若干歲。尊慮老之將至，試問欲嫩到如何？敝藥鑪當奉贈何種還童丹？尊慮修名不立，試問欲得何等名？敝野史當爲立何等傳？尊慮虛負此生，試問欲如何實捐？敝木行當揀濕透大木稍寄奉。以此四者，聊爲春盤之贈可也。鄧尉之游，初三日即寫就執事及磬、礪、夢、擁四信，初五寄發，日内計已達覽。算來元宵到蘇者，恐僅我兄一人。夢、擁或徑赴韡園，磬老或須二十方可成行，礪、倉或成虛約。最妙是一船同往，興致方豪。惟□老因避春酒，非十六即走不能盡避，遂有不可稍遲之勢。執事能否學長毛擄人法，不管三七廿一，竟於上燈之日一棹赴莘，拉得磬老元宵同到？或夢、擁亦可同時并到鬧熱鬧熱。一氣呵成，尤爲大妙也。病體初愈，腰脚自難驟健，然比弟之殘廢總勝一倍。鳳翁令尊已改定正月二十二日舉襄，前云二十七日，因日期不利也。

致淩磬生

伏以隔歲先立春，諸事例當提早。吉日良時奉請老令公早到鄧尉，奏樂和成第一請。伏以一年一度早春時，與君共倒花前巵。太湖有神山有靈，我言不食梅花知。吉日良時奉請老令公早到鄧尉，奏樂和成第二請。伏以匆匆花甲轉頭時，百歲期頤信可知。多謝山靈須記取，一年一度爲梅癡。吉日良時奉請老令公早到鄧尉，奏樂和成第三請。三請已畢，捲起綉簾，奉請老令公降鸞輿，登柏棹，過白蕩尖、同里，泊桃塢，渡木瀆，登萬峰，看梅花。

致鄭耐堂

來信已悉，所要之樹，開列於後，連送到種好，酒錢在内，前次之樹不見好，此次必須道地樹之。主梗衹要一根，頭要粗。自己可否同來看種？

一丈二尺高緑梅五棵，每棵七角。

一丈二尺高紅梅兩棵，每棵七角五分。

一丈二尺高白梅四棵，每棵五角。

一丈二尺高野梅四棵，每棵三角五分。

一丈二尺高臘梅一棵，一元五角。

一丈二尺高倒千楊柳兩棵，每棵二角五分。

一丈三尺高鐵殼山茶一棵，三元五角。

一丈五尺高梧桐一棵，五角。七尺高野梅三十棵。每棵一角。

致程從周軍門

向聞諸畹香任君言皖北大帥朋挺輩出，能如麾下之揆文奮武，仗義疏財者不一二見。斗山再望，心竊慕之。洎黄令父子治電入襄，每有來緘，盛稱保障功□，覆庇澤厚。任君之言，至是益信。及黄氏父子一再歸覲，家屬之歌仁咏德，不能去於口。雖道路傳聞，猶深感仰，矧家福與有戚誼者哉？去冬肅椷陳謝，又付浮沈，耿耿此心，愈形歉缺。比者黄氏以蒙恤賻之厚，欲以秉穗之微量助賑需，祝公多福多壽。此猶野人獻曝，聊自表其寸心。雖明知貽笑大方，然知恩圖報之微計，亦賢者所弗棄。黄氏昆仲，已於去冬祔葬先塋，所遺眷屬，尚稱平順。夙承垂愛，謹以附聞。任君長子，篤厚有餘，現方肆力於舉業。遺腹所生次子，體貌魁偉，斷非凡品，故人有後，足慰念舊之情。家福卧疾里門，不能事事疊承。合肥相國委畀局差，自忖力不能勝，先後辭謝，以讓賢能。遥瞻慶雲，惟深禱祝。

致袁敬孫

久聞政聲洋溢，若預爲循例傳作料。頃奉手諭，并惠□印六册，開械拜讀，感慰奚如國家優待功臣之典，□開闢以來所未有。既無慮鳥盡弓藏，愈難言委身圖報。百姓易爲而官難爲，屬吏易爲而大僚難爲。執事不爲督撫，其實一幸事也。他日者綠野婆娑，青鞋竹仗，我與子逍遥於危樓廢園之中，其樂何如？又何必有田可耕哉？茗公、秋公卓有千秋，我黨亦與有榮。王賡翁不聞其何向，此君真是名士，非我輩所及。徐虎兄臺灣一去，久無音信。其弟頗循謹，仍在典中，歲必一二見。子春先生已作故人，安節竟無克繼之人。家鄉日窮一日，且爲奈何？弟以病不能出門，以窮不能居家，殊有進退維谷之勢，不識茗、秋兩公處尚少幫手否也？補樓爲局所累，否則早列三台，真不合算。樓臺近水，亦曾一規勸否乎？

致任友濂

此間花國中申報并據太湖、上海傳述花國情形，知因秋旱而冬冷，國王之開花於太湖者尚不過多。今日太湖載到寧國種二紅沖大紅兩株，白兩株，計十六元。紫兩株，計五元。玉樓六株，計九元。係送至婁門張家者，其聲價之貴，視往年加倍。花之開於上海者，不過十中之二三。幸而僅存枝葉者，亦十中二三。僅存芍藥老根者，十竟居五。此花國中太湖、上海兩地情形也。前日專舟至虎阜，其説亦同，其價亦貴。鄙見無論太湖、上海，今年倍其價，不如竟買上海種，究竟稍賤。明春再買太湖種，以免吃老虎肉，是以一盆未買歸也。爲我兄計，亦宜如此。如果緩數日到虎阜，價可稍減，不異於往時，則買著兩盆分其一，買著四盆分其二，以待花花轎子來迎也。至於法華種子，弟處可以購買，不必煩瀆清神矣。謹以聲明。如有異色芍藥，仍祈再購十盆爲禱。白、紫、紅者不必。

致任友濂

今日因奉札委，專誠雇舟前赴山塘訪牡丹太湖種，據張萬康云未到。俞茂森處有紫、白兩種，含蕊未開，須緩十日。俞茂林家買小桃紅兩盆，價四元八角。花身被凍瘦殭，尚未復原，一半已含蕊矣。至後園有太湖種紫色、水紅、玉樓三種，價一元。紫已落水，紅、玉□春承示未買。别有河南種，尚未開之白者兩盆，小桃紅四，較太湖種壯大至三倍。白須六元兩盆，小桃紅須八元四盆，極少八折。因與示太湖種三四盆，五六番之説不符，故未買。應否？請親臨於十日之内，恰好開花也。

致任友濂

初六日録花國人口供，初九日報牡丹社驗傷情形，兩書均已達到，未諗駕曾回鎮否？弟托俞隸翁購法華種十盆，今日來書已經買就，花尚未開，二十後托便人帶來，未識尊處法華船已到否？此間相度地勢，富貴花究難，位置祇有吟梅社之墻角勉可安插耳。就弟看來，此等富貴花，祇要有錢，何愁不得？黄色、白色、藍色、朱色，按圖索驥，瞬息可至。惟是春光將□，花不常開，倒不如買幾枝青松翠柏，既可伴我歲寒，兼可資爲梁棟。用是尋芳雅興，頗覺闌珊，重以諉□，姑再一往可也。

致俞隸雲

天水來槎，花王莅止，草廬茅舍之間，終嫌不甚得地。黄白藍紅，隨人所尚，問價幾何，遂此炫耀，天下事大都然矣。比來春筍出地，夏荷舒芽，園中景色，頗爲不惡。梅社前後新補梅竹清夏，東西亦栽竹柳，費却二萬錢，買此緑陰，計亦良得。

致諸元吉

承示調養之劑，感荷無窮。弟素性畏藥，又無恒心調□。前則孤負王敬安，今則孤負執事，尚冀愛我者諒之。尊示莪庵書，莪庵竟不及見，已將來稿付梓矣。自與君同訪莪庵後，自初九至十九子時去世之前，所得聞諸莪庵者，僅於十四日夜間云來接我矣。有舟，有轎，有炮船，有手版，有差官，明日午刻總不得過去，其餘無一清楚語，而今竟成千古。臨終之時，除親丁外，僅弟與礪生相送。回憶十四日屢囑其家人，云請淩年伯、謝老伯勿去，在書房中開飯。是日及夜，又屢詢其家人十餘次，云謝老伯去否？在此否？進見之時令坐床畔，喃喃有詞而不能辨，究未知莪庵有何欲言之隱，未可索諸冥漠中矣。可悲也。夫弟於十四、十八夜因其病危，均未言歸。聆十四夜之言，决其歿而爲神，□十八夜之狀，决其魂已離於十五之晨，氣則絶於十九子刻耳。而今而後，又少一顛撲不破之友矣。弟□爲作一行狀而無此手筆，殊覺悵然。欲搜羅其著述，而莪庵賸稿無多，將奈之何！

致張廉泉

得手示敬悉近狀。此時局面，甚有難言者。總之求富貴易，做實事難。而執事偏偏欲做循吏傳中人，不尤難乎其難哉。弟於學堂事，心亦灰矣。現因晉賑頗碌碌，巴不得有兩個廉泉先生。一個做循吏，一個仍做桃隖同人，與子厚先生、佩孜老叔、梅閣憲臺再做一齣亂台班而惜乎？風流雲散，連望炊先生亦垂垂老矣。明歲錦歸，再與執事吃五峰園之茶，徽麵館之菜。□過遲遲不來，淩淩直上，恐望炊先生不及久待，先要少陪也。捐册一本，附呈教正。

致蒯博齋

弟處經辦山西義賑，已托電局費柏翁呈奉捐册一本。值此艱難之際，倘蒙登高提倡一元，足救一命，感佩何極！

致任友濂

前月捐帳昨始就緒，以一月之中共收洋二萬五千元，銀三萬五千兩，遂致頭昏眼暗。手胼足胝甚矣，銅錢之足以累殺人也甚矣。生生世世，子子孫孫，斷斷不可做大富翁也。一收一解，已覺勞神。若是自己之錢，藏之不易，用之亦不易，不知要消耗幾多精神才智，斷送幾多芝蘭玉樹於阿堵之中甚矣。銅錢之足以累殺人也！

致經蓮珊

經正書塾規模嚴正，如能照此辦去，梅溪不能專美矣。拜佩拜佩！所囑咐一節，此地恐難應命。弟處有友議設小題經書義塾，徒八人，歲脩二百元。欲得一經明行修之師，懸缺有待者兩年矣。故家大族所請五十歲上老生宿儒，尚有典型，然歲脩必二百元，學徒僅二三人。四十歲以下之時髦，每年薪水自一百二十元至三十六元不等。然無不八點鐘上茶館，十一點到館，每月放學以十日計。間有一二不染習氣者延致，恐後束脩加至二百以外。尊處一席，兩難遷就，不如另托太倉友人之在上海者，招延太倉、寶山、嘉定一帶館師，人情樸實，猶有古風也。

致楊子萱、郭嵩仙、方子厚

承以次子彌月，遠荷執事暨同事諸君厚賜多珍，長者之賜，義不當辭。實因長子彌月時，先慈囑勿舉動，是以吴中戚友之賜，概未領受。此次回想當年，殊覺悲不自勝，仍循慈命，概不舉動。尊賜一一心領，感同身受。尚乞愛鑒，不以歸璧爲嫌也。

致陸鳳石

舍甥陳貽範，久在同文館肄業，人極正派有志，爲洋學中難得之士。家福在上海時不自揣量，冀於異日得志之時，留作自己幫手，今不作是想矣。春間舍甥到蘇，謂欲出洋閱歷，惟不得堂官提挈，决不奉派。可否仰仗大力，轉懇文卿侍郎一振之决，不貽言者，羞也。

致施擁百

頃因園中悶雨，雇輿言旋，輿人帶到手書，就輿莊誦，至「慮不勝慮，防不勝防」兩語，忽聞途人云：「老輩相傳八月二十四雨，四十二日不天晴。」爲之矍然。猶憶十五年駕臨，即八月廿四，雨亦隨駕而來。今又八月廿四，雨復隨信而來甚矣。老子之猶龍也，孰從而慮之而防之哉？務乞收回雨脚，放出日頭，將四十二日之雨與九十日之晴通融搭和，兩晴一雨。雨不宜大，晴則必老。謹爲老農馨香祝之，毋令圩工諸君有德色也。自君去後，肝陽益甚，今日始動筆。隸雲已到上海，然不敢望踐茱萸之約，蓋恐又帶雨來。不如竟俟收租後再作消寒之會爲愈也。

致高龔甫

左莪兄事弟當謹識於心。前函所以問及教讀改文者，因觀近時各局所延書啓文案，往往重才而輕品，以蕩檢踰閑爲時趨，以束躬立品爲迂儒，相傾相軋，君子幾無容身之地。惟西席尚論品概，或與左莪兄相稱耳。今奉詳示，敬已心印。倘有君子人者延攬記室，當爲之説項。惟道路愈窄也。

致吴望雲

福處今年所請業師，歲送束脩七十二元，節敬六元，月費六元，專課小兒、侄孫兩人。小兒七歲，初讀梁惠王，侄孫八歲，初讀詩經。承示王舲書先生，前日已接敏農兄來函。福以小兒輩頗頑鈍，必費力，倘舲書先生精神尚好，請爲代訂。所有聘儀，一切候敏兄回蘇面談再定。兹蒙詳示，尤極感激！倘舲書先生不嫌簡陋，謹當如諭訂請。惟聘儀一切，各處情形不同，必賴執事或敏兄明晰示知，以免隕越也。

致丁松生

福客冬右腕作痛，延及肩背，伏案作書，酸楚隨之。三月以來，時作時止。以是親朋箋札，愈益疏略。正切神馳，先蒙賜示。字裏行間，精神充溢。想望風采，快慰無量！承示崇德報功之舉，極爲得當。是年若非此公，恐未能如此應手。舊部士民，當時亦相顧而惜其去任之速。

矧我公同事日久，此舉却不可少也。前數日，天氣烘晴，園梅半放，間來佳客，頗不寂寞。擬偕松陵諸友到來，同赴鄧尉、虞山作十日游。未知天公作美否？小兒景宣今年新聘吴江王舲書先生教讀，已於初八日開館，次兒景基咿唔學語，未能成音。數日一歸，視之大似作客於家。附貢近狀，以博一粲。

致沈蒙叔

手示敬承一一，公與下走病情相同，性情亦復相同，獨於議論微有不同，何適之從，惟公擇焉。福鑒於莪公凋謝，自顧微軀亦年不如年。環觀交游，亦非復少年情景，深恐與鄧尉梅花無幾相見，即朋歡促膝，亦將成難得之遭逢。是因莪公下世，轉不能已於鄧尉之行也。花當盛時，猶可無往。今者落英滿地，香夢難尋，足音空谷，捨我其誰。是因梅花已謝，轉不能已於鄧尉之行也。一經道破，公其幡然來歸乎？同時接到聾公書，云二十七赴西磧，不審曾與莘、盛諸君訂定到蘇日期否？即希示知。頃已函復，云人人有攀聾之意矣。

致施擁百

頃接聾翁來函，云廿七日赴西磧，不審與莘、盛諸君訂定到蘇日期否？即乞示知。閣下及歐齋何日到蘇，乞先函告。弟遲至月杪諸公不到，則二月朔獨駕扁舟，哭落梅於西磧山中也。一笑。

致任友濂

奉廿一日手示，知十六夜第二信尚未入覽，鄧尉花市早已事過情遷。弟所以仍必一往者，爲我公下世，未免傷懷，養精蓄鋭，以待來年，擁百亦同此意。磬老隔歲兩次函邀續游，未蒙一復，大似與梅花有絶交之意。元宵日又去賀信，并及園中梅訊，亦未見復，則似與弟亦有絶交之意。來否，正未可必。弟處不敢爲再三之瀆請，就近函訂爲要。歐齋廿一來信，云盛鎮探梅客早已敗興而歸，已殘英滿地。奉示後，已將我公牌示廿七之期告之，想必人人有攀轅之意。請將出轅日期就近牌示莘、盛，并傳牌到蘇，俾作準備。

致王紫詮

吴江諸故舊方絡繹來蘇，邀約看山，風雨阻人，尚未發棹。回思去年此日，和尚已從鄧尉歸來，懷望雲天，方深結想，忽展手畢，如對故人，以七十年華寫紅箋細楷，神采奕奕，溢乎字裡行間，洵是壽徵，亦見學養。迴環三復，佩感無涯！福卧病荒園，了無佳趣。滬雲淞水别來，行復三年，人孰無情，烏能已已？擬俟天氣融和，作平原十日之游。未識病魔肯賜寬假否？和尚等身著作，是海内有數文字，所譯經典三百卷，亦必度世金針。雖稽綉刻，必有傳者。檢校之功，誠不容緩。一俟壽諸梨棗，便當先睹爲快。若此次所賜某道學經濟之書，則似不值。和尚厠籌之用，非所以昭嘉惠也。嗚呼村學，究膚言鄙語，居然紙白板新，名世手巨集宏文，反慮蟲殘鼠齧，黃鐘毀棄，瓦釜雷鳴。時命難知，良可深慟。福少年失學，方自愧於著作之林，然不敢不妄加黑白，以天良尚在耳。老和尚請下一轉語，園梅謝雨，春悲勝冰。天氣復寒，杖履珍重不宣。

致黃梅先

去冬久未通函，實誤會。大駕將來可以面談，不必筆談也。又以老兄如同自己弟兄，非親筆信不足以盡意，故寧可學河督也。此次兩接電函，始悉一一。香帥見後未識若何情景，甚念甚念！䕫生在此幫忙，弟深恐其身體吃不消，然尚可勉支。弟意今春佩孜去辦河工，擬囑䕫生同往，以資閱歷。如以爲然，弟届時函致督辦，金茗翁、盛杏翁。能派委員亦好，即派司事亦好。天下無奔出去就當委員而可勝任者，故司事亦甚妙。薪水衹好不計，白效勞亦宜前往，但不賠川費而已。弟初時到上海係六年十一月分，直至九年二月分方起薪水，每月四十元。兩年四個月中，房飯應酬貼去三千餘元。後來兼辦電局、電堂、商局時，如果薪水實受不辭，竟有四百元一月。故宜白效勞下手最妙。恐閣下不即來，故專函奉商，即候回示。䕫生常在此間幫忙，在弟甚願，然而守不出頭，不如在外面去習勞，可以早見實效耳。

致淩礪生

入春以來，伏維走方納福，賣嘴增綏，藥到病除。躋斯民于壽域，功崇業廣，遍大地爲仙鄉，從此人盡歸真年，皆不老。仰欽偉績，尊爲殼裏神仙，感戴宏施，咸頌鴨頭菩薩。天星在望，祝日傾忱。弟夙疾未除，依然故我，求死不得，苦乏良醫。泉路匪遥，冀南針之是錫。良朋好我，恐東海之攀轅。率布八行，藉抒寸臆。敬請道安，伏祈笑鑒！

城西借本公所募捐啓

敬啓者，光緒八年曾與尹仰翁設立城西借本公所，仿照城东因利局辦法，凡城西小本營生之户，許其借錢三五千文以作本錢，於百日内拔本免利。原議先向錢莊各寶號凑借錢二千串，以一千串存莊生息作爲開銷經費，以一千串零星借給小户。嗣因鄙人匆匆赴滬，僅向各莊借到一千三百四十八千文、銀十兩，故不得已每月另籌經費以資開銷。所幸進各款除興還停業，付過三百九十千文外，借出之款，循環周轉，九年以來未曾缺少分文。現在公所借設長春巷毓元局中，照帳應存九百五十八千文、銀十兩，可向毓元局董事吴蓮生先生處一查便悉。惟現興還之莊，又有幾家理應歸還原本，然既須借給小户，實在難再拔還。且無存莊生息之一千串，以利錢作經費，則每月另籌開銷，亦終不敷。爲特奉懇新開錢莊各寶號，可否每莊借存幾十千文？其錢即請交付毓元局董事吴君蓮生手收，出具公所存票，以爲將來憑票收回之據。吴君家道殷實，比從前鄙人經手時更爲可靠。所有從前存款未還，已换招牌之寶莊，如有必須收回存款者，亦即檢取。借本公所存票，乘此收存款項之時，向吴蓮翁處劃還，以免失信在各寶莊，譬如多堆存錢房幾十千文，而借本公所中。賴此接濟，善舉不廢，則城西三五百家小本營生之户可免印子錢重利盤剝之累，功德實爲不淺。謹此奉懇，幸乞俯允爲禱。

致蘇城錢業總董潘濟之祖謙

弟自正月十一日在常熟途次感病回里，至今喘疾未愈，仍卧床蓐，屢擬走候，苦於心與身違，悶甚悶甚！去年面懇今春添籌借本公所資本一節，仰蒙玉允，感激無量！去年各莊得利者較多，新開者想亦必多，特送上説帖一扣，細情詳載其中。倘能再添凑一千一百串，以一百串還已閉之莊，以一千串存息，則其事可以永久。務求鼎力，量爲設法。至感！一俟疾愈，當再面叩。大約須托莊上領袖者，如徐健翁、真南翁三四位分投設法，較易爲力。尚求酌之，至感至感！

致經蓮珊

潘振翁向來開銷不關賑款中開支，由莊息項下動支，而面子上總瞎説向某人所借，歷來如此。因其意祇肯認朋友處借款，將來仍自己措繳也。連朋友送亦不要。弟經手過一次五百兩算杏翁所借，又一次五百兩算王心翁及老兄所借，上年三百兩算淩礪翁所借，現在又要規二百兩，祇好算老兄所借矣。據禮卿云，莊息内大約可以支撥。特奉一函商諸老總，如以爲可，即請將此二百兩匯還杏翁可也。因弟前日接電後即請杏翁墊出匯至濟南矣。兹再附去杏翁一信，内有振翁一信。乞閲便悉。

致淩磬生

正在企望駕臨，望後須赴吴江一行。作三日談，使我病消。忽天半飛雲冉冉而下，既讀好詩，又讀定本，使我樂而忘疲，幾至增病，可謂極快意之遭矣。加籤處悉從指示發抄寫樣。惟蠹窗一則仍留而易其名曰「張令儀吊鶴詩」，删去按語。因《五畝園》成作甚少，藉伴閙熱。《天章閣》按語改爲「閣在準提庵」。今悉道光時閣圮改爲平屋。《廢園》按語增數行。另録奉閲。頃已割補竣事。「鑒定」二字先生嫌不敢當，弟子亦嫌不貼切，竟改「同輯」。《百咏》竟歸另刊，雖初次三十首已刊就，可以抽改，將他人之作填補之。此次大著十八首讀之又讀，拜倒萬分。《丈人峰》題目甚竸，意謂詩難出色，初不料有丈人拱而立一湊也，公真聰明絶世。讀至《萬忠墓》一首拍案叫絶，惟百題似湊不足，大約欲飛飛不得，爲唱鳳兮歌亦須湊入矣。恕甫兄傳擲地作金石聲，尚嫌不佳乎？即交去附去各友題咏及亢序，求法眼一定去取，拜求即日閲定，因即以填補抽出大作之空也。

致任友濂

五畝園樓屋已定，見來帳呈閲其價，正項仍一百六十元，連拆料三十元，因裝修太多，弟外貼料四十元，現洋廿元，合成二百五十元，東家不嫌太貴否？

致施擁百

附去《小志》一本，可否代求星垞先生賜一序文？星公筆墨向曾見《純叔先生家傳》，極爲拜倒。因未徑通函札，故不敢自求。執事文壇舊侶，聲應氣求，想一言之下必肯揮毫落紙也。

致丁松生

伏蒙惠復并承借《石湖集》兩册謹已查出校正，拜謝之至，即行奉還，祈即檢入。金孝子母請旌事，尚求俟高君回杭時一詢，至以爲感。賑事絶口不言，得大解脱。不審踽踽凉凉之中，近體何似？殊深結想。福自去秋以來，無一日得手輕脚健之趣，亦苦矣哉！

致淩磬生

展奉十一手教，袛承一一。一月以來，頗深馳繫，得書爲之一慰。又知雖有清恙，幸已復原，更爲大慰。别後共發三信，其附寄無雙詩一信，係托黎里圩工局中舍親張魯生兄寄奉。頃詢魯兄，知當日即交航船寄上，可否姑向黎莘航船一問？如無踪迹，當由魯生兄再托王屏翁代追也。小靈鷲山館原件已交鳳翁，鳳翁亦似厭煩，大約竟却之矣。西街五峰園，楊莊簡公宅，已於《靈芝石》按中一及之。莊簡，即廷樞之祖。《百咏小序》如蒙先寄更感，即稍遲亦無害，請隨興之所至以爲之，欲速則不達。老夫子不我棄也。天氣炎熱，諸事怕做，推己及人，當有同情。擁百、友濂到此已旬日，可謂暢叙。惜天氣太熱，否則當放一舟奉迓大從，同赴虎邱山上乘凉，拙政園中茗話也。

致淩磬生

奉展十八日手諭，并大著、兩序、十絶、一抄件拜悉。抄件因《志餘》已刻，就無可添加，祇好補在大著詩後作爲注解。十絶中公所得意者三，然如「遺老亦和尚，奴婢千頭橘，嘆息趙王孫」，句巧不可階。自福觀之，正如告化子吃蟹也。《四畝田》、《淡齋庵》、《藕舫》三首則深沈醞釀，直入唐賢之室，非近人所能作耳。《志餘後序》一篇，公以爲不用亦可，弟竟快意之至。亢惕老序不及志餘，李匏翁序又難付刊，屢思而不得一，當今得椽筆一序，有如煉石補天也。尚缺十首，如撫松館、柳毅墓，五峰園，見《靈芝石》注。必求一詩以傳之，此外皆不著痛癢之題，公其奈此題目何？蘇字石刻四紙，聊以伴函，賞鑒家以爲何如？

致王紫詮

闊别三載，寤寐爲勞。比承手告，知前上一書早經入覽，甚慰甚慰！復荷惠示大著各種，略觀書目已覺心降。近時以西學鳴於世者頗不乏人，然得其皮毛已爲傑出之才，欲求貫澈中西學術，今古事勢者，殊未易覯。不謂三吴浮華之地，竟得一先生，即未能大有爲於天下，然較諸埋没於朝野，老死於元宰者，究多一分。不朽之言以垂於後世，豈非里閭之榮哉？福願附書股之一，惟今年則窮甚。冬盡春初，定當寄奉，以盡向往之意而望全集之成。春申浦上非不可居，惟須具全副精神以處之。福自丁内艱，無日不在疾病之中，故竟不能爲十日之留，天耶？

命耶？五畝園中已添築對山樓、碧藻軒、寄茅亭、更好軒。其西荷池中亦已游魚可數，新荷透水。《小志》一卷、《題咏》一卷已刻外，又輯成《志餘》一卷，并得淩莘盧《桃塢百咏》一卷，現亦將次刊成。福朝暮功課盡於此矣，不識居士亦念及故鄉，一動歸來之思否乎？抑常做不酒不色和尚，以不涅不淄於不愬不息之南懷仁里歟？未可知也。醒逋先生所撰《五畝園詩》竟成絶筆，倘興來落筆，可否一叙述之？如史之旁見側出，於義甚妙。原詩呈閲，即乞雅鑒。此册所刊，自曲園以外，棄紗帽而取方巾，故入選者寥寥矣。俟《志餘》刊成，再當呈政。

致任友濂

二十四示拜悉。和兄竟死於醫，甚矣。病不可服藥也。苟非後勁雄獅大有人在，幾無以慰籍我公也。年已十七，不在幼殤之例，理宜走唁，苦於昨日水瀉八九次，卧不能起，薄具香楮，幸乞代焚爲叩。金小翁募款載明徵信録，閣下經手帳中已發刻矣。廿二弟亦殇一個四歲小女，省却千金嫁資，故作忍心害理語，以省閣下爲我慰籍也。賦雪草堂中陳榻高懸，執事何日再來？甚念甚念。

致謝筠亭

奉到手示并《家庭講語》一册，此書甚好，足以勸世。弟俟病稍愈，即當一序以副台囑。惟蘇地刻工甚疲，《五畝園小志》僅四十餘頁，上年七月發刻，本年二月始竣。此書若在蘇刻，極快須三個月。若照《五畝園志》每字一個七毫，若刻得稍次，祇須一個二毫，似在上海刻價亦相同，或可稍速，請酌示爲要。

致江筱棠武昌氂捐總局

弟自遭大故，旋構血證，氣喘頭暈，終年不止。伏案行路，均不能堪，棹舟卧游，藉了餘年，一切假手於人，致疏通音於執事。前奉手示并承多珍之賜，時在江震舟次，就倩蘇友代復，或未盡其肝鬲以致重煩手牘，感歉何如！拜承厚誼，却之不恭。前此不擬拜登者，實因兩年來無復生人樂趣。昔倚史書以爲樂，今反觸目而心傷；昔倚膏餌以資生，今屏醫藥以待盡。何敢以仁人之賜等諸弁髦？附呈先慈行述藉以證明苦志。兹承再三之囑，謹即悉數拜領，以釋疑懷而永嘉惠，望雲九叩，不盡神馳。執事清標義行，久切向往之私，雖在制中，不修縞紵。既荷厚施，宜致涓埃，附呈《續資治通鑑》八函，《泰山碑拓》一套，良方兩部，字典兩部，亦祈不我遐棄，全行莞納。執事待人以恕，當弗屏諸門外也。口授代寫，乞恕不恭。

致淩磬生

奉手告并大作改舊者，三新咏者，三迴環誦，五體投地。鳳兄欲將尊注「庚申石毀，姚君鳳生重摹」句，於「鳳生」下改爲「得舊拓本摹刻」。蓋以「蘇」字摭成，并非摹寫也，仍乞裁示。《百咏》次序如循《原志》、《志餘》題目，以便讀詩者取證，原文則年代先後無序。

如不照原題先後而以年代爲序，恐讀詩者難尋原文。詩題有在按語中，或附見之中也。何者爲妥？亦乞裁示。附抄清本呈閱。現在已刻僅五頁，可留則留，如須更排次序，不妨重刻，所糜僅洋二元五角，不足靳也。如竟改排重刻，則《梅塢》一首應否改作《梅氏貞女墳》，見《兜央亭志》。《采香亭》改《采香庵》？見《兜央亭志》。亦乞裁示。抑竟照舊，各還題旨？尚少七詩，應否補楊莊簡《五峰園》、見《靈芝石注》。《采香庵》、見《兜央亭志》。少保族子張聿然築。如采香亭改作，則複矣。《西門北門》、吊張士誠。《唐家園》、吊徐松之、沈明生諸公。《報恩寺然燈塔》、吊孫權。《西大營門》、以新咏老和尚堂詩改去末句，以應此題如何？《撫松館》、藉以儆收藏家。《存義堂骨塚》？前日抄奉碑記。亦乞裁擇。木居士一節初爲其言所動，繼思木居士豈無同名，不足計慮，已如原本削木矣。《百咏》竟改《雜咏》爲妥，《劉家祠》疑得極當。

再啓者，頃細閱已刻之第二、三頁，既須挖嵌《梅宣義碑》、《拜石臺》、《蘇詩石刻》三首，且地步不敷不必修改者僅四五頁，似不如率性重刻，可以稱心。因擬一格式與原刻稍異，呈候裁奪。再弟擬題目下加一出處，詩注則注不勝注，一概從删，俟執事定見次序後，當再寫一清稿寄請是正。鳳生、意琴及四五知己均聞《百咏》有作，亟望合璧刊成，先睹爲快，則斯作之傳世壽世可操左券，不得不講究也。一頁、序。二頁、五畝園，梅宣義碑，梅塢，更好軒，雙荷花池，碧藻軒，寄茅廬，拜石臺。三頁、梅子明考，今改蘇詩石刻，當挖嵌矣。桃花塢，旃栝庵，桂香精舍，走馬樓，采香亭，小桃源。四頁、采石磯，鴨闌橋，漁家弄，楊柳堤，周孝子堂，孝烈泉，梁高士祠，文昌宮。五頁、魁星閣，輪香義塾，七人墓，翁媼墓，閔子祠，張少傅祠，以上已刻三十首。六頁、桃花庵，才子亭，桃花仙館，張平子衣冠墓，夏侯湛碑，書帶草廬，靈芝峰，丈人峰。七頁、觀音峰，三老峰，慶雲擎天，柳毅墓，慶雲亭，吟梅社，千尺潭，雙魚放生池，功德祠。八頁、曠觀臺，清夏軒，正道書院，菱池，黄池，讓漁池，小蠡湖，石舫，義夫節婦墓，萬忠墓。九頁、孫園，針氈座，劉家祠，孤竹院，天半樓，對山閣，隆興寺。十頁、陳逸民宅，廢園，陸氏橘林，韓衙莊，夢墨亭，檢齋，準提庵。十一頁、跳唐樓，度雲橋，瘞文塚，醉月灣，胡太□碑，天章閣，楊忠節象，九娘墓。十二頁、多木園，蘇家園，汪公祠，汪處士墳，貞烈祠，淡齋庵，四畝田，密庵舊築，桃塢草堂。十三頁，芥園，老和尚堂，藕舫，慈氏庵，綉谷園。以上未刻六十三首。

致淩磬生

廿二日泐奉一函，内抄《存義堂骨塚碑記》，三十日又泐復函，内附格式等件，均寄黎里全盛局轉上，度可次第達到。其時亢愓卿丈渴慕大名，欲觀《百咏》，故將九十三首抄成清稿與閱，爲之傾倒萬分，亦出其大著一本，囑爲持贈台端，且諄諄以出之，若不准不知詩之區區吃光者，然亦不肯再賜一本與區區，其爲鄭重自可想見，特即寄奉青察，想不可不加數行墨以副其投誠之意也。《百咏》次序，弟以時代序之，則唐《柳毅墓》、《孫園》須夾在漢《五畝園》、宋《梅園》中間，《靈芝石》仍不能仰副尊意列於《蘇詩石刻》之後，似祇好仍依《小志》、《志餘》題目之先後也。題目低三格似不好看，原刻六紙中，詩之先後亦紊，祇好全行重刻，應如何格式盡可稱心如意也。茲將清本寄呈，題下所注，詩後所注，均請裁定。先後之序盡管更改，以求一是，亦候主裁。題目下必注幾句者，將來刊刻大集，必已離開《原志》，千百年後大集必傳於各處，《原志》雖傳必不廣，故不能不預計也。獨坐無聊，書此抵談。

致楊子萱

徐子翁、陳子翁均已見過，徐處即使捐錢造屋亦無地基，已回報決絶。清節堂中可以設法，惟房無現成，祇能先行進局，設法借住，或助百元之捐，或助漕銀五十兩之會一會，均無不可，以便騰添房屋也。已與説定，俟姚王氏上海動身來蘇之前一日，由兄關照弟處，由弟關照清節堂騰借房間，以便姚王氏一到即可進堂。是否定見，酌助若干，何日動身，即乞示知爲禱。

致亢惕卿

頃辱下顧，得聆教言，爲快何如！承賜文集拜讀數篇，真不愧「文以載道」四字，敬佩敬佩。《禁烟私議》不激不隨，將來倘著禁令，斷不越此範圍。《書抗議製洋器後》一篇尤確不可拔，直可曰：「船也，炮也，俟我人無棄材，地無遺利，君民不隔，名實必符。」之後至云

「船非不堅，炮非不利，瞠目束手」，則尚未確。蓋由乎四弊未除，至今二十年，不過得到師而不法之候，遑云比齊。然立言有體，衹能當作堅利也。《雜評》中「庫藏」兩字不必改。蓋荒政次序首發倉，不足則請發帑，不足則勸官紳，猶不足則請協濟，先後斷不可紊。福於義賑事限定已發倉，已發帑，已捐本省之後方可與聞，即是此義内。惟《答雷甘翁書》尚請裁擇，此《書》理極闢透，惟刻入大集後甘翁無逃妄言之愆，且其來書亦似未加思索，隨意爲之者，應否將此四頁緩印，必請再思，至禱至要！附呈英餅四翼，拜求俟刷印前次、今次大集時，附印各五六部，以饜同志之求。感荷何似！

家庭直講序

勸世之書夥矣，或立論高遠，愚者不能通，或隨在牽合果報，智者弗屑觀。然中人以上十之一，中人以下十之九，不可語上，而仍不背乎？儒者，立言之體者莫如本，朱子小學之旨更出之以淺顯，庶其言易入無獵等之弊乎，檇李陸釣川先生有見於此，著《家庭直講》一書，不假文言，老嫗都解。兵燹後其書不傳。吳君養臣，族人筠亭謀付剞劂，以佐風教，使家福弁其端，因受而讀之。書凡二十八篇，以立身、明倫、涉世分爲三卷，頗得朱子小學之旨，而無高遠牽合之弊。中人以下易知易行，即在上智亦未可以淺顯而忽之也。家福束髮受書，即聞父師之教，迄今追溯訓言，無不與是書相吻合，而驗諸身心不無背謬，嗚呼！知之匪艱，行之惟艱，父師易謝，簡編常存。人非聖賢，可一日無提撕警覺之資乎？養臣、筠亭之謀刊是書，誠勸世盛心也。爰書數語於簡末，以質諸讀是書者。

致淩磬生

頃奉初四燈下手示，并大著七首，拜讀數四，敬佩無量！福於詩文一道，真正門外。讀尊作總覺是唐賢神韻，不是宋元人詩，此等外行語不知真内行以爲道著否？《撫松館》末後兩句不知出處，可否賜教？「古柏重青」引用極妙，不解尊腹中何以藏得許多故實，儉腹人殊覺愧死。惟述夢一節似宜删去爲妙。初四燈下，弟恰有一書寄奉，托友濂轉寄，若蘇莘有電信往來，彼此可省寫幾行。蓋來書所囑序文頂格寫，題目低兩格，寄去清本本已如此。附刊志後不必全注，題目出處則去信中亦已聲明。詩注不可全删，清本中亦竟未删，蓋曾細閲一過，亦覺不可删耳。英雄所見略同耶！以心相感，如洛鐘四應耶！此真不可思議。功德略依時代而仍各從其類，尚恐窒礙難行，亦於前函述及，已因無可如何而請教老法家矣。

致吴縣邑侯

敬呈者，竊紳於去年呈明將輪香局歷年捐置地基、栽種桑樹以資義塾經費，業蒙給示在案，兹查輪香局西北吴邑北亨三上圖界内向有寶誌庵，俗名六廟基，及毗連之慕棲庵，俗名麻雀庵，庵旁菜圃約及五畝，年久荒廢，并無僧人管業。歸局種桑，似甚相宜，可否仰懇公祖大人俯賜歸局援案種桑，以興地利？如蒙俯准，仍請給示備案，實爲德便，肅請勛安。

文牘叢鈔卷一上 電報類

第一號

一、王部郎已由眉公函致管棚之局，以王抵莊一切事仍由梁君作主，可以兩全矣。

二、江陰洋棚頗有疑議徐姓者，且看下回分解。殷姓來稟，當由眉公飭管棚之局核議。玆將殷姓兩稟該局回信抄奉。如何批答，請尊裁酌。看情勢，不稍敷衍殷姓，則徐姓亦不能久安，不獨殷姓傾軋，本地人亦有抱不平者在也。

三、逐日敬代繕寫、代閲兩字，自維尚可勝任。字不值錢，不敢領薪。乞告知帳房，千萬勿再開支。

四、太古、怡和上海派不出人來，屢次由輝亭往催，允俟函商烟臺洋人，請定一人，再行回復等語。惟怡、太執定初議，必須中堂派金道臺同往。無論苕公未必前去，即史、袁兩公亦必固却，何也？陪同洋人既覺爲難，三萬放完必走不脱，能否設法轉圜，各不派人乎？洋人辦事往往執定原議，并執定原議之人講話，公將何以因應乎？急候賜示。

五、滬報房學測量生博怡生置之不理，直至前日提歸學堂教習，始知逸去已兩日矣。滬報房未免失於覺察，然其咎實在博之衹教外國學生，不教中國學生也。

六、各局員須奉明文方敢預備一切，預備須十日、八日方能舒齊。蒙自雲南務祈即發札委，至要至要！惟學生尚未造就，如何是好？材料事已奉復電，不贅。

第四號

一、電報學生事，無日無之。來往函件向無一定辦法，如遇考定薪水等事，關繫款項出入，似不能不鄭重以出之。現擬刻一電報總局學堂鈐記，遇有要件以之蓋用，謹先報明。

二、電報領班向嫌人少，今復抽調牛尚周、袁長坤、周萬鵬、陸德彰、姚元生、陳占鰲赴工，人手更覺嫌少。今開奉到二班名單一紙，又滬、津、漢、福四局比較單一紙，呈閱。就福州比漢口，則唐心存必可抽出。就天津比上海，則天津之二班四人必可以三班兩人對調，抽出二班兩人，便可派往别局領班也。福局已由家福函商，天津情形，請公與花翁酌度。

三、宜昌將次開局，梁錦標派令在滬學習打報，逸去。福初歸咎於博之教習測量。博又云，梁不病於不知測量，病在未經臨癥。故囑其在滬報房值班，使其抄發報四項熟習，能至十八、九一項，則二班一等資格，操卷可得，孰料其逃去耶。其言亦頗有理，現在須令其早日回滬，依舊值報。再遲則宜昌開局因之爲難矣。

四、眉公見示公信，及與眉公密信，已將盛觀察與盛中堂問答語細閲一過，備知盛中堂之意矣。户部事已詳前函，未知此策可行否？如將此意頂奏，側重在歸還官款，免致無著，立論似亦説得過去，仍祈酌之。官用輪船之價，即囑芝翁開呈相翁處，亦即函告。

五、又奉另示，謹已拜知，尊意摯切，極爲可感。福之所以若即若離者，官事可爲，商事亦可爲，獨有官商混雜之局（與電局迥異）不可爲。由昔及今，諄諄勸公勿與此事，專門做官，而自己反入局中，待己似太不恕，所以不敢不離也。且天下事，身當其境，則言者避忌，自己迷惑，遂無一事之可做，一計之可獻，此所以不敢不離也。眉公向極要好，偶有不投機，患在福之柔毅堅韌，必俟此局爲官助商辦之局，不復官督商辦。且必俟局中諸事均有一二分明白，復將電事盡情割絶。既能專心致志，方肯實在列名，受公遥制，與眉投機也。此時若即若離，尚可略爲幫忙，如必正名定分，反不能不引而去之，非矯情、非皮氣也。夜間睏不着，最難過也，清議則不怕，彈章更不怕，幸乞諒之。

六、滙豐成約，銀必歸管。怡和一釐之多，能貪得否？當爲芝翁言之。同文四萬之後，不復來取，因其未取足七萬，故現存銀兩萬餘，未及歸管，此外均照合同辦理。前函失寄牘稿，兹特補寄，即請主裁。

上海

唐元湛頭班三　王錫麟三班一　朱錫山三班一　蕭壽生三班一　金智琪三班一　朱文學三班一　何棟臣三班

二　徐勝祥三班三　吳福生三班三　黃慧寶三班三　王學芬四班一　羅解紳四班一

天津

吳煥榮頭班三　朱曾基二班二　沈壽彤二班　伍璧琛二班三　黃桂榮二班三　陳堯夫三班壹　雙華三班一

張壽嵩二班三

張生現已告假，未知何人調補，如可將伍、黃調換三班更妙。

漢口

周傳諫頭班三　徐奎麟三班一　程鋼三班一　鄭河清三班三　厲藻清四班　姚文幹四班

福州

盛文揚頭班一　唐心存頭班一　鄭麟傑二班一　黃逸之三班一　黃禮福三班一　徐佩聰三班　曾光付三班一

李桂生三班一　費樹敏三班一　楊佐清三班　陸鴻祥三班一　曾光運三班一　潘廷獻四班二　水部胡業洪三班　沈

壽山四班　川石龔琅圃三班一　黃瑞美三班一　長門鄭華瀛四班一　伍兆材四班　馬尾馮耀三班一

福州有如此學生，而唐心存不能抽出，將如之何？

頭班一等三人

朱寶奎總局總管　盛文揚閩局領班　唐心存閩局領班

頭班二等二人

周萬鵬雲南工程　牛尚周吉林工程

頭班三等十一人

唐元湛滬局領班　張兆𡌖學堂教習　林聯盛廣局領班　陸德彰雲南工程　楊國嶼告假　姚元生川滇工程　梁金榮蘭溪領班　潘斯熾京局領班　陶廷庚告假　周傳諫漢口領班　李士壽雲南領班，告假未銷

二班一等十人

程大業江寧領班　朱錫疇九江領班　余柳堂香港領班　何耀成香港　唐文高建寧領班　羅禮生香港　顧宜令蘇局領班　鄭麟傑福州領班　陳占鰲烟臺領班　梁倫奎清局領班

二班二等四人

朱曾基津局　張兆圻杭局領班　唐文勵寧波領班　鄭洪鍇京局

二班三等七人

馮斐章紹局領班　存壽總署　程寶爕告假　伍璧琛津局　張壽嵩告假　英志總署　黄桂榮津局

第六號

一、太古換地，實係彼此兩利，眉公與福議論數四，節節考駁。來電所云第一、第三彼此互

換，相距不過十丈、二十丈路，無出入也。所以彼此樂從者，本來大家兩處碼頭各可停船兩個半隻，一換之後，合兩半而成一隻也。彼之樂從在此，非有他也。

二、頃發滙豐云云之電，原可以户部之説未定復之，不必與之細商。眉公意，如果開一官洋，并還之路更好，故以此請示。

三、周書翁札，當時未知其誤，今請將寄還之札寄下，以便調換。

四、子萱已好，蓮珊又病目。福侯周、王、顧、陳動身後，無論如何總須送母回蘇，過夏再來。家慈三日不見福，便記念萬分，在滬過夏，病體又斷不耐，無可如何，祇好請假一月，先此陳明。

五、梁錦標必發津堂習練打報。炳鐸徑赴朝鮮亦恐無益。宜與朱曾基、或伍璧琛、或黄桂榮、或陳慶春對一人赴朝鮮。沙市、宜昌人手已齊。夔州、重慶、成都、瀘州、畢節尚無一人。雲南蒙自則四面凑拍，亦可敷用。惟不趕緊造就，則夔、重、成、瀘、畢五局，將無可取材。現已如搭七巧圖，無一處可以再抽出人來矣。

六、沙市總辦，人言藉藉，通十三省各局無有如此之閒話多者，恐人言未必無因。如果生意冗忙，恐必定造虧空。

七、商局薪水福斷斷不敢受，奉求轉致帳房，勿再開支。如果公不即來，福必局外幫忙，則照前年之例，所帶書啓、轎役，從前每月書啓十元，轎役十八元五角。現在房租廿二元，書啓廿四元，轎役十八元五角，却貼不起。常久將此項支領，兩邊均過得去矣。現在亦且緩議，敢布腹心，伏祈俯允，薪水即令停止，拜禱拜禱。

第七號

一、寄奉怡、太洋函一封，係散賑事，眉公囑寄台閲。

二、江少谷準即來滬赴琿，來電呈覽。

三、周書庭札奉繳，請將改寫五品銜候選知縣之札即行寄下，并請詳諮時一體更正。

四、墊解船捐之三萬，是否遵照前諭在天津劃撥，抑由滬解？乞示。

第八號

一、頃接三先生來信，除將册圖留滬趕抄趕畫兩份後，即將原本寄津。先請將抄發工程之札、抄發黔省辦木委員之札，稟請黔撫轉交。謝經之牘即賜寄下，并加排單，以便加入圖册，即行發遞。

二、瀘州水線二千四百尺，衹好請周書庭、王柳堂帶去。

三、成都、瀘州約須七月後做到，能否王、周兩公於六月中旬動身？因現在無學生可派，將來派去，又無人可送往也，乞示。

四、陳幫雲南兼專辦學堂、舒總辦雲南、王辦瀘州之札，請即發下。

五、重慶胡公聞已更調，可否即以滇木文案縣丞何元秉辦理？以省盤川，并可駕輕就熟，乞酌之，深怕再遇小瑟也。

六、瑞生物料，福素不喜用。惟此次機器，博怡生驗過好用，方始收留。沙市機器之壞未識是否□舊，抑因路上倒壞，從前大北亦有此事。總之不能委咎於瑞生。屢來催我，無可置喙，已轉囑子萱照付，免萱爲難。何丹書并未見面，非爲其説人情也。

七、厦門至臺之綫，絶不合算，還是照前議，由福渡臺。前日接電後，蓮翁因目病在家，已及半月，囑福料理。福因不擅長，面托荔蓀往詢。大北既約不出里數，又説不出價錢，復往瑞生問明里數、價錢。發電奉復，知已入照，仍囑荔翁將大北回音詳函奉聞，想可妥當。

第九號

一、三萬賑款已將一萬劃匯，兩萬裝保大去。

二、閲致眉公函，緩奏面談，自是穩著碼頭事。馬士另呈説，占同文轉抵之房産，係在現付四萬之外。

三、奉二號信，海防由心翁轉致。芝郎稍愈，現不回山，月總即辦。每於芝、眉談及漢口生意更損於太古，恐深長此終窮。據施紫翁言，則嫌滬局太頂真，不能如太古之操縱自如，欲滬局致信漢局，准其放盤，有送免票之處，不必請示。竊以爲此等事祇可酌看情形，不事苛求，必欲立案施行，授以紙筆，似覺爲難。眉、芝兩公意本從同，然太古實在濫做也。

四、來電將周傳諫對調，已悉其原因。漢局囑周寫洋信取錢，周不肯寫，遂致齟齬。據周所云，係寫信向洋行取規費，究不知其真僞。有人對調，原是調停妙法，惟漢口商報近時甚多，自周以外皆吃不住。且傳諫有皮氣，若將程大業對調，則周在中間之局，必爲各局之累也。若將唐元湛對調，則滬局更不得了。本來漢口必添人，昨苦思力索，電催張壽嵩銷假赴漢。滬局亦必須添二班一人，實在無從調撥。承許津來三生，又不能截留在滬。汕頭急急需才，又派不出。電商廣州、福州局，均言自顧不暇。告假各生，無處催回，祇好暫時不動。張壽嵩如果即行銷假，傳諫亦不能壟斷也。乞姑撫循而戒飭之。

五、大北洋信一件，乞閲，即水綫事也。

第十號

一、十一日寄去九號信，并劉晉階帶去一信，想均已入照。

二、兹寄去黔、滇圖三紙，册一本，其文牘已於八號信中寄奉。此間已將圖册抄出兩分，專候公牘來時加入發遞也。

第十一號

一、八號、十號信中附奉勘路之稟册及圖，想已入照，請速發札，以便加入圖册發遞。沁泉到此已十日，一俟稷臣到後，即可起程。周書城、王柳堂月底亦可起程。江少谷人極明敏，素所佩服，電局事易知易能，才實綽乎有餘。琿春係熟游地，不憚奔馳之苦也，即日來津請示後，舟行前往。

二、稟請金觀察赴東之批已奉行，知原本倘有稿，乞賜一讀。

三、江蘇漕脚已找來，惟將六分保險費扣除，亦不説穿。已囑佛生將復稿寄上復核，是否如此措辭，乞酌。

四、免水脚事，但能不勃便是絶妙，恐公不能不赴京一行。開平銷煤亦殊得同舟相助之義，拜服拜服！

第十二號

一、十八日寄十一號信，想已達到。

二、漕務運通賬，兹特抄奉一本，稿件均在王佛翁處，佛今未曾涉手也。

三、商總局包賬及報銷等事，已擬數行。質諸芝翁、眉翁均以爲然，録入公函之内矣。

四、周傳諫不服仲翁約束，仲欲去之，周亦欲别就，勢已固結不解。傳諫有皮氣，恐非仲平所能駕馭。頃已遵諭調開之法，電商紫局，以周與吴焕榮對調。吴善於水線，周則曾在紫局，取其熟門熟路也。是否，候花翁回電。

五、昨曾電請將津貼、津堂月費可否移以擴充滬堂，即不能移，亦不能不擴充矣。查現在各局報生額缺，照博總管派定者尚少三十人，即抽派朝鮮、粤省、川、滇等處，及隨時斥去與告假等事以去者，尚有十餘人，不能不撤退。姑爲含容者，尚有不入班十餘人。不能辦事者綜計須添學生五十人，方不受學生挾制。轉瞬五年，關書期滿，滬堂各生因覯津堂之薪水逾倍，必致挾去以求添薪，如從其請，則六元頓加至十二兩，費實不貲。不乘此時花去二、三千金，歷兩年之久造就報生五、六十人，抽選其優者，教以測量，兩年必精。不但薪水倍益，即遇一人告假，數人騰換，無人可派祇能騰換。川費之資，已與設堂相等，甚非策也。俟唐心存到滬，即專添設一塾，帶教測量，作兩年之計。張兆塽一塾祇須造就兩班，作一年之計，五十餘人後，再看情形，酌定去留。

六、顧稷翁今日到滬，將諸事接洽後，即與沁泉動身，大約二十五日可走。學生頗難其選，現在所去者，恐必有三四人仍須退回也。

七、周書庭專候換札寄到，即行起身。換札至今未到，柏蓀兄有函來催，如尚未徑寄杭州，即乞寄下，至盼至盼。

八、雲、貴兩省局費則接前電，總數已定，逐項名目頃亦擬定，由收支所上詳。

九、潘濟之表兄囑咐呈一函，向傅相處設法，其所云電局及蘇州等語，已將電局苦情告之，然不信也。倘有設法之處，仰仗鼎力，彼此同感。

十、陶齋附來一信，并電一紙，祈察閱。前擬每月寄洋五十元，曾經面允，嗣因有滇事而止。今滇事不果，已囑收支所寄去三百元。

再，來電囑轉移吳曉滄、蔣月坨、馮頌南、謝佩孜、經耕陽等件，已趕爲繕發，附聞。

第十三號

頃奉不列號手示，并璞爾生條議，謹悉。周書翁札到，專候鈐記發下，即令起身。周傳諫敢與仲平揭參者，恃漢局無領班之人，又疑花翁欲調之赴津也。福先探知其隱，於執事未來調停電報時，即已電詢花翁張壽嵩住址，使其赴漢銷假。及二次揭參，而壽嵩已到漢局，傳諫遂失所恃，暗托朱寶奎來請調津，詭言與花翁有成約。昨允電商花翁，花翁得竅之至，不允所請，夫而後傳諫可以駕馭矣。倘仲平不善撫循，擬將程綱與傳諫對調，當再酌看形勢也，公勿過慮。璞爾生條陳，其故意將博所擬十項考法改爲十二項，就福看來，無甚道理，應請將原洋文飭抄一分，以便就商怡生，應改與否。至所稱第一等電匠，係超出乎博原定班次之外。所稱第二等測量生，即係博所定之第一班。所稱三等領班生，即係博所定之第二班。所稱四等打報生，即係博所定之第三班，無甚出入也。就薪水論，璞所稱第二等中第一等之測量生，薪水每月四十元，博之原議係七十元，福改爲五十元者。璞所稱第四等中第三等之打報生，薪水每月十四元，博之原係十元，福改爲六元。俟局員記注兩功加兩元，俟滿兩年再加兩元，合爲十元。與博之議遲兩年而始合，與璞之議遲四年而始合，亦無甚歧異也。璞但知每月給薪三、五元，不知此三、五元者，皆不能收入彼之所謂四等打報生中者也。璞但知打報生祇有六、七、八元，不知中國之人不喜出遠門，非有遠出加倍、加半倍之薪水，不足以激勵去者。名曰六、七、八元，實在能聽遠調至二千里之外者，即可加倍至十二元、十四元、十六元也。璞但知打報生祇有六、七、八元，不知此時學生都是外面招來，僅學半年，不能知其情性者也。不察看情性，至兩年之久，再加兩元，豈非虛糜厚俸乎？且璞不知中國總辦均係外行，易被報生欺淩，不將加薪之權授諸局員，使之記注兩功，可以加薪兩元，誰能駕馭乎？果其璞爾生爲公事起見，不争意氣，則學生薪水大可就我範圍，不必更張。惟十項考法改爲十二項考法，有無出入，不敢妄斷，須候博照洋文核議也。所有此間已定薪水章程，刻本尚未詳載，容再彙録奉聞。總之，祇要打報學生照定額二百十五人之外，尚有餘額一百人，將此三百十五人，剔除不守規矩、不服調度者七八十人，净存二百四五十人，以備二百十五名定額之用，盡可悉照璞匠辦法。現在，定額之外，又須川、滇四十五人，兩共二百六十人額子，而祇有一百另九人，尚有四十餘人，實皆四班學生不合格者。昨信所云，須添五十人，係將此四十餘人作爲有用之才，其實實少一百五十人也。內中尚有不服規矩、不聽調度者三四十人，如何能辦？若言薪水太少，則試問學生，因少而去者共有幾人？祇有粵、閩投效之六七人而已。如云因薪水少而學生不來，此間每逢開堂，不患學生不足額，但有我輩暨執事不肯多化幾千兩一年，在滬設一大學堂教習而已。前日，急急電請將津貼之一百五十兩歸滬堂擴充，未奉復電。昨日又於十二號信中剴切言之，即一百五十兩不能移滬。另外設堂經費，於張兆埉一塾百元之外，再費二百元，亦不能靳。此事專候唐心存到滬，福決意要辦矣。幸乞俯允爲禱。學堂督課，吳芳伯等已足辦理。惟因應各局各生似非福莫屬，何也？索一唐心存，去信七八封，且必卑辭酌情，方使人貼然允許也。朱靜山恐不屑向各局討氣，其餘惟福較爲熟悉，且親戚本家，可以照外人一律看待。惟現在十二個時辰中，總有三個時辰用心於學生身上。蓋答復電報信件，他人不知各局員皮氣，非親自動筆不辦，造册等事，亦須自己起稿，囑芳伯、愷卿繕寫，稍一諉托，便如學生等級。刊本先行寄奉兩本，請示者竟致公云，獨未寄與公處，尚可旁貸也耶。愷卿復信一紙，粘後請閱便悉。倘蒙體恤筆墨之勞，許其自請一友，月給二三十元薪水，可以口授而代筆，則勝於學堂添一好手。此等人，福處向有留存，亦祇能福用，可以見長，故藏之有日矣，特無此閒錢請來耳。漢口生意，病在小舫之不肯用一粵人管棧房，不病在張寅賓之在太古也，病在公及眉翁、鳳翁與小舫、紫卿非十年八年心性之交，不便傾誠以相托，小舫即不敢直情而徑行，不病在小舫、紫卿之不能濫做也。生意之壞，半在不聯絡粤人，半在不能專權。專權濫做，究非正辦，能由眉翁與小舫説通添一粤人管棧，似爲上策。正文已畢。體國經野，事雖漸煩，電與賑爲者也，漕與船不爲者也。祇要有爲、有不爲，便不覺其煩。考册早已寄奉，不忙亂之一徵也。書庭初次來札，文報局寄去，福未過手。二次來札，故退回。及書庭將初次札退還，故又向尊處催送二次改正之札，因物付物，按部就班，亦不忙亂之一徵也。書此，博公一笑。

第十四號

電報學堂學正詳復事，竊奉督學憲照會，開所定學生分數，亦必津、滬學堂互相考核，官商各局，均照定章，分别優劣，同歸一律。兹有璞爾生所擬大考課程十二條及學生分數，即便查照，逐條核議，并與滬局所擬章程參酌具復，以免矛盾等因。奉此，詳查璞教習章程首段所載，其大要有三：一曰整頓學生。查現在商線各局照博參贊、博總管議定額缺，尚少一百餘人，必有餘額之學生，始可將在局各生認真甄别，且必學生足額，方可無急切待用之慮。循循善誘，底於有成，是非空言可以塞責。必添設學堂，廣爲教習，乃收實效也；一曰薪水太少。查卑學所定例薪，三班三等薪水，名曰六元，實係十二元之減半。不言十二元者，爲派生至二千里外加倍地步也。華人戀家者多，與洋人異，不懸重賞，人且以親老告近，邊遠各局將無人可派矣。且卑學前曾辦理蘇局，學生薪水愈多，則愈難約束，彼以薪水定身份也。故記功加薪之權，必授之局員，使其可以鈐制，起手薪水不能過多，實由於此。如謂照現在薪水，便無明敏學生投堂肄業，則滬堂所造就者，豈盡無可用之才哉？一曰分數宜由學堂考定。查學堂與學生漸摩日久，自能深悉底藴，較之派匠往考，僅論一日之短長者，較爲允當。然就梁錦標而論，璞教習稱爲頭等學生，與外國洋匠無異者。既與外國洋匠無異，則應照璞議列入超等電匠之中。今試觀其技藝，信有當乎？恐學堂考試亦視乎主試者公平與否耳。所載第一條考試名目，第二爲料理機器，第三爲布置機器，究竟料理、布置是否異殊，何以分作兩項？應請將洋文條陳飭博總管核議。第二條載學生分爲四等，第一等電匠，即與博議頭班一等相合，第二等測量生，即與博議頭班二、三等相合，第三等領班生，即與博議二班相合，第四等打報生，即與博議三班相合。第三條載功夫分數亦與博議稍異。究竟因博參贊、博總管合議之章程未妥，而出其一己之見，可勝兩人之上，故爲討論，抑僅立異，無從懸斷。應由璞、博自行平心理論，歸於至當。第四條所載學生薪水，超等電匠現無其人，故不具論。頭等測量生，每月薪水四十元，照皁學所定每月五十元，現在求才不易，似不宜遽行裁減。三等打報生每月薪水十四元，照皁學所定每月十二元，其就近不能遠去者，減半作六元，每届兩年加洋兩元，兩年記功又加兩元，俟到局四年，即合璞匠所擬十四元之數。其遠派他處者，則且加半爲二十一元，加倍爲二十八元，爲數似已不菲。各處行之三年，亦無窒礙，似不必遽行議加。第五條所載三年假歸，給與盤川及三個月薪水等語。查現在學堂就近派差者居多，此例似可施之於二千里、一千里外之學生。至於輪船行程在七日以内者，擬準每三年給假兩個月，不扣薪水。其餘此三年内曾經親喪婚娶告假兩個月者，即以抵過，僅於三年滿時補還該生往來盤川一次。至於本地各生，自毋庸議。此條擬即采入滬堂章程。第六條載親故婚娶不給川資、薪水，擬仍照滬章，以示體恤。第七條辭職必交銀十兩。查滬堂以當差五年爲期，届期應可照辦。應連第八條一并采入滬堂章程。第九條已見滬堂章程。第十條未便遽行照辦。所有核議情形，理合具文申復。附呈滬堂章程一分，薪水表一紙，額缺表一紙，以備參考。抑卑學更有請者，津堂已設五年，未經議定成章，滬堂歷三年之久，章程屢經修議，今均可言可行。考試各生已經博參贊、博總管議定章程，在局各生考過十分之七，考單均已發出。薪水定例行之三年，亦無甚窒礙。璞教習不於考試之時即行獻議，直待梁錦標復考三班一等之後，遽議將博總管章程抖底更换。如果朝令夕改，成何政體？即或虛有此議，亦徒煽惑衆心，甚無謂也。憲慮官商各局不能一律，由於璞教習之必欲阿私其學生，表異於總管，并非滬堂章程不能行之官局，滬堂薪水不能行之於官局報生也。以上所云，迹似黨同伐異，故不具文申報，應請將章程、薪水表飭發陳守核議。如果此後派往官局學生可以照辦，以資一律，固屬盡善。約計津堂學生皆洋文已經成材，其最次者總可列入三班一等，例薪八元，派往官局加半則十二元，派至吉林加倍十六元，視小站及炮臺之薪水十二兩，不甚懸絶也。倘璞教習仍如前次，將梁錦標目前僅能列入三班一等，例薪八元者，必欲列入頭班頭等，例薪五十元，則由於阿比，無關定章。官、商兩局，津、滬兩堂，斷難一律遵照矣。

第十五號

一、二十四日寄奉十四號信，專論電報學堂事，計已入照。

二、苕公處五月杪解去五千金，聊以點綴矣。

三、汪月舟兄到後，曾已面晤，并爲之言於味腴，囑其接洽味腴，必當效力也。

四、蕪湖局魏勉齋、李仲吉來説帖一件，其説頗近情，眉公處一分彼已面投，尊處一分囑爲附寄，乞察酌批後。

五、顧、陳今日起程，周、王十五以前可行，應行接洽之事，已晤面三四次，大致妥帖矣。

六、福今日回蘇，請假一月，學堂事托定福所請書啓桂恕齋代辦，恕齋向在蘇局司事，與芳伯相熟悉，可聯絡一氣。其薪水向係福送，在此有數月矣，情事接洽，故屬之。

第十六號

福自初八日在蘇起程，至吴江後，爲畹香、望雲、礪生諸君挽留三日，宴集舊歡，遂於十二日從吴江起程，十五抵滬。在黄天蕩中陡遇逆風，幾致覆舟。極大風雨，便桶蓋飛上船頂者再，餘可想見。遂感受風寒，一到即病，今日尚未能出門，一切事尚幸電報迅速，藉可禀承。歷接電諭，并七月十四日手示，敬悉一一。方、楊、李三生已到，即日由周、王携之而去，薪水一切，極洽權宜，具仰卓裁，已囑一一遵照。唐、張兩堂均已開辦，造就既多，庶免挾制。惟唐但肯教習打報，蓋測量非其所長也。張則事事奮勇，鎮日坐定測量一墅，衹能歸其教習，然較打報難於見功也。加薪業已轉告，深仰督辦格外殊施，情益感奮。倘能始終不渝，人才即可蔚起，同深企盼。周書翁擬將材料囑司事押由水路行，已則另走陸路，與尊示親自妥運之説相歧，頃已將來諭抄致矣。蘇州工程十易其六，費用較多。然酌看情形，非此不辦。惟工匠或未盡吴湘熟手耳。南北西線多絞壞，令人氣悶，收支所、材料所各能盡職，足紓遠注。招商局事現既子梅駐滬，則兩賢相得，事必相濟。如福贅疣，宜仍專注電事，幸乞俯准，俾遂其固陋之心。倘或因一入一出，動人猜疑，則請允准改爲幫辦，庶北洋知已到局，公牘可不列名。福非畏事，實畏指摘而爲衆怒之歸。此次回里，薦人者不一而足，親友皆開釁隙，萬不能不預爲之計。兩者之中，必須俯允其一，否則事勢所逼，竟有不能居滬之勢。非福之矯激游移也。愛我者，當能心諒。長江生意日即於疲，一因茶市既壞，百貨皆清；一因野雞船多，難於争競。江河日下，爲之奈何！蕪湖魏勉齋有請免米石出口半税之説，謂可將米色盡行攬装，以意度之，事必無成。知已上達台端，不必另贅。甥婿藍承松，係前任上海道藍子青觀察之孫，日間幾有絶糧之勢，福量爲接濟，豈能久支？既蒙俯賜致函，求將前任之孫云云加注一筆，藉動仰翁之憐，感激無似。布屋事宜，執定非仰來説不允之一法，蓋仰最近情，他人不遂，此公臨去，必招仰踐前言。届時事若近情，即當代允。前日曾向樹齋云，擬將六千元了此案。福囑樹齋勿與之談，推在仰翁一邊，便就範圍矣。陶齋事不至監追不止，閱公啓便悉，前途力大通天。另附公啓一紙，求賜矜鑒而排解之。蕪湖所屬大通分局司事學生互控一案，求速批復爲禱。再，丁松生十七、八次來信，頂薦其友孫蓉齋於招商局。據云閣下在杭時，曾已許可。福却之無可却，不得不照轉於我公之前。孫之爲人，見過兩次，其才却與嚴春泉等非可小用者，倘真能位置，亦一人才也。又，揚州三品銜分部行走郎中王瀛號步洲，係賑捐大户。堅囑轉求代請傅相，加札掛名川滇工程。明知不可，然不得執事一復信，必疑并未説到，親者已失其爲親，故者又將失其爲故。萬求將孫、王兩事，托文案賜一回示，切叩切叩。

第十七號

二十一日寄上十七號信，想已達到。頃奉二十日諭，一一拜悉。公館屋内可以騰空數門，甚感，容再酌看情形，或遷或止。福現住永康里，眷屬在蘇，不擬即來。如仍全眷來滬，則陳家木橋亦嫌不便，故尚未決策耳。金、嚴兩處，本月初三解一萬，前日又解二萬，施少翁又解一萬，即日王、陳、李處又可解一萬。每人各得兩萬五千，似可彀其一月放款矣，特冬賑則難之又難也。寶華生意極好，日長炎炎，藉賑捐以立言，恐仍不免見利忘義，病愈後當往商之。此事非糾合怡、太，亦造兩三小輪，減跌價值，連三行大輪及各野雞生意一概搶却，恐有不可收拾之勢。眉公歸時，當與酌之。粵案仰荷賞保，感謝之至。小費代墊，亦應在薪水上做退保過之後，能否將府銜粘合耶？因欲捐主事，□須抵款耳，幸乞教之。方、楊、李三生到後，因人才難得，色色遷就，住了一日，馬脚已露。楊生萬難駕馭，福因一經見面，反難轉灣，均囑司事傳話，先擬扣留楊生一人，繼則察看情形，於測量一道，實未精熟。若性情稍好，猶可勉强，無如性情、技藝皆不足恃。周、王兩公萬分發極。方、李兩生亦惟楊言是聽，又成扛幫之勢，一切細情已詳公牘。現在無可如何，即就張塾中挑選應急。福於調派領班閱歷一番之後，將來入職樞府，調派督撫，當可游刃有餘，諸生之惠我多多矣。許瑚性情温良，絶異三生，不學測量，甚爲可惜，無如其急於求售也。賤恙未霍然，蒼蒼者天，豈欲使之於避世、避地、避色、避言之外，添一重避病公案耶？軍旅饉餞，實恐不免，但求安石不出，便是國家幸事，公毋促之使出，天下幸甚！

第十八號

福到此後病一月矣，病狀問星杉叔便詳。斷斷不能辦事。而事之紛至沓來者，斷斷不能麾去，此病終不能起矣。蒼蒼者如天，如本無大任相加，則無用之精神，消磨於憂患之中，區區毫無所靳。倘本有藉手之處，而竟自耗湔泯滅焉。不禁爲此身歎惜，追憾於無窮矣。事之小者不必論，招商局長江生意關繫命脉，不打倒野雞，則日即於湔。欲打野雞，斷無倩大野雞打小野雞之理，祇有局、太、怡聯合設法，租造將來一無所用之小輪船，減價逾於野雞，而後始可挽回，所謂欲取先與也。做幾百萬生意，斷不能在十萬、二十萬利息，一年二年生意上做小算盤也。現在怡和別有意見，勢必連大船一齊減價而後已。此實怡和敗壞大局，眉公屢商太古，由太古電商外洋總公司，與怡和總公司討論，俟兩禮拜後再議此事，請公隨時責成眉公爲要。電報局事以造就學生爲根本至計，此間兩塾粗有頭緒，三年之後，可改爲一塾。此一塾與局相始終，福可病死，此塾必不可撤。幸祈垂意。福之一身，以娱樂不問一事，爲療疾無外之方，然斷斷做不到，計惟有葬身於聲色貨利之中，以汨没其固有之性，藉保其生。然一時竟挽回不來，且爲奈何！張敬甫囑代求陳説，丁松生囑代陳一函，均求察入。芝眉亦亟亟以人才爲慮，芝眉、瑤齋老矣，春□多病云。就福所見，帳房中脚色尚在草茅者，以攬儎行，謝筠亭徽人、錢莊孫蓉齋齊爲可采，附陳。

第十九號

八月十二日沕奉十八號信後病，不能握管，亦不能辨事。日在花天酒地之中，以放縱其心志，箋報遂缺，茲將應陳各事列後。

自公赴津後，凡來求公謀船電位置，幾以福爲賚奏官，答拜答請，丟去精神、銅錢猶末也，所最難者，必欲勒令福具函夾入投來之信，寄奉尊處，守候回示，期在必成。而尊處必無回音，而諸公必不肯去，甚至借銅錢開發棧費矣。局中人浮於事情形早已説得舌疲耳聾，而來者一概不管，專候回音。茲除已去者不計外，尚有丁松生所薦孫蓉齋，鄒渭清所薦過少華大令，住棧候信。此兩公皆有信與執事者。揚州賑友王步洲，即十六號信中王瀛。浙江候補同知莊堅白，即不列號信中莊人寶。催取回信已數四，專候福音，俾清耳根。昨又有冒小山太守持來張心翁觀察執事信、李蘭孫觀察致福信，并云欲謀湖南電線差事。現在湖南不辦電線之故，因官紳隔膜也。求公一札，便可向紳商集款，求官准行。如公不欲辦此線，則求照蘭翁致福之信，轉懇賜一雲南省坐辦。福已將湖南情形略述，然不能詳究，竟可與札委否？乞酌之。可委雲南局？乞示。又前在道署翻譯之曹潤甫，因母老不能出門，且畏手版脚靴，欲棄官而就商。求公於輪、電兩局中位置翻譯一席。此兩君皆公所熟悉，潤甫幫辦收回東北旱線，爲極有功，幸祈留意。此外，如再源源而來，福祇好稟銷電差矣。福分位卑微，來者非鄉先生，即隔省上司，既不敢慢視以取戾，又不便恝置執事之客，低首下心，費錢耗神，實有難於效勞之勢。家眷之不來，陳家木橋之不住，實由於此也。

學堂事。月課名册等件專函寄呈外，昨奉飭議之件，容俟稍可構思再行布復。

商局事。公昔患眉公之太孤，今有沈子翁到局，便不孤矣。子翁到後，疑福已經到局，曾與談及局事，條例極爲清楚。而又以往來各帳分清界限爲主，外間事以釐剔弊竇爲主，議論極爲明快，令人佩服之至。湖南帳上收付各項，皆商局總帳房經手，據云公須運局二萬餘金，曾有信奉詢。公私界限爲辦事之根本，交涉不清，易滋流弊。爲執事計，凡有一己收付之帳，宜另派一帳友在滬，勿與商局往來爲最妥。

福精神才力斷不敷用，且遇不樂之事，更覺智慮短絀，精神全無。學堂之瑣屑已穀消磨，更有電總局事、賑事相牽引，日無暇晷矣。招商事，斷難兼顧，漕務更厭惡不欲聞也。即斷無受薪之理，務求轉致芝翁、眉翁、子翁，以前所支薪水仍即收回，以後萬勿再支，切禱切禱！并非客氣矯情也。凡事逃不過一實在，問心總要求安也。公果爲愛好補益計，則將來分紅時略與若干，以補在滬之虧空，斯可矣。

頃接電示，代付孫君款項。馬、沈、嚴君適因局款所存無多，尚有付出之用，商之於福，幸孫處可緩付，尊處匯來尚來得及，曾以此奉復。此等款項，皆須填寫三聯單，登列帳上，爲執事計，似不犯著，令其代付，致多出入，幸三思之。船利已在下橋，必難興旺，即怡、太亦難生色。公云藉重諸公，豈容日疲，此真大頭闊官話，於實理實情無涉也，更祈留意。福俟十五日到滬，即須假歸掃墓，先此奉布。

第二十號

竊總堂一處，每年開支員司薪飯約計三千元。職董原冀今年冬間報生足額後，即可照總稅務司雇夥用人之法，由華洋總管爲之去取升降，此堂即可裁撤。迄今體察情形，撤堂尚非其時，有不得不善待其後者，請爲憲臺詳陳之。夫報務之繁簡，線路之通阻，惟總管身在報房，難於蒙蔽，堂員并不詳悉也。領班生性情辦事之優劣，惟堂員久與相處，屢經考核，知之較詳，難於蒙蔽，憲臺并不周知也。各局明知其故，每遇報房線路之糾葛，避卻總管徑報學堂。遇領班報生之功過，避卻學堂徑報憲臺。蓋知未必行查，可以高下其手，内中實在因公起見者，半因圖趁避處分，浮支開銷。先藉領班報生之功過賞罰，陰爲立案，致使黑白混淆者，亦居大半。且近來不在情理、駭人聽聞之事日多。一日若驟將總堂撤去，則憲臺但憑局員之禀電，總管但知報房之實情，又不能如總稅務司之常駐都中，事事可以禀承也。雖極賢能，必致束手，此總堂不能驟撤之情形也。然堂員有堂員之爲難，非有能充總管之才，而又具血誠辦事之心，兼受憲臺之重寄，并得厚薪以資用，實難久駐滬地，順手辦事。查總堂專司調派、核薪委員王令廷樞，沖穆凝静，坐鎮雍容，爲時下不可多得之人。惟遇棘手之事，尚少肆應之才。查調派中棘手之事有二：一爲調派領班也。就才短長，配缺繁簡，已極不易。幸得一當，或本人不可動，或局員不肯放，徒費電報，終成空話者，往往而然。職董因知其難，專托總管周萬鵬調派領班，稍可免於捍格；一爲調派新生也。新生派赴各局後，局員與領班多一分監看之辛苦，多一分各局之責備，多一分自己之處分，故無不力推峻却。職董萬不得已，商承鎮局陸郎中，顧全大局，責成襄辦委員榮永清，在鎮局報房中專司熟練新生，并遇各局退回之劣生，亦令察看而訓戒之。數月之後，始有去路。王令得此周總管、榮襄辦之助，平時調派自可裕如。惟值夏秋多病，此假彼替間，遇添線抽派領生，在滬無總持大綱之人，事事函商於職董，不免遷延誤事。際此防務吃緊，紛紛添人，若烟臺局謝令誤將原額六人軍報加添兩人之外，寄存烟局練熟後調撥盛吉等之新生四人，電稱無用，催換老手。一若烟局待此寄存之四人，專值官報者，然圖卸干係，格外張皇。又如濟寧局楊令不辨原額十七人，本多預備，未撥臨清之兩人，又多預備替假之兩人，并多額外添去之四人，僅因多餘八人之中，一人派赴安山，疊電催調，必欲補足。難保非蹈報生改充司事之故轍。凡此無理取鬧之舉，類無不電稟憲臺，以張大之。堂員苟勢力不敵，誰肯電稟辨駁，即辨駁而不詳，恐誰是誰非，一時亦難邀明察。此等情形，不一而足，堂員無不束手，職董可與維持。而蘇滬隔膜，緊急之事，動失機宜，欲常川駐滬，又苦病軀未逮。會辦考核委員俞令書祥，血誠辦事，公正勤明，電務本所素諳，例案熟於職董。十一年間，奉委提調電報總局，駕馭十七局委員、報生綽有餘裕。是有其才有其心，而無其權也。

應否特委代辦總局提調，總理堂務，以造就其資格，免致職董一旦萎謝後，慨惜用之不早，資格未深，難與各局交涉也。如蒙委任，則遇緊要之時，須令駐滬，俾與各局各員聯絡一氣。駐滬必加給公費三十元，方可資其應酬之用。遇年考時，又必令其駐蘇，俾可與職董當面商辦。至於周縣丞萬鵬之專管調派領班，榮巡檢爾清之專管練熟新生，暫雖受托與職董，久則未便於越俎，可否委令會辦總堂，以正名分，兼爲將來與聞此事地步？薪水固不必另行加，惟該兩員既多此事，則函札往來時，多筆墨郵寄之費。事非暫時，難令賠貼，應否每員每月在堂開支公費一二十元，以資貼補。職董爲總堂，未能驟撤，宜籌善後起見，行止機宜一聽憲裁，職董惟有盡其誠而已。

第二十一號 稟總局憲劉

敬稟者：竊生前往滬局，未效涓埃，重蒙憲臺大人不棄菲材，詳請録用，奉檄之餘，莫名感悚。伏念電線一舉爲五千年所僅見，辰下開辦伊始，勢不能不藉助洋人，以收晉用楚材之效。若始終依傍門户，則魯雖秉禮，秦竟無人，終非自强之道。况洋商射利，久而益工，滬上大北公司近存挾制之心，幾疑我倚若長城，而彼遂據爲利藪。然洋人最重信義，苟準之以理，動之以情，破其機械，示厥真誠，未有不能折服其心者。盛方伯莅滬後，與該公司反復開導，或堪就我範圍。現復會議章程，并參酌四碼、三碼傳電之法，冀以開發新硎，自立基址。惟生學少師承，智慮短絀，雖蒙俯采末議，深愧未能補助。局中尋常公事，已有成規可循，自當勉策駑庸，以仰副各憲委任，尚乞訓誨時頒，俾得遵循，有自私衷，無任籲禱。

第二十二號

敬稟者：光緒二十六年七月，職董稟陳學堂章程案内，聲明提調必須常川駐局，無如病勢日深，斷難卧治。請委吴縣丞鍾史專辦，總堂悉歸主持。旋奉照諭，仍應督同辦理。嗣因文案方存悌與該員時有齷齪，會辦俞書祥一再辭差。始知該員尚難主持全局，即經分列條款，函致三員，各事其事。并請該員遇有調派爲難之事見商，務將此事來往信電及局中現存幾生録事。十八年九月二十日，因該員來電含混，調派伊塄羅解紳暫充淞領。查係嚴加察看之生，在職董無從意會，究屬失察。該員略迹原心，或非朦混。當稟奉批，開吴升令調派學生，總應會同郭大使、俞令細心斟酌等因。職董察看情形，皆與該員先有違言，勢難遵辦，當於十月間續擬内辦章程，稟請憲臺，分飭遵照。本年二月間，因該員應行督管之所堂，核對薪水，轉飭開單。該員藉辭推延，無理取鬧，正擬具稟揭報間，奉到諭函，内開芳伯在上海聞不願辦，子萱云某意若使去後，有無替人等因。職董因念該員在堂已久，雖甚不洽於人言，實已積勞於往日。雖覺近時之易轍，或因堂事之太繁，若當諭商之時，適上稟揭，或恐本委優差因此中止，因但將督管核薪之事請委王大使廷樞接管，并函復憲臺。遇有分局優差，聽憑調委，以酬積勞，各在電開往商局左近，每日嚴、唐、陳等到寓商辦。八月廿三日電開，所約四款均可允准等因。除於九月初旬扶病到滬外，謹將此局必須公舉商總，不宜添委會辦。職董自量才力，萬難久代，并權代兩月中，應行酌定事宜，爲鈞台詳陳之。職董於光緒十二年辭差之時，馬道臺居會同督辦之名，而實兼商總。沈道臺循會同督辦之分，以稽察商務。職董所上説帖，故有以官督官之語。私冀另舉商總，庶不患無可箝制，亦不患商情隔膜，故奉身而退，騰出一席以爲商總地，而憲臺不察也。細讀船局所刻章程八條、局規十四條，在滬衆商推爲切理饜心者，第一條即稱辦事商董須先選定，誠以官、商兩途不能合并，官様足則商人離，官氣少則商情洽。就其淺者言之，自罷商總之名，各局買辦有稱總辦者矣，各船買辦有稱管帶者矣。客商皆傳爲笑談，群相側目。官場等差使以營謀群思奉委，此猶害之淺焉者耳。商總果生意出身，則同氣相求，各局、各棧、各船皆商也。商總而以會辦代之，則各局、各船、各棧浸假而近乎官矣，浸假而遠乎商矣。其尚能與太古、怡和争勝者，必無此理。或疑商辦已經決裂，覆轍未可相循。然查歷年帳略，自光緒五年以前，締造極爲艱難，官商極爲齟齬。然官督、商辦互相維繫，自有蒸蒸日上之勢。六年以後，葉道臺離局，遂商督而商辦，且唐道臺兼顧開平礦，徐道臺兼顧同文局，張道臺兼顧貴池礦，鄭道臺兼顧織布局。既無箝制之人，又少專精之氣。適遇法越構釁，銀根緊迫，遂至不可收什。是其僨事之由？實由但有商督而無商辦所致，於官督商辦何尤乎？

或疑商總之才千難得一，然試思太古、怡和買辦何以不聞有懸缺之事？問稼問圃，要在謀諸素習之人。既得其人，然後謀及股商，擇而後定，斷不致乏才興慨也。或疑求才難，馭才更難。督會辦，官也；商總，商也。彼此捍格而不入，將奈何？請以諺語蔽之曰：東家伙侍夥計者，店必興；夥計伏侍東家者，店必敗。督會辦，東人也，商總，夥計也。果能此道，何虞捍格？如必廢商總而添會辦，且以會辦而充商總，名實既不相符，界限又相牽混，積而久焉，必與商督商辦同一債事。區區之見，此爲第一要義。

再將光緒十二年十二月所上説帖抄呈鈞鑒。此公舉商董之一説也。職董自丁内艱，世屬鮮民，孤苦零丁，無生之氣，但願早隨於地下，不忍獨活於人間。病卧四載，從未醫藥，本實既撥，舉動喘暈，作片刻談，舌本木强，稍一構思，心血震蕩。甚至極熟之人，不能舉姓名，習用之字，不能記其點畫。卧床日多，起坐日少，親朋不通，慶吊冠蓋，不復交游。去死不遠，萬念俱灰。電堂公事，雖可卧治，然已不能隨到隨行，愜心貴當。船局公事繁重十倍，函牘帳册盡日披覽，猶疏漏。且各局、各船、各棧不能不聽言觀行，時常接洽。各省親友來自遠道，不能不招入卧室，擁被談心。地當孔道，冠蓋往來，豈能概從屏絶？自居若存若亡之列，如竟奉檄前往，支持稍久，在職董自求速死之身，原不足惜，局事之敗壞，實可操券。徇身以全大局，自來有之，捨身以誤大局，自古未聞。疊次電請轉禀，未蒙鑒諒，甚至令其卧治，准其事定即辭。於此而猶引疾不行，非人情所應有。然職董自先母見背，族侄宦游後，祭掃酬酢，門户火燭，實無一支持之人。私産雖薄，祭産尚饒，欲結束而不能，欲委去而不得。非每月請假五日，回蘇料量，勢必親族交謫，不可爲人。仰荷俯允，感切懷來。至於暫代兩月之請，雖奉電示，不能限定兩月，總以股商舉定商董爲期，大約需在結帳之時等因。然職董自揣病情，尚恐不能支持兩月之久。蓋在憲臺，尚疑官場告病之故套。不知職董此時祇須見客兩三人，長談半日，或握管竟日，便須槁卧兩三天，方能復原。如能自踐其言，暫代兩月，有始有終，亦甚私幸。倘未及兩月，竟至一事不能顧問，惟有仰乞仁施，顧全大局，另舉賢才，股商幸甚！此職董才力萬難久代之一説也。至權代兩月之間，一切辦法有不能不先行訂定者。太古、怡和合同爲局中第一要義，職董於生意經絡、交涉事宜實係門外，此事祇能有憲臺與沈道臺支持，一也；旗昌所虧運漕水脚，祇能照案由聶道臺清理，二也；案卷帳目，祇能仍照舊章和衷商辦，三也；關防向爲印用股票、股摺、銀錢文卷之憑信，自應仍將印用文件按日開單咨送查核，平時交嚴提調存藏鐵箱之中，四也；向來於更添會辦之際，外間謀事必將各局船棧買辦多方詆毁，以冀擠出一缺，自便私圖，而其實暴以易暴，甚至蟹不如蟹。此次職董到局，原係庖代，外間未悉情形，必又波瀾四起。傳入憲聽，無論言者未必盡確。即使各局船棧買辦果有劣行，彰著於職董暫代之前，未經憲臺與沈道臺撤去者，概應既往不咎，予以自新，五也；局員親族薦到局，每爲同事所播弄，并爲謀事者所藉口。職董表兄吴順甫現在總帳房幫理帳目，表弟楊梅卿、張新之現在漕棧監兑，皆由職董前此離局時薦入，應否飭令暫行迴避兩月，所得薪水由職董貼送，伏乞鈞示。尚有族甥張如馨係十年前何梅閣薦入，九江局族甥汪卓人係賑捐司事，歸漕務帳房指送薪水，自應毋庸迴避，合先聲明，六也；職董前此奉委漕局、商局後，親友來滬謀事，各省友人來往各處答募捐款，歷時二十有六月，所送程儀、乾脩、筵席、禮物、捐款共計銀三千九百兩。另故得於在局之時，并未引薦親友一人到局，此項銀兩除於十一年八月先承貼補銀一千八百兩，尚欠私債銀二千一百兩。其承發之薪水三千八百兩，因辭差禀中聲明略分花紅，猶屬無傷，竟令開支薪水，無異虚糜公款，故仍請憲臺以薪水銀二千八百餘兩撥入帳所，一千兩撥入蘇州善局，未敢領受分文。所虧私債，聲請酌分花紅及十四年分紅之際，待盡苦塊，遂未聲請酌給。此時入局代辦，更非學習行走可比，各省貧賤之交，又倍多於他人，如仍惠而好惠我，則雖支領薪水亦必不敷數倍。職董於銀錢界限頗欲分明，如因到局代辦，即有虧空局款之事，誓死不爲。然身處席豐履厚之局，豈能無以應求？可否仰懇轉禀，準於十四年分花紅之中，酌給數百金，以劑兩月中薪水不敷之用，實爲厚幸，七也。此上各節，應請分別批示轉禀，其餘未盡事宜，俟到局後再行續陳。

第二號

敬肅者：八月二十五日曾上一號函稟，計塵督辦大人垂鑒。家福隨於九月初五自蘇起程。因初三、初四兩日，將四月杪以後未答拜之客悉行往拜，體亦不支，恐到滬後一蹶不振，專誠至吴江、青浦一帶游歷。凡在船中六日，藉資静養。十一晨抵滬，一面將行李安頓電報學堂，一面即赴船局面謁沈道臺暨各執事。惟親友到滬謀事者已覺紛紛，若竟到局辦事，則既能到局，即不能不會客、不答客，勢必事未辦而人已病。若賃屋於招商局左近，亦與到局情形無甚懸殊。且各省朋友知家福可以進局，則此局必係士宦容足之地，勢必來自遠道，競托代謀。察看局中情形，除督會辦漕局委員文案房外，實無一缺可容士宦之地，多一士宦即敗一分生意。既不便徇私以誤公，又不宜見絶於同袍。轉輾以思，祇能暫寓學堂。遇有應行閱核公牘帳册，遵照八月初五日電示，隨時擲送寓中。遇有應行商辦事什，由家福備具説帖，分送鈞台暨沈道臺覆核。查局中情形，嚴提調等游刃有餘。所不能貼然者，鈞台暨沈道臺、馬道臺同爲督辦商務之人，而無一總管，各局、各船、各棧之商總，譬之店東家。既有三人散夥，又極繁多，特無一當手，執事束上束下，提調分若當手矣，祇能承上注下，非當手也。家福即使到局，既非素習之本行，即無當手之本領。天下無無當手之店，事事取决於東家，而能十年不敝者。亦無無内行之當手，而能善用善容内行散夥者，大局所繫惟此。家福駐局與否，實無關乎得失也。至於能用能容内行當手是在鈞台，家福已再三瀆請，未宜喋喋矣。

再，查軍火一節，船規既不便自查，公義亦不能不顧，并宜自占地步，自顧聲名。擬由局咨請局船所到各關道，添派關員，於裝貨時到船查察。有此一咨，則稽查必稍認真，果其實事求是，足裨時局，即使有名無實，在我可告無罪。即咨而不復，復而不派，派而不查，我已自占地步。

第三號

頃奉電示，但由相轉復電來，餘未睹等因。查自本月初二日，接奉初一日電示即赴津後，初二日起電津各報，凡涉電報局事者，均寄紫竹林局。其涉輪船局事者，僅有一電，係寄津署，十一日到。此後知執事并未赴津，已請紫局將收存各電并接轉津署一電照轉尊處。茲悉津署一電尚未轉到，姑再抄奉。大約日間亦可由津轉到矣。

附抄冬電

中堂督辦鈞鑒，密奉轉行電開舉商總，甚是。但官事恐行不動，仍催到局，必無掣肘等因。除初十日以前動身外，請以典當喻中堂暨督會諸憲，猶東及出官也。嚴提調猶銀房也，各局、各船猶頭櫃、二櫃也，商總猶全當樞紐之總管也，非徽州朝奉出身，不能深知頭、二櫃賢否利弊。而與各當争生意之衰旺，不能争即不能和怡、太合同，必須我旺彼衰，方可妥定。宜選輪船公司買辦老手，憑股商公議舉充，以督會辦監督之。使功不如使過，謀新不如求舊，詳見十二年十二月稟中。會辦不宜再添，家福不宜久待，官場氣、書生氣皆與商情相剋，非推諉矯激也。感恩直言，求速定策，并乞訓示。

第四號

商總一事相批相電均極隔膜，請先爲執事商之。傅相有入閣歸田之日，商局無收場結果之時，不於此時將官督商辦界限劃清，則局中總買辦一席永由北洋派充兼充，試問候補之中能兼充總買辦者有幾人乎？到其間公即升任南洋，亦豈能擋住不派？其爲糜爛，實可操券，挽回補救，祇在此時，鄙見：

第一條，督辦一人，會辦一兩人，應由北洋委派，專察商總有無私弊，并應接官場，經手漕米，而用人之權不操焉。

第二條，商總一人，必須辦過輪船公司，聲望素著，才具開展，知人善任之人，并有保人擔保銀數萬兩。如洋行買辦之式，酌擬兩三人，再請大股東及公董議定一人，專管進退人才及生意之操縱，而銀錢之權不操焉。且不准兼辦他局之事，如有等情，應聽官督者隨時舉發，大股東及公董等公同辭退。

第三條，管賬一人，專管銀錢出入帳目票據，而用人之權不操焉，其舉用之法，亦如商總。

第四條，由大股東公舉久在上海生意場中有體面者數位，每季到局查帳一次，餘如仁濟和式。如此方爲官督商辦，方不致釀成官局。傅相謂股商恐無可舉之總，試問各店當手豈即東家乎？傅相謂恐與官事行不動，試問督會辦所管何事？此福所謂批電均極隔膜也。惟遍閱人才如公董一項，福與韋文波、李維之、經蓮珊、施少欽、葉成忠諸公無一不可勝任。管賬則嚴芝眉不祧俎豆；督會辦則公及沈、馬皆綽綽有餘；獨於商總一項，竹坪已死，景星多病，祇有雨之可用。然則雨之既死，豈竟無一人乎？非也，自收回以後，真做生意人與執事及眉叔，實捍格而不入，即使入局亦必辭歇自退。黄小舫即不生病，亦立不牢，故祇剩舊人中有好脚色，新友中絶無一出類拔萃之才。有一雨之，然後可引出幾個後輩英雄，不致雨之死後無人可用。現在絶續之交，則真正無人可用也。但不知尊意與雨之究竟如何，故擬就津稟一件，呈商左右，如不以爲然，則福本不擬稟報到局，可當做廢紙也。

附擬稟李中堂稿

敬稟者：竊職董於九月十一日抵滬後，即經馳電稟報。旋奉中堂批開局内股商是否有才望行誼堪舉爲商總者，密訪會商盛道等具復等因。奉此，伏查滬上股開支肆甚多，凡以股東兼充總夥而不遭各股東疑忌者，則甚少。洋行所用買辦專擇才望，不問有股與否。愚鄙之見，商總一席，亦宜專重才望，而不拘乎是否股商，專重各大股商能否允洽，而不在乎遍詢散商。職董自同治七年以來，往來滬上，所見江浙、粤閩各幫商務人才，具有用人之明、容人之量，心精力果，足勝斯仁者，僅有唐、徐兩道及陳竹坪三人，嗣悉舉用。唐、徐深佩中堂知人之明，無出其右，及聞葉道引退，微覺難以維繫。至此次收回以後，職董察看情形，商總必不可無，而又非徐莫屬。蓋近十年來，生意中人才亦甚寥落，大非昔比。故一再陳商盛、馬、沈道。與盛道言之尤切。曾有徐來一日奉陪一日，徐不到局決不與聞之語。時因徐道私債未清，盛道等不敢引用，職董旋亦離局。此次仰蒙憲委，自顧病廢之身，豈能到局，所不敢不暫行庖代者，冀與各大股商暫舉徐道以充商總，藉徐道之聲氣，隨時物色商務人才，以備異日各局、各船之用。且局中情形，不於此時將官督商辦兩層劃清地界，官督者自奉憲委，商辦者憑股公舉，恐遷流所及，竟成官樣文章，中國公司從此絕望，大負中堂振興商務至意。故不憚抱病來滬，罄竭血誠，代謀斯事。除將徐道私債已清，家産未盡情形函商盛道，轉商各大股東，并面陳沈道外，謹先禀聞。至於合同一節，已由盛道妥與酌議，不激不隨。此事應請專責盛道一人辦妥。蓋於事理宜一條鞭線，於商規應推重大班，非畏難卸責也。軍火一節，已電盛道，面商沈道，咨請各關另派委員於下貨上貨之時，妥爲查驗。蓋船夥無搜查之權，不能不推重關員，亦非諉謝也。此外一切情形，職董初經到滬，抱病甚深，尚未能周咨博訪，兼聽并觀，故不敢妄有所陳。

第五號

四號信寫已四日，因反觀執事推重之意，而知必不能容東海，若傅相之隔膜，猶後也，故此信寫而不發。事勢之興衰有天，斷非人力所能挽回。本不敢再獻悃忱，頃接九月十五手示，既辱下問，又不容不言，仍將前信寄奉外，條復如下：

云城北虧空云云。當時既無監察之人，又值開埠第一次銀根極緊之時，苟非聖賢，誰能不虧，虧而有抵，行誼何損？官場永不起用者尚可開復，商號清欠復用者不知多好。況用之不宜，滿年即可辭退，權操股東，不比相委也。

謝、沈駐辦，嚴、唐、陳爲商總，福橫竪暫代，不再辯矣。

嚴、謝爲商總，沈、黄對調云云。嚴、謝皆不勝任，對調有損無益。

嚴、唐、陳商總云云。福橫竪暫局，不再説。

福爲提調云云。若爲名利起見，不受會辦三百兩，而受提調一百兩。若爲辦事起見，不居商總之要缺，而受提調之空銜，無此笨法。不入局於甘旨奉母之時，入局於鮮民待盡之餘，則太癡。既從母命於生前，反背母命於身後，則太忤。故兩月之限，不敢再久也，幸諒之。局外一年到幾次之公董，若韋文波之於仁濟和而加密焉，則可奉命。

沈爲出官云云。沈與福本甚相得。前次福之離局，早與我公面陳，徐來一日奉陪一日，徐若不來，福決不留。非與沈、馬不洽也。沈以會辦任出官，無二無疑，斷不必動，此爲准請雨之爲商總言也，若非雨之，恐與沈不合也。

稟中病狀是實情。兩月是原約，即使酌删，亦斷難久留。怡、太合同，北洋斷不可露減讓之意。前夜知沈、張皆與接談，大忌大忌，故已電稟。現在親友携帶鋪蓋來求薦者，已不一人。住在學堂，尚可以不進局却之。若住船局，雖辯不明，斷非銅錢所能退兵。且日來連坐在床上亦覺勉强，住在此間亦有好處，一以注冷眼，一以采公評，於公事未必無益。

福自二月二十五住五畝園後，精神愈衰。此病非平常醫生所能治，非恭邸復出，先慈復生，斷不吃藥。人生總有一死，何必多壽，多壽多悲，盛衰實關天命，於人何涉？此來甚好，不願見聞之事，可以早絕一日，此則深感大惠者也。

第六號

敬稟者：竊職員於九月間遵奉中堂鈞札回局會辦。當於是月十一日扶病到滬，即於是日入局，電稟憲轅。并分謁沈道及總帳房、滬局、南棧、北棧、漕局、保險局各執事。又先後接晤閩局、甬局、甌局、江永、江通各船執事。一面密派友人分赴天津、漢口、福建三口，查視局船所裝貨客，能否與怡、太相敵，以決合同之從違；一面延見滬上裝船攬載各行商，江浙粤閩各商友，以采局外之公論；一面催請馬道將局外經手事件早爲清理，以免久代而誤事機。擬俟二十日以後，胸有成竹，再行赴烟。就先與沈道商定之意，妥商盛道，扼重在添舉商總以解參差之意見，事有端倪，再行詳稟憲案，不敢以未定之言妄瀆清聽。詎於霜降日誤爲虛喘，遽服人參，遂致胃隔拒飯。肝陽得參之助，益復上升，徹夜不寐者四十日。時因馬道事將清理，盛道曾招徐道至烟，尚冀病勢稍愈，面商盛道。事機既定，方再請假。十月二十九夜，忽發十五年前偏頭風痛舊癥，業已不省人事，嚴提調等急即備船送回。十一初八日，痛勢稍定，因念馬道一席名爲會辦，實居總買辦缺。職員自揣才力，萬難久代，故請另舉商總。既未舉定，即難懸缺。急即電請盛道轉稟中堂，迅將職員撤委，以免誤公。候至十二日，未奉復電，始悉盛道同病。欲其具稟以抒誠，苦頭痛之若裂，因即電稟憲案，雖幸邀夫默許，究未達其悃忱。兼旬以來，深以辜負憲委是懼。而又未知盛道已否稟保何人，若參議論，恐昧事機。此職員到局未上稟，臨行未及請假，病歸未能補稟之曲折情形也。十二月初五日，奉到盛道咨會，奉諭以嚴瀠、唐德熙、陳猷爲商董，沈道亦仍駐局稽查。仰見中堂立法至周，用人至慎，舉商董爲商總之基，以沈道爲官督之助，承奉之餘，至爲敬服。且幸事機已定，責任各專，職員與嚴瀠同鄉至好，分位相侔，實不便與於官督之列。商董已得三人，職員實係門外，亦無可濫廁商辦之班。即使精神强固，介乎其間，祇費局中之薪水，反招局外之覬覦。況身攖痼疾，常在床蓐。

若在局掛名，在家病，捫心清夜，何以自安？爲特瀝清稟請，伏乞憲恩，俯念職員情非矯飾，俯准開去局差，并飭將交存局中薪水收回局帳，以免職員永抱虚糜之愧。至盛道所駁職員條議，謂督辦不能不管用人，商總不能不管錢銀兩節。現奉憲批，責成盛道圖復舊欠五十餘萬，則用人之權自應歸諸盛道。惟此後更動各局、各棧、各船買辦，必須守定盛道自議辦法，先由嚴瀠等舉保擇定，庶幾聲應氣求，人人明白生意，以收如手使指之效。現在既舉嚴瀠爲商董，亦祇能兼顧銀錢，因時制宜，自無遺憾。若舊欠五十餘萬，既經規復，則必爲經久舞弊之計。督辦既管用人，則商總之權太輕，深恐意見參差，多所隔閡。商總既管銀錢，則商總之權太重，深恐直情徑行，毫無顧忌。比諸行軍爲監軍者，雖不能不知統領之才，然不可不重總統之權。爲總統者雖不可不知月餉之數，亦不必兼司糧臺之事。職員兩次行走局中，雖與盛、馬、沈三道情意相和，與盛道交好尤久。凡此議論之稍差，亦不便自涉遷就。盛道日後再思，或亦芻蕘之可采。職員肝胃兩病，迄未少減，屬草未竟，頭風又作。雖有圖報之心，未效涓埃之力，辜負栽培，惶恐無地。稟報稽遲，歉疚萬狀，伏乞原心略節，俯予寬容，實不勝叩禱之至！

不列號

奉八月十八日手示，并相札一件、公牘三件、帳一件、刻册一件，并據嶼翁傳述口語，謹悉一一。此事於八月朔接到第一次電示後，即以眉翁去而來者不可知，爲公三十萬股本慮。特念以身殉財者，爲天下之愚人，以身殉良友之財者，雖愚人亦不爲。炊於家人之瑣語，尚嫌其煩，故於二月望，移住此間。然自仲泉到後，稍稍顧問。肝陽之時升時降已四月矣。電堂之事，尚大半廢閣而欲前赴上海會辦船局。無論智愚賢不肖，凡見炊之情形者，皆知其萬萬不能矣。所奇者，嶼翁自蘇移轅，其臨别之時，即不能送出房門以外，而不爲執事一言之，真是離奇。惟念合肥於生意之事究竟隔膜，如竟貿然再派一官到局，則真糜爛矣。苟能以此身作一宕葦，使公措手得及於此，兩月中趕緊舉一商總，則在炊爲不費之惠，而於大局不無所裨。故於八月初三、四日，兩告病狀後，即以商總之説進。所謂一國三公者，慮其雖有十全之商總，不肯爲局中用。故以是爲戒，并聲明必須買辦出身之商總矣。乃公猶不悟，若謂炊因權不歸一而不去，而謂權已獨握矣。若謂炊能爲商總，而許其公舉矣。電報不可議事，越議越夾，良然。兹將一切實情列入第一號稟函，請閲便悉。要而言之，此缺要者不知幾許人，然皆欲得會辦耳，非欲商總也。商總一席，祇有此時之徐雨之可以勝任，我公亦罩得住，其餘非不能勝任，即罩不住。從前之徐雨之，現在之唐景星，均罩不住也。無論商總、無論會辦，無論雨之來與不來，炊實不能與聞。非高蹈也，非做聲價也。狐死正邱首，死要死在家裡，亦人情所應有也。公所望於炊者，猶是十四年分以前厚意，不知炊現在情形，稍一動即大病旬月。上年至吴江一行，病倒兩月且吐血。今春到吴江五日，亦病倒月餘且吐血。然不過會三四客，走一條巷而已矣。清夜轉輾，拚此微軀，姑作兩月之游，以全大局，與朋情亦無憾矣！如不能到兩月之久，病即加重，并此床上不能寫字，則委而去之，似亦無歉於心矣。若望一出而病可稍瘳，則前年冬、去年春、今年春均曾作數十里之游，無一次不病作而返矣。夫固屢試屢驗，而無可冀幸矣。念此事重大，公苟有法可想，務速乘此兩月中趕舉賢才，倘到其間，炊既病重，或未及兩月即行病重，則勢不得不以病乞休。來者仍是官樣文章，豈非炊白費兩個月之心乎？於公事何益，於私計何益？故不能不激切言之也。屆時不別而行，勿訝不近人情。此時合行陳明，免致爲好成隙，以全交誼，幸甚幸甚！示尾所及賬務及另牘備賑一事，炊實因自己之性命不在意中，故他人之性命亦祇好度外置之矣。乞諒下情，轉屬嚴、施諸公爲禱。炊此行僅奉真容一頂，衣包一個，友僕各一人。故束裝甚易，九月初準可動身，十月底亦準須回蘇也。

再啓者：孫嶼翁傳述面諭，可在商局位置一席，辱在同袍，代爲感激。惟嶼翁歷年奔走，捨己芸人，寒士生涯，難久家食。既蒙俯予位置，可否早發德音，至禱至懇！炊於此代辦兩月之中，循到任未及三月，不加考語之例。已在局者，不著可否；未入局者，雖實在人地相宜，亦不爲汲引，庶免爲將來商總或會辦如掃落葉也。自初三日起，薦人者自薦者已紛紛而至，不知又要得罪幾許親友，我公可謂會尋開心矣！

致盛杏蓀電

杏公：炊密。兩電均悉。炊病到百事俱廢，坐轎亦喘不可耐，至親密友有來無往。僅於夜飯後喘定一兩點鐘，可辦電堂往來信電，請教如何動身？如何辦事？四年前，確是不願辦，此時實在不能動。伏乞饒赦，退兵之策，請公代籌。福俟札到，不復亦不徑辭，請公轉稟，免公爲難，如何？

附來電

傅相江電，馬若不將經手各款理結，不准回局。務囑謝牧等逐漸秉公整頓，勿稍瞻顧摇惑。謝切勸無辭爲要云。馬已北上，暫難挽回，沈非辦事之才，總局不能無人，公宜速出以急公義。如不願辦商務，亦宜事定再辭，望速復。宣。江。

致盛杏蓀支電

杏公：炊密。江電悉。昨復到否，老伯三月以前下顧，至今未答。斷無先知，預先詐病。福性好動，能動則信少，病卧則多，而詳閲信便知真僞。倘輿疾以往，既不能會客講話，又無真才高識，且祇會獨辦一事。兹事重大，獨斷則才力不及，和同則一國三公，總必負公與相。且自料老死此鄉，一切事已攤開，欲走開數月，須先結束一月，尤與局情不符，乞宥免，如赦重辟。福。支。

附來電

謝炊密。若不奉札，替人必壞。若不到差，局事必糟。公可携眷住商局左近，每日嚴、唐、陳等到寓請示。有難决者，可電商。一面請洋醫治病，心曠則神怡。若因病不出，病必不愈。已電稟傅相，俟稍愈即力疾赴滬云。關防暫交子梅、心如，望公如歲，仍乞電復。宣。支。

致盛杏蓀電

杏公：炊密。支電悉。相料定，炊必辭，况張甥、黄道可委。相囑勿辭，電力疾赴滬語，皆公謠耳。公愈保，人愈疑，盛黨之説，早入相耳，求勿加功。知公爲難，不徑辭，病必不愈，請速改圖。（一）正辦宜由股商公舉，一人爲商總，專管局事，特委、獨保皆不合。督會辦祇能監察商總，不能侵用人、理才之權，炊非其人。（二）關防、文帳歸一手，除非老伯到局。督辦雖薇生兄去，亦祇聽命諸公。炊卑職也，能向大人手中挖出乎？况無此才。（三）一國三公，炊難健，不能辦；才勝炊亦不能辦。若敷衍何益？况到滬不到局，無此辦法，不敢輕諾以誤大局。（四）前此行走年餘，應酬二千餘，鮮民待死，未請分紅歸補。若入局會辦，熟人太多，責望愈重，必虧空巨萬。應酬一年，又局悔氣，乞慎之。

附來電

謝事可獨斷，不致一國三公，望速結束一月，趕緊到差。弟豈肯使兄受累？現已責成芝眉代理。宣。

附來電

謝密。昨電相，各股局多道府，謝以附生，蒙保知縣，特發直隸電案，保升直牧，總理電學堂，造就學生八百餘名。所辦電務，亦於海防有裨。可否求附海案，保以知府仍留原省？俾可藉手辦事，與速就袁大化意相參。中堂提創人才，諒蒙涵允。宣。

致盛杏蓀虞電

電悉。炊將來若出當差，必先改捐員外。雖總督銜不敢居，遺命也，乞諒。炊。虞。

致盛杏蓀齊電

杏公：炊密。初六電悉。他可結束，母没，家無人累，即不怕。病卧，事必廢。不如股商公請芝眉爲商總，禀相給札。公督辦，沈會辦，分清官督商辦界限。公係大股仍可作主，免再添員，長治之策。如慮芝怕馬，事難理，則有沈在。乞酌。炊。齊。

附來電

謝密。委札初八寄蘇。曾、左、李當年若如此多疑，豈能任事？請公三思。股商公舉大股東，李、邵、盛皆舉謝綏之，一也；札□□帳俱歸謝一手，事權已重，二也；沈向不問事，兄代馬，係問事者，何慮三公，三也；既辦事，花紅薪水斷不可却，何致賠累，四也。中國臺局、外國公司皆非獨辦，但求順手而已。宣。

致盛杏蓀青電

杏公：炊密。初八電悉。事定於一，電官也。會辦改董，權歸公，始定船商也。官督商辦始定，公何前信後疑耶？虞、齊兩電爲局計，爲公計，公疑炊扳價耶？官多必亂，請另舉商總，幸三思。前次未入局，乾脩、資遣除公貼一千八百外，又二千一百。船棧分局，故不派一友，各省貧賤交太多，與公絶異。冒病軀，造虧空，損大局，曾、左、李必不爲。接札不辭，但請病假，待公轉圜，以杜添派，如何？速示。炊。青。

附來電

謝舊。嚴則唐、陳不服，事皆三人爲名，須一人從容地鎮。合同即定，并無難事，何必畏？宣。

謝密。尊見可佩，尊意可感。商總曾商傅相，欲求殷實，愈難其人。宣。

謝札函十九已派嶼芝送上，弟力祇能支持一月，函到務祈速復。宣。

致盛杏蓀電

杏公：炊密。炊即大愈，會辦斷不敢當。説見十二年十二月稟相行公核議案中。如舉商總之前，炊可權代兩月。惟商總須生意出身，不欲出仕，能通西語，衆股共信之人。炊斷不能久代。秋來喘暈加甚，身不能動，故此間事概未結束。如尊意：（一）決計舉商總；（二）允准炊權代兩月；（三）每月准假五日，回蘇料理；（四）相札到後，可將此電抄送。即乞逐款電允後，炊准九月初，輿疾到滬遵命卧治。仍請病假兩月，以避拜客應酬。俟股商兩個月内舉定商董，炊即告病回蘇。此電及復電當合同。炊。廿二。

附來電

謝密。五十三、五十四信未到，所約四款均可轉求允准。惟代辦不能限定兩月，總以股商舉定商董爲期，大約須在結帳之時。宣擬到滬，邀集股商公議，簽押具稟定議。嶼芝到後，請將會辦不如商總切實稟陳。如再發核議卷，可議准。但要在九月初必須到滬，否則休摶亂鬧，中堂不放心，必有變局。宣。

謝密。嚴提調電，局事緊要，乞催謝憲云。傅相亦電詢謝牧究竟何時到滬，已轉稟。廿二接謝電，準九月初旬，力疾到局云。祈迅速束裝，萬不可遲。宣。漾。

謝。中堂電。海晏船回，務嚴根究，并嚴飭各船司事，搜查夾帶軍火，自顧名聲云。望速照辦。宣。

致盛杏蓀電

杏公：炊密。漾及四款准電悉。嶼未到，裝僅帶母像。九初到滬不難，惟炊去，實在卧病，嚴反有炊可諉，局事比炊不去必更糟。代公計，如能即邀大股到烟舉董，宜催炊去，做過脉題；若緩舉而催炊去，如自造敗局，必貽後悔。務乞三思，并商老伯，速定策。炊將死，何怕駡與參，但怕心與身俱不能動。相與嚴若見炊情形，亦必後悔。公勿誤爲托病，自誤大局。軍火電，現難越俎，請飭嚴。炊。廿三。

又

杏公：炊密。嶼到，信札帳收。炊意：（一）必如胡文忠拉沈爲官相；（二）舊友後無大過不可動；（三）帳友來往，應收水脚；（四）官與商可和不可同；（五）商總必買辦出身，大股公舉。均與尊意來函相左，奈何復相稟節去虛字，請閲。見前。明日即由蘇發，怕公添造字句也。餘詳函。兩月必走。炊。廿四。

附來電

謝密。月初奉遺像到滬，顧大局甚感。舉董不外謝、嚴、兄，牘到即赴津稟定。重大事，定可肩。日行事，嚴、唐、陳能了。目前難在雜一外教會辦，嚴等不能不向請示。故嚴電請公速臨，公到滬，遵札接辦，同事勿推讓，宜重讀接字，津、烟必專電公。公即轉飭嚴等，嚴等必專請公示，公即轉達烟、津承接。一氣足可卧治，身心皆可不動。芳伯來烟，調遣學生，可稍分勞。宣。佳。

謝密。即照所擬，由蘇徑稟。頃已摘電津署，以慰相念。嚴董勿用稟承，須改公爲胡文忠，拉沈爲官相，請試之。宣。

致盛杏蓀電

杏公：炊密。廿六兩電悉。（一）督會辦，出官夥也；商總，總管也；嚴，銀房也；唐、陳，頭櫃也。炊，書啓才也。如尊意是不用内行總管，并删減出官夥，以書啓、銀房代之，難以哉；（二）嚴、唐、陳請示四兩一噸貨，三八要裝否？某大員水脚要算否？外行會辦不能答，亦電請中堂督辦示否？公視事太易也；（三）光緒二年，與怡、太大打，尚餘船利四十二萬。去年小打，衹餘二十八萬。歸并旗昌後，從未有此。前局病在出款多，現在病在入款少。再不請内行商總，公真當局者迷矣。十年至交，言盡於此。哥事緊，請通飭各船嚴查夾帶軍火，如不自查出，爲關查出者，買辦或撤或調以嚇之。炊。廿六。

附來電

謝。傅相復電，謝言宜舉商總，甚是。但股商恐無可舉之總，且與官場交涉事多，或有行不動處，仍催其速到局，必無掣肘云。宣。

致盛杏蓀

杏公：炊密。廿五輪稟到否？此稟可與沈、嚴看否？乞示。如何轉稟，乞抄示，俾知所從。蘭貽等太不顧公面子，公處派人宜格外謹慎。稟揭可防，公論最凶。鍾靄堂曾查辦勉甫，今以何事撤，乞示。後任倘非生意人，亦可危。王子平、沈卓峰是否通飭之後仍舊失察軍火撤去？乞示。炊俟廿五稟批到後赴滬。炊。廿九。

附來電

廿五函到。城北相不允，商總何人，到滬請另密保。兄病擬代請哲洋醫治，弟即赴津，將尊意面商，再轉稟，必抄寄，沈未必喜。商總可緩看，北棧已先稟王。沈因軍火撤，惟做艙無搜行李之權。宣。冬。

稟李中堂盛督辦電已見前第三號函後

附李中堂來電

謝牧家福，昨稟已批答，來電所論極是。各局各船雖深知可隨時訪察整頓，買辦憑股商公議，但股商難得齊集，勿用私人，勿徇私情可也。請足下駐局，欲稍脱官氣，勿辭爲要。鴻。江。

稟李中堂電

中堂鈞鑒：福到滬，因病日增，且官務遠不[如]沈道，商務、洋務萬萬不如馬道。才力難支，疊電盛道在案。十月杪，忽發十五年未發之偏頭風，神智已昏，由嚴提調等備輪送歸。現頭風定，常患之氣喘、肝升、胃泛，本僅三四、八九月起床，現加甚分。俟馬道回局，或商總果得其人再引退。惟會辦有當盡之責，斷不能掛名在局，養病在家。已於初八電請盛道，將才力能勝之電堂，給假一年，以資調理。才力不勝之商局會辦，轉請恩施撤委。盛道因病未答。河封，遞稟太遲，合電，乞俯准。再，九、十兩月薪，因病未能駐局，未敢祇領，交存局中，合聲明。謝家福稟。文。

致江寧協賑公所諸君

疊次拜讀望日論寧賑書、菊翁致令兄書、李吉翁等公函，一一拜悉。統觀此事，祇有兩種辦法：一則先集洋一萬元，統查江、上、句、溧各破圩之老幼婦女，各給冬賑一次，大口三百文，小口一百五十文。或慮口數必不止此，則江陰、靖江原報八萬口，查見極苦者，大小祇有三萬口，共放一次，洋五千元而已。或慮冬賑之後，春賑不能不辦，穀種不能不發，破圩不能不修，則請復之，曰且顧目前，辦賑無千日計也。惟必須有本地紳董，能聯絡官場，沆瀣一氣，可以耐勞耐怨者出，方敢議及籌捐。如果諸執事能任其事，即請與李吉翁諸君面商，勿先買木買石。俟議定何人查賑，即請諸執事會同李吉翁，分布公信。信到之後，勒限三日，墊洋萬元，解至江寧，盡數辦事，一毫不添。如上海無可墊之款，再買木石，則照李吉翁諸君所議辦法，盡洋五千元買木買石，貼助修圩之處，以固圩工。以後倘有巨款，則普賑；無款，則已。福又從而斷之曰：木石既須五千元，將來即不辦冬賑、不辦春賑，但發穀種亦須三千元，與其以八千元修圩給種，不如以一萬元放一冬賑。既拯寒冬之死亡，就中猶可飽飯以修圩，節錢以購種，似與善士捐錢救命之意稍稱其實。然查賑實非易易，萬一事有窒礙，還不如從李吉翁之策也。故先就上海匯去銀二千兩，以候諸執事會議進止，務仗鼎力，通盤核計，早爲定策，切禱切禱！本年水灾情形，各洲并無軒輊，丹徒、丹陽、江都三縣亦不過四萬餘，已蒙上憲發銀一萬九千兩。江陰、靖江兩邑亦有灾民三萬，聞僅發銀款千金。上元、江寧、句容、溧水四縣，必有灾民四萬口，未聞發款。現聞徒、陽、江三邑上憲尚在籌發棉衣，非上憲之過分厚薄也，上憲實不知底藴耳。諸執事倘能力陳民隱，或上憲恩施逾格，官民合籌，其事較易爲力。如祇能照李吉翁之策，亦望諸執事隨時指教，相與有成，切禱切禱！至於貴所經募之款，竟請匯至敝處，寧可再由敝處起解寧賑爲妙。《徵信録》一部，計十三册，福自同治三年襄賑以及見聞所及，均載其中，其四卷七十一、二頁，查賑之法略具。皆福函致賑友之稿，爲賑友節録者。其八卷三、四頁，收捐之法略具，請賜披覽而教益之。

致諶善之

奉手示，詳悉賑務情形。如來書所云，辦法極爲周密，惟一言以蔽之，曰：「如果貴公所不肯經收此間解款，掣付收票，則此間斷不能供盈萬之款。」如果執事及令叔不肯總理大綱，則無論衛守翁斷不來寧，即李、孫、馮、徐諸君亦祇能將前次已解之款或帶回、或買木石而止。今得來諭，殊覺悵然，特再列條請示，是與否即乞飛鴻一電。查户既蒙令叔經理，又得諸賢長不支薪水，出爲協助，萬無不妥之理。惟此間所去之友，須歸令叔節制，如何辦法須歸令叔主裁，何人查何處，須歸令叔分派。事後毀譽，須歸令叔擔當。事權專一，方可辦事，如怕同鄉議論，均推衛守翁作主。收款須歸貴公所製發收票，即已去之文，報局一千兩，陳與昌五百兩，絲業會館一千元，亦須由閣下親筆收據。前解之款，應否暫交善隆，抑交他處，應請閣下主裁。讀書人不甚明帳目款式，盡可由閣下就所去四友中擇一現在上海錢莊生意者，代記帳目，經手銀錢，每多嫌疑，盡可向城隍神發誓也。事竣報銷，應歸閣下經理復核。如果賑款不敷，此間除解滿一萬元外，分文不再接濟矣。須盡數攤分，即使湘文先生處有盈千纍萬之款，祇能備作第二次賑款。錢未到手，斷斷不可抵用，庶免既上馬背跨不下來。衛守翁祇管解銀到尊處，并不管一切情事，祇可遇城中士商妄加評論時，諉之守翁，即使同去，亦不過使上海人親眼目睹而已。查賑一切，守翁不過問也。守翁此去，不過在通寧、滬之氣，不使函札隔膜而已。如果守翁獨當一面，則何必再求賢者，其故甚易明也。以上四則，可照搬或不能照搬，信到後即望飛賜一電。如其可也，守翁即解銀來寧；如其不可，即作罷論，請閣下一電以决。

致諶善之、王菊泉

奉善翁十一晚、菊翁初九夜賜諭，并章程一扣、附信兩件，均已照收。詳讀十一日來示，知蒙善翁令叔允許總理賑務，善翁允許總理銀錢，但因不習算數，須得記識之友，則已與十一去信中倩孫君記帳之説相符。查賑司事薪水，好得無需多人，亦不礙於開支。惟灾民口數一層，就福看來，應賑之數兩縣必不及兩萬，小口作半口算。每口給錢三百文，小口減半。則五千元已足。靖江、江陰兩縣原報亦八萬一縣，此乃官賑報灾成法，每口給錢二十文之數，而非義賑，剔輕賑重之數也。假如上邑十鄉被水報灾之時，固明明十鄉也，現在水尚未退者極多，一二鄉而已。一二鄉之中，老弱極貧，一無生理者，十得其四五而已。則原報十萬口，先打作兩折，再打作五折，仍不出一萬之範圍也。如其各鄉水已退盡，盡皆乏食，則僅賑老弱殘疾，亦不過一二折而止。弟在山東時，每縣總有三四十萬口，所給者不過三四萬口，若人人普賑，則一縣非二十萬金不能辦。現在上元被灾之極重者，尚不能抵山東剔出不賑之户也。總之，入其屋有屋無門，入其室有地無物，此則在應賑之數也。一萬不敷之説，盡請放心，衹在查户核實；至發米一層，萬萬不可辦。弟在青州時，領小米、高粱者，不知擠壞若干人，跌壞若干人，放錢猶不易，況米乎？查户須家家親到，户口細查，所示口數萬萬不能約計也。極貧者，人給三百，次貧均可不發。查户之難，難於籌賑十倍。籌款可多可少，查户則就款計。比如現上元十萬口，就中揀擇萬口以賑之，必使未賑之九萬口帖耳馴伏而後可，此其所以爲難也。盛杏翁與弟同事，固通力合作者也。前某太太所捐，係指捐廣西四千、山東四千、直隸二千、沙洲六百金，無可倖冀也。又讀初九菊翁示及條説一扣，甚爲拜佩，僅就管見復陳之。查賑票僅載某縣某鄉某姓大幾口、小幾口，餘無他字。刻好後，先送縣尊，在存根查票騎縫處蓋用縣印。查賑時，擇極苦之家，核實其老幼婦女之數，户給一票，合縣查竣後，牌示云某日放其某鄉，并傳檄其地。至放賑之際，灾民方知每口得錢若干也。一縣城中設一公所，領賑者就所取資，各鄉不設公所也。每一縣或分四路，或分八路，開查每路祇同事兩人，查賑之人，即事畢放錢之人。如果兩縣同時并舉，則每縣祇分四路，得十六人，已嫌人浮於事矣。其餘各節，條示甚詳，均與嚴佑之、潘振聲諸君辨法相符。福之所知者如此，敬附于至敬無文之義，質直相告，幸惟察覽。

致諶善之

奉第二號手示，祇承重切，具見苦心籌劃，於無可如何之中，擬以五千元查賑。句、溧連界之灾區，敬佩不暇，豈有異議？惟歷年各省劇灾，較諸沙洲遠勝十倍。如河南、山西之灾區一片，每縣二百萬人，或數十萬人，人人有朝不保暮之勢。賑友每縣得銀三四萬兩，斷不能盡人給賑，使之今日得飽，明日皆死。亦惟擇百萬數十萬人中病者老弱之不能行動者，摘賑三五萬口七八萬口，從無普賑之事。蓋一經普賑，則所分甚微，一命不能救活也。若上元、江寧兩縣十一萬人，災況相同，無可區別，則必并無一人朝不保暮，情形顯然可見，似宜得已則已，不必賑給，應請察堪實情，從長計議。果於十一萬人中，有病者老弱不能動者，不賑即死，則救得一命是一命。款多則五縣兼辦，款少則僅辦一縣。但求可以救命，不必博周普之虛名也。玩繹來示所云，目下來縣求賑，皆是强悍之民求免錢糧而來，老弱者并無力來城諸語，來城者即是向來不給民賑之人。無力來城者，即是向來就中酌給之人。十一萬人中極多不過一二萬人也。倘情形本可區別，僅畏剔查滋事，而爲統分之法，則上、江兩邑既有兩萬倉穀可分，再以五千元分派十一萬口，每人僅多五十文之賑，於事無濟。而捐户聞風必疑，各處民賑大率類此，此後捐款必多窒礙，似尚不如全數移賑句、溧、高淳連界之區，較爲兩全也。查句、溧、高三邑破圩之地，約及四萬口，就中老幼極多以一半算僅二萬口，每人給錢五百文，僅須一萬串。已解之款有盈無絀，即或少有不敷，究已實查實放，此間再在粵、齊捐款中酌撥若干，亦屬心安理得也。再，從前辦賑，均由地甲查户，每人須出錢三十文，方肯登名册上，貧苦應賑者，災册反無其名，助賑善士，因就册上無名者一概賑給，人稱平允。各省查賑以來，官賑與民賑之册亦絶然迥異，故須家家親到、户户實查也。倘上元、江寧災册或有此等情事，則就災區中除去十一萬人外，酌撫賑給，似亦一法。以上云云，因彼此同任一事，理合竭盡愚鄙，以備采擇是否，仍候諸公卓裁。

至諶善之

奉第三號公函，拜悉一一。因恐言厖事雜，又多議論，故未傳觀，捧讀章程，具見苦心孤詣。天下事所患説得到做不到，而執事諸公之意，寧可做得到説不到，而弟之欽佩於是乎益摯矣！俟開查户口後，得有實數，即祈馳示，以便將章程一同傳觀。來款日少，續款則恐難望矣。章程内第七條飭令村長代領，係爲馭繁於簡，且恐人多生事之故。惟有一著不可不防，向來領賑時，村長必多方嚇制灾民，或云領不到，或云等候領到動須時日，不如將票交我代爲領取，或扣八折，或扣九折，不先付錢。甚至有七折、六折買下者，先付錢。故領賑時，凡有一人而取兩票者，除非一家衹一病人或一小孩，不能遠出。查賑時判明某人代領外，其餘如有代領者，查有一人兩票，均罰不給。至於事竣榜示錢數，亦有一弊須防，發榜必在放竣之後，持榜往貼之人往往被人圍困，即普賑處尚且如此。如果此榜不貼，即村長盡可舞弊，貼而不高聲講説，則不識字者不知，且貼榜之人未歸，而榜已爲村長揭去矣。衹此一條，尚乞從長計議。弟因在山東時兩次被其舞弄，故以此奉獻也。其餘幾條無一不萬分妥帖，即此第七條如可不致生弊，亦極妥帖矣。第三號公信中，有先賑句、溧之議，此時既歸復查，事甚妥致，不必因有此説再行摇動，盡照尊議辦理爲要。至於放錢多寡，衹能以户口之多寡爲準，極貧之人多得些，則次貧之人無著；次貧之人有著，則極貧之人少得些。自在查户諸公推善權衡而已。此間得丹徒、丹陽、江都、江陰、靖江五縣之信，則灾册所報十二萬口者，僅查得大口七千、小口三千。灾册所報十一萬口者，僅查得大口六千、小口二千五百，并非硬將極貧户口當做次貧剔除也。水已退出之圩，家有五日之糧，而窮困情形本來如此，無關乎灾，即無與乎賑也。上、江事不敢懸擬，好得有一統分之法，總不致難以爲繼也。諸仗卓裁，是所切禱！此間收款日微，既須撥還六月分墊款一萬兩、十月分墊款六千八百兩，正恐竭澤而漁矣。

致衛守廉

接善翁書，知執事忽將賑款提交邑署，令人駭異。及閱抄來大著稟稿，見有上海來電章程尚宜更改，未便遽行開辦，應候上海來人承辦等語。檢閱各稿，僅有章程既不更妥，兄未便同辦高淳，請候上海來人襄辦之語，豈此電傳譯之誤耶？頃已發電聲明，想已入照。兹再抄呈台覽。此款係各公所指交善翁之款，即使移辦句、溧、高淳，亦必歸善翁經理，其理細思便得，何必提縣？況江寧查賑章程，僅有村長領帳，似未全妥，早經善翁聲明，尚擬酌改，是閣下所慮不妥者，亦已釋然。況前函聲明，另籌人手、款項，請兄專賑高淳，則上、江事可與商議，不必越俎矣。七千賑款係各公所善士議定，指交善翁之款，今爲執事提存縣署，此事如何得了？現惟有千萬叩求執事，速將誤會之由委係函電簡略、咎在家福稟明邑署，將此銀仍交善翁。俟籌有人款後，仍照前説，專請執事查賑高淳，種種瀆神，感歉無似！

附抄去電

此間擬俟籌款後，請人去幫兄賑高淳，以副憲意，免善翁爲難，何誤會耶？望速稟縣聲明誤會，將前款速交諶善翁照收，專辦上、江、句、溧，各不攙越。前款係各公所交諶善翁經辦，不便移動。福叩汾，托將此意轉告錢晉翁。

致諶善之

奉初八日公函，極爲快慰。謂灾民始可得食矣。正在互相傳觀，又奉初十日手諭，令人不可思議。守翁之去，因尊處屢索熟手，故倉卒敦請，非福之私人也。又恐意見不同，故去函聲明，不問賑務，僅因賑款太少，冀於查見户口之時，托其代求府署，酌請官款。乃既奉府憲許可，并囑兼辦高淳。守翁因款項無多，尊處爲難，囑另籌解，專辦高淳。弟等亦以府憲處尚留後望，高淳不宜向隅，以拂憲意，故令在寧静候，俟有人、款到後，再令分辦。乃承雅意招延，先令稟告，方冀執事收指臂之助。今得來示，就悉種種情形。守翁爲迫切求來之人，無可責備，福惟自痛恨引咎而已。頃已函致守翁，另抄呈覽。守翁當知誤會，必有以謝執事而爲灾民請命。第事經中阻，灾民之待食待衣者又不知凍餓若干人。此皆福之罪過，無逃於天地間，所冀挽回於萬一者，仍惟有百叩九頓，仰望執事及令叔受之先生大度包容。仍前接辦，拯此孑遺，庶稍贖家福之愆，倘不能獲命，則福何以對千萬待斃之灾民？亦何以對千萬輸捐之善士？惟有負荊請罪而後已。倘蒙原情曲恕，俾可成全家福之處，實惟大君子之惠。

致諶善之

奉電示，祇悉一一。此間一切情形，疊函上達，應可洞察。閣下爲福一心欽佩，商諸各公所議定奉托之人，諺所謂自家人也。自家人無論如何相駡鬧氣，總有明白之一日。衛守翁爲承命延請之客，又爲弟等力求介紹府幕錢君處，請求撥款，以爲接濟之人。即使處置議論有不合之處，弟等非但不敢責備，且不能不承其口氣以調停之。高淳之賑，即爲調停之法，公未知其中曲折耳。至於守翁刻章另辦，此間斷不能允。蓋守翁係福等所熟識，非各公所延請，昔先致函台端，不請與聞賑事。守翁議及上、江賑事，始終以高淳復之，而公疑爲參軍授之以柄。既授柄矣，弟方以高淳爲兄斡旋，冀不絶望於錢、衛兩君之請款，以加益灾民，而執事適以此見疑，灾賑亦以此決裂。寧賑之獨難，豈天使之耶？要言不煩，如執事於守翁交還賑款之時，或此間稟請縣署送交之時，僅因所見電中有「托人不慎」四字，而爲指斥閣下決計不辦，則此時未明底蘊，事後必將悔惜。如因守翁提還決計不辦，則提還而仍送奉，似亦不致丟人。爲灾民托命之人，當不以此介意也。倘守翁并未送還，或别有卓見，則請復爲禱。至於此間另延查賑之友，則高淳須添一二人，尚求之未得，上、江兩邑絶無另延幫手辦理之事，此後可勿再議。

至執事疑及守翁簧鼓，則疊來各函，僅言村長領賑不妥。公所設在城外，恐防滋事，弟因滋事一層，諸執事必自爲計。向來賑局必在城内者，非不恤灾民之遠步，防必打脱耳。村長一層，不必守翁言而人皆知之，章程故秘而不宣，此外實在并無議論。惟寧友之簧鼓，則守翁上船之日，即有專函來申。此後亦不止一次，弟隨到隨燒，連守翁亦未之見。弟等斷不以流言疑執事，守翁來函，曾言公畏葸，則早知寧事難辦，宜乎慎重。弟等前接來函，有籌款難而辦賑易之説，切切焉，惟恐執事之不畏葸焉。

致謀善之等

敬啓者：衛守翁回滬，傳述一切情形。所有暫存縣庫銀兩，已由守翁禀請移來尊處矣。據守翁云，上、江、句、溧户口較繁，既不能摘查，款項斷然不敷，領款現已絶望。滬上又難續濟，前次來函，以五千元撥入上、江官賑，四千餘元實賑句、溧，洵爲因時制宜起見。若照弟等所議，全賑高淳、句、溧，則上、江兩邑究屬向隅，不如仍照尊意而變通之。乘此上、江兩邑開辦官辦之時，先請將未發官賑之句、溧接界之區，即行查放，而以賑餘尾款，少則撥入上、江兩邑，多則撥上、江、高三邑，庶面面周到，而與尊處實賑句、溧既不致有匱乏之虞。且以尾款撥入上、江，亦不致有繼富之嫌等語。弟等細察情形，亦不背於原議，究竟四縣統辦，抑先辦句、溧之處，仍請酌裁爲荷，重勞鼎力，功德無量。

致諶善之

奉十三晚手示，内開守廉已具稟銷案，銀存縣庫，照會由守廉繳銷，是家叔進退惟守廉是聽，淺之乎視家叔矣等因。弟邀集貴同鄉諸君及同人閲看，愈疑照會各自存執，銀票應歸公所，守廉先生即欲奪去，執事尚可下詢。正疑慮間，守翁適至，出示令叔與其商定稟府之稿，并指出令叔親筆所添，應候上海來人承辦，所有前撥諶紳等照會理合彙繳核銷等字樣。又復按二號手示内云，因府尊誤會來意，六家叔不便攬入，故請守翁稟請等因。又復按十月初五日手示内云，所幸家叔受之，現查鄉户門牌，擬親自到鄉查放，聞尊處有（魏）[衛]守翁善士，係辦賑熟手，即請來寧籌辦，求代爲速駕等因。是令叔之進退，尚非守翁是聽，特守翁自視太淺耳。來示又云，請飛速派人來辦，萬不可遲等因。竊查此事前奉九月廿八日示云，現邀同志數人，親履灾村，查察户口，并將各務預行辦就，一俟捐款到後，即行開局賑放。又奉十月十一日示云，此事無論如何難辦，家叔自願承理一切，并在鄉間督同查放。至查賑各友刻已邀定，（魏）[衛]守翁何日來寧，懇執事代爲速駕等因。是既經執事議定辦事之人，而弟等遵解款項，此間滕、孫諸君原議本因無人可派，祇以五千元辦給木石也。現在銀雖存庫，守翁已稟請移交，閣下應請早日查放，功德無量，日長添線，作此消閒，固於賑務正文不涉也。

致諶善之

昨李吉翁到滬，出示手諭，敬稔種切。此事始末情形，須先破閣下之疑，而後再可商議。所疑有三：一疑弟等授意守翁提繳銀兩也。試思此事之始，弟因執事以一書生特出於合城紳士之中，毅然籌賑，有膽有識，決爲臨財不苟之人，故定議交存貴所，以一事權。即或始信終疑，而銀款仍在春生鑑中，何所畏而提存縣中乎？此爲執事不應疑而疑，弟實不必辯而辯者也。一疑弟等授意守翁，爲閣下辦事不妥，故有托人不慎之信也。試思閣下爲弟信托之人，令叔爲兄求請之人，即使他人誹議，弟猶將闢之，以回顧前情，豈有自己發難之理？即疑閣下諸公辦理不妥，則是托人不妥，何謂托人不慎耶？守廉去時，諄囑赴府請款，誠恐游疑，切勿先告諸公，而守廉洩之，且爲具禀，故云不慎也。公即多疑，何字義亦不辨乎？一疑守廉并未禀請移還也。守廉之禀，弟及各公所同人於十六日目睹封寄，而閣下絶不細察，一味呵斥，如此公信，豈能傳示諸公乎？兹將禀稿附寄，想可瞭然。如果不復見疑，則此次來函決裂不辨之故，不得不詳詢底藴，俾知從違。如因守廉既提復還，已留痕迹，負氣而不辨，則此等事似未可以負氣也。幸爲灾民三思之。如因賑款太少，前雖有一萬元之説，今知不敷撥款，續款今又絶望，則公信已有盡辦句、溧，餘款撥歸上、江之説，此節似可勿慮矣。如因令叔決意不辦，屢求不允，因致查放無人，則可商諸令叔，另延耆碩經手查賑，何必決意委棄，使局外無知坐實執事及令叔見疑於上海乎？如爲本地無熟手查賑之人因而不辦，則可招求向來查賑之人，自在閣下之函請也。如因客將不易駕馭，因而不辦，則可與之相約，閣下專管銀錢，來者專管查賑，各不相越，亦何至因噎廢食乎？如因令叔不辦，不便立異，致啓骨肉之嫌，則實無如之何，衹好静待揚、鎮同人及嚴佑翁諸君事竣後，再來辦理。然冬臘已過，施不當厄矣。幸祈和氣平心，從長計議，即日賜覆爲禱。

致諶善之

手示敬悉一一。福之所以不願忘情於閣下，必期相與有成者，料到此間決無人往辦，嚴佑翁決計以爲輕灾不必辦，張廉翁決計以爲此時斷不必查，衹須築堤以治其本，而與閣下及弟初意專爲極貧至苦之人計，皆無當矣。故前函有事後追思，必至悔惜之説。此時既執事斷難與聞，廉翁亦未接手，以收票去，必以原銀寄來，方清交割。如果議定廉翁獨辦，則收票應交廉翁，向尊處領款。此時廉翁但有電來，語焉不詳，尚未明澈辦法，銀款之匯滬與否未定，故收票姑從緩寄也。

致張廉泉

奉電示，内開同人來函允辦，惟人少須設法等因。拜讀之下，具見高義薄雲，無任拜佩！前函叙事未詳，恐尊處尚未詳察。兹再申言之：（一）現在先須查賑者，高淳一縣也。據江寧府孫太尊云，寧屬上元、江寧、句容、溧水、高淳五縣被灾，惟高淳爲最甚。寧紳但擬查賑上江、句、溧，似太偏枯等語。訪諸居人，高淳極窮，被灾户口不過一萬，但圩地甚低等語。弟細察情形户口，既祇一萬，則三千元可以了事，即使查賑之時，添出户口一半，亦六千元可了，以不至漫無把握。若云築堤，則有款即辦，無款不辦，進退之權，仍操之在我也。此時所力懇尊處者，得一領班、二三查手，先往賑高淳也。來電云，若能盡加盡濟可辦，否則不如不辦云云。如專指查賑言，自應如此，若不論築堤修圩，一切善後盡在其中，則天下無一人能允，勢必不成者也。此節應先言明，如有同心，即乞力踐，電示專人請侯敬翁回鎮，弟亦邀二三人到鎮，聽侯敬翁指揮。高淳查見若干口，應給若干款，盡數歸上海起解。上、江、句、溧四縣之賑，始則江寧紳商派友携五千元以往，時擬將已破各圩盡此款項，酌貼木石。於是江寧賑捐公所諶善之來函云，上元、江寧圩灾至重，江寧更重於上元，其句容、溧水除與上、江交連之圩被淹外，并無所聞。交連之處，自須同辦，名爲四縣，實則不到三縣也。如僅修圩，與最苦之灾黎無益，且大圩有官修，小圩有業户修，究未置之不問。福意擬辦冬賑，如可代籌萬元，至少或八千元，不難開辦等語。於是解去萬元，竟請伊承辦。衛守翁禀府給與照會，嗣因衛嫌章程不妥，將銀存縣。復因章程改定，仍請發交開辦，而諶善之甩紗帽矣。衛禀三件、諶來信一件、弟去信一件、公信一件，抄稿奉閲。現在諶善翁辦與不辦，尚無下落，酌看情形，未必能辦，故不能不預爲之地。如其不辦，祇能請侯高淳辦畢後，將此萬元設法散給，以作了事。户口少則上、江、句、溧全行摘賑，否則但賑句、溧，而以餘款托官賑中帶發，以作了篇。不但不必盡加盡濟，實在盡少盡好。倘有盈餘，撥入高淳，較有實益也。如果高淳未去，而諶公已來報絶，則先賑上、江亦可。以上情形，合即分别陳明。現在嚴佑翁已回廣東，月杪月初可以到申，同人擬請佑翁往辦，而弟注意尊處者，欲使如沙洲辦法一律，免致厚薄不匀也。

致張廉泉電

廉翁：先辦高淳賑，不辦圩工，盡用盡濟。滬獨任賑，票速刻。敬文速邀，款即解。此間兩人何日去，速示。後辦上、江、句、溧賑，不辦工。一萬元以外，滬七鎮三分認票已刻，銀在寧署，是否請一電爲定？

致張廉泉、侯敬文

二十六日寄奉一緘，又電一通，想邀垂察。奉電，敬文明日即回，同赴寧者共有三人，請貴友三人帶公致寧省信，速即來鎮等因。兹特由招商局匯上規銀二千兩，另具公函，到時請察收，賜給收票寄下。所需三友，因唐禄如未到，蔡嗜翁又因守廉兄不能不至寧接洽一切，無可騰出，嗜翁特先請衛守翁、劉晉翁兩人來前，聽侯敬翁調遣。兩君皆到過河南、山東、山西，但係散手，須敬翁隨時指揮之。所有兩君輪資，已由此間付去，以後一切開銷，請尊處墊付，隨後開支。高淳賑款如有不敷，隨時由滬解奉尊處轉交，此舉即作爲尊處出場辦理。此次應上江寧府尊牘，即由尊處料理，以一事權。附去寄錢晉甫一函，請敬翁帶交，以便與前事接頭。如高淳辦畢，諶善翁處必欲敬翁兼辦上、江、句、溧。或此去即請敬翁先辦上、江、句、溧，均聽兩公隨時定奪。此間不復過問，以免紛歧。現在寧府署即諶善翁處，固杳無音耗也。

二十六信稿抄奉。

致錢晉甫

上、江、句、溧四邑賑務，以存縣署之一萬元爲款，曾有禀請飭縣仍交諶紳，僅期速辦，想已照准施行。高淳賑務，此間同人刻刻在心，兹與張廉泉明府世祈往返函商，承廉翁籌賑萬人，以向赴各處辦賑結實可靠之侯敬文先生，携帶同志五人，先備銀二千兩，由廉翁備牘禀明海翁大公祖，剋日赴淳開辦。此間仍請衛守廉兄爲侯公之副，以便與公接洽一切，更求隨時指示，感如身受。

文牘叢鈔卷二下 雜類

致應敏齋

前者恭值壽辰，以帶水相阻，未獲躋堂百拜，中懷悚仄，莫可名言。昨奉諭函，教以礦産鶯粟、富國强民諸説，拜誦數過，敬佩萬端！伏念古今致治之原，不外來教「有人材、有政事」六字，得乎此，則礦産可開，鶯粟可禁，富强可致。失乎此，皆虚文矣。理財爲國政之一，無論王霸、中西，終不外生衆、食寡、爲疾、用舒四語，來教國用極省諸語，食寡用舒之道在是矣。礦産一事，竊以爲無論利國之效遲而難，中國在所必舉。以同治初年中西貿易計之，入華鋼、鐵、鉛、銅、煤五項，歲值銀五百萬兩，即使人夫工價僅足支銷，究可消却游民萬千人，少輸西國五百萬，且利民即以利國，尤與生衆一語似有合也。道光時，漏銀之數，以十七年分計之，鴉片入華，值洋二千二百萬元，以中外貨值互相乘除，實止漏出七八餘萬元。黄鴻臚所言，其實未確。且所以致貧之由，或不盡繫於此。以鄙意揣之，自生財之道未洽外，尚有數端：其大者，州縣丁漕不盡解不即解，因以私肥虧空，每縣每年以千金計，十年千縣即一千萬，推類及之，尚五倍於此。閻丹帥於齊任筱於燕，其事可鑑，國庫所以虛也；泰西人列肆中華者甚夥，銀雖未出中華，實已藏非其主。一洋行十萬，三百五十行即三千五百萬，華商所以見絀也；雍乾以前，銅器有禁，首飾從儉，今以三萬六千萬人，每人同銅一斤，值錢二百文，約之耗滯銅幣七千二百萬串，折半一萬八千萬人，每人用首飾二錢，約之耗滯銀幣三千六百萬兩，鳌重物昂，銷運不速，又滯貨幣若干萬，種種壓滯，民間日見其窮矣。此三者，來教未及，未識足補餘緒否？鶯粟之禁，總宜與禁吸并行。禁吸之法，以魏默深黥手黥面之法最足動人自新，吸既能禁，鶯粟洋土自有可禁之勢。若謂必不能禁，日本果何如乎？總之，富强之道，不專繫於此。然必鴉片能禁，方見富强之勢，是即來教有人材、有政事之一日也。謹抒所見，疏注台諭，未稔有當萬一否？幸進而教之。直隸水利，但疏尾閭，本脚痛治脚之法，全局通籌，既無其資，溝洫費少利多，又無其人，是絶癥矣。可止則止，其在斯時。惟秦隴、巴蜀、豫晉、江皖、吳越皆苦秋旱，迄今無雨。俄、倭事又未定，憂天下者將何以燮理陰陽，乂安中外乎？劉爵帥請開鐵路，未識准行否？此時事勢萬無海戰之理。内守海口，却似鐵路、電線皆不可無，惟必實有可恃之兵，方受兩者之益耳！

致應敏齋

二十三日聞騶從自滬而蘇，信然。翌日奉到諭函，拜誦再過，如聆麈談，快慰何既！內如朝廷云云，似指事立言，無關實事，治標在理財，理財以塞漏卮爲要義，自是不刊之論。家福於漏銀出洋、禁栽鶯粟兩事夙懷大疑，曾與金少愚、李丹崖辯論數晝夜，終未有以自明。我公神明，於中外事勢者肯爲一剖決乎？漏銀出洋之說，可疑有三。黄鴻臚之言曰：道光二年以前，歲漏銀數百萬；十一年至十四年，歲漏銀二千餘萬；十四年至今，道光十八年。歲漏銀三千餘萬，洵如是其漏也，漏至今日，中國尚有銀幣哉？其疑一矣。泰西礦産日富，中國不矜言銀礦者二百年，銀洋過關，例不納稅，數目卻不易稽。然産銀既多，必無須中國實銀鎔鑄洋元，而實銀出洋日少，洋銀入華日多，理可臆測，即應漏銀入華，其疑二矣。明之季年，窮極無量，然不漏歲幣於聖朝，何以無所漏而見其窮？王師入關，未聞載銀，以至海禁甚嚴，亦無漏銀入華。何以自順及乾，日見其富？可疑三矣。少愚、丹崖之言曰：究竟洋貨入華之價，逾於土貨，出洋之價復折，以往來之數虧於道光時者，溢於咸豐之世，更證以同治年間往來貨值相準之數，二公無可辨，亦不能信也。禁種鶯粟之說，其疑有二。言者曰：禁中土而不禁洋土之來，是使洋人專利，且引林文忠晚年有廣種鶯粟以相抵制之說，其說似確，然不禁則民氣日衰，其說可疑也。禁印度種烟，斷非易事，禁各國種烟，更非易事，不禁洋土之來，欲無吸食之人，終至有名而無實。欲禁外國不來，必先中國能强，此時欲禁，則甚難，其説亦可疑也。凡此二者，亦嘗中夜轉輾求一致貧之源、阜財之法。且於禁鶯粟則思何恃而禁洋土之不至，不禁鶯粟則思何術以振斯民之積弱。然終不得其究竟，稍有所見，亦不敢自信。先覺覺後覺，意在公乎？減水河工，聞須十五六萬，然不足恃。獎案本難生色，但不辦則不足塞奢望。所幸苕公來函，粤捐大有轉機。鄂省轉運局來函，知鄂督使者倡捐五竿，并飭各屬仿效浙蘇，分册飭勸，自必大有可觀矣。强公早聞其名，自慚形穢，未敢請見耳，縷縷奉復，不罄所懷！

致應敏齋

拜展賜諭，環誦再三，猥以微賤，藻飾逾恒，撫躬自省，惶恐萬端！福少不務學，壯益浮慕，膠庠藏拙，非敢鳴高。况視我公抱道在躬，蒼生屬望，且值聖明側席之時，猶不能盡行其志，庸賤如福者，尚懷躁進哉。海外事默無所聞，可憂即在是。方今事勢，不患才乏，不患財窮，但患氣餒，且餒於道、咸之際者猶淺，大餒於同治八、九、十年間，矜氣節者耻洋務，懷遠謨者鮮實效，釀成一江河日下之勢，往事已矣。及此時西北兩帥一德一心，先以壯中樞之氣，大小臣工各具一有國無家之想，内堅戰志，外修嫌辭，癬疥之疾，暫補瘡割肉以治之。心腹之患，必鋭志恒心以療之。中國無欺君虐民之臣，外國自不敢萌欺虐之私，天下事正可爲也。惟全局樞紐，兩宫不能不下詢中樞，中樞不能不觀望北帥，北帥畏譏避謗之不暇，尚能壯中樞之氣、慰兩宫之憂哉！方今才德兼優者，何限必北帥，先有定識定力，方能一條鞭線，出死力以衛國家。非然者，英雄且無用武之地，草莽豈有可展之才？竊恐和戰紛紛，莫衷一是，他日事甚足寒心也。宏籌碩畫，必有足以維持全局者。在昔讀公所上曾文正議，復火車路局□□□論兩書，言簡意賅，包掃衆議，私心嘆服，不能言宣，湖山嘯傲之餘，必尚有鴻篇巨著，愚昧如福，不識許與開示否？核獎一事，滬局并無奢望，所冀籌足十萬，獨浚一河，抉北地之病根，成南中之快舉耳。

致金若人

昨上二十四號一函，想先達青鑒。内叙佑翁云云，實因佑翁此時萬不可歸，不得不效佑翁從前來函，激烈語氣，還諸佑翁，冀其暫留而已。賜覽之餘，幸諒苦衷，勿疑語有激射，是所至禱。兹解上浙來申公砝銀五千兩、文批兩角、信一封，即請察收轉交，是所切禱。餘不盡意，統容面罄。

致□蔚卿

日前暢聆麈教，嗣又由孫丈處轉到示件，并述一切，仰見仁者用心無一不實事求是，下方逖聽，敬佩無涯！今早周恂翁言前日王俊翁邀定帳友今有別就，俊翁因無指臂聯屬之人，甚覺臨事而懼，商囑另延司總。福以成説難更，請其婉商俊翁，別延帳友，但求妥洽，不妨稍遲。如果俊翁所言并非飾説，尚不致多所周折。午後聞此次批牘或將稍有抑揚，竊爲之大懼。雖同事者大公無我，或不因此而懷諉卸。惟福在鄉里爲後生，在庠序爲末輩，勢稍偏重，無論外觀不雅，自問何以克安？且福粗鄙無恒，細針密縷之事，敗壞已多，自循覆轍，并非推諉。此次非賴衆擎，事必不久，圖終慎始，須仗斡旋。日前轉示一節，如果傳見，理無不往。惟自慚形穢，不足登大雅之堂，且分屬書生，胸無點墨，周旋揖讓之餘，勢必唯諾而退，度無取此，以云不見鳴高，福亦非其倫也。

致□味畬

春江小住，屢辱賜飦，淮陰猶念漂母，况屬我輩。人事碌碌，箋敬闊疏，長者自能略其迹。電事大定，浙行猶滯，寂處我盧，頗深風雨雞鳴之感，清興何似，旅况何似，在家在館，健飯與否？十二時中，常縈衷曲，東風多便，幸惠數行，以慰故人拳拳之意。望炊樓畔卉木方盛，鎮日看花，得少佳趣，茶餘飯罷間，以史漢自怡。年來頗事文牘，性靈盡没，偶披故簡，便覺生氣盎然，俗吏不可爲，於斯悟矣！矮屋秋風，斷無自討苦吃之理，然欲樹大烈於中興豪傑之林，争盛名於千載婦穉之口，捨此一途，更從何處著脚，將悠悠忽忽過一世乎？負天孰甚，抑烈烈轟轟做一場乎？發軔何自，公愛我者，幸爲卜之。穀兄已抵邗江否？亟欲寄書達意，幸示所在。

致李秋亭

頃接賜書，謹悉種種。弟本因蘇捐已絶，申、浙、揚亦難搜索，嚴佑翁責望甚奢，與弟更纍纍不休，萬不得已，許其天氣稍暖，病體稍愈，即行前往，聽候差遣。明知捐款既乏，無事可爲，藉此一行，聊以塞責而已。今蒙賜示札文各件，一一讀過，内中緊要關鍵：一則督率佑翁也。弟之才幹、品行、身分，祇能聽佑翁督率，此席斷難代庖；一則請執事籌捐也。弟去與不去，與此層毫無出入，更且有一難處，如果執事稟明爵相，札調陶翁及弟去後，兩手空空，欲向南中籌捐，必然謡言大起，百無一應，到此無可如何之後，勢必稟請中堂，札催老兄籌捐，推己度人，勢必爲難，設或閣下自往稟請中堂，札飭弟等籌捐。無論仍是無捐可籌，即使籌有捐款，解交閣下，無論對不住佑翁，旁人必又造謡言。弟人言可慰，勢必捨閣下而解佑翁，閣下不察，必疑弟有意下不去。如前年直賑，上年核奬兩事，纏夾到底。且尚有一難處，弟許佑翁襄辦在前，或與閣下同佑之約於不問，旁人必更話長説短，轉輾想來，竟無良策。弟與閣下誼屬換帖，執事雖心懷疑義，弟則心中、口中、信中總此老實三扁擔而已。伏祈詳察，勿再疑弟，心存芥蒂，語太尖利，不代畫策也。

致高龔甫

接奉手教，匆匆奉復，想先登覽。此間賑事，凡可設想之處，均已致函三四次，有效、無效非所敢知，聊盡人事而已。心至用無可用，反覺空閒，重展尺素，玩味再三，竟覺尊論未盡確當。夫國家無所謂元氣，民心即是元氣。宋自安石、章惇相繼爲相，民心無復推戴，烏得謂彼善於此。假使隴西諸公萃於此時，萬不致偷安半壁。惜今侯相以外，無足與隴西比烈者，佯爲張羅，中心淡然，真是見到語，可深慨歎。西平才長學淺，處事不甚合宜，來文閱竟，氣爲之塞。旁觀者猶代爲得意，真是可哭。弟俯躬自問，本無道理，每當虛譽之來，不能不持未聞君子之大道一語，慄慄危懼。出山之心，絶不敢存於未讀十年書之前也。執事先於程、朱之學打定樁脚，現又涉獵經世之書，所造無量，真令人未易追步也。直賑一事，弟初無意及之，及聞□使下獄，遂慮有事海防，必先將灾民安輯，投袂而起。譬如船頭上跑馬，至於無可跑之際，則又自勉曰：「湘、淮兩軍𠞰粵、苗、捻、回而有餘，江、浙兩省賑豫、秦、晉、直而不足，天下必無是理。」於是再跑，不至四月底不歇也。間嘗思賑豫之事，恰似𠞰粵，人才最盛，餉需最旺；賑秦僅如𠞰苗，未甚鋪張；賑晉一如𠞰捻，先前何等遲迴，忽然收效如神；賑直竟似𠞰回，人少餉絀，恐須俟美國還款五十萬元到後，方可了局，若西征之必借洋債也。熊惠愍絶似胡文忠，嚴明經絶似左恪靖。此外亦各有所似，執事以爲然否？弟體質素虧，却不耐煩。惟以仁者壽文中「心思日用日出，義氣愈左愈伸」兩語，略以自藥。西湖之游，或在三伏，當再與執事乘凉牝洞中也。典故記得否？

致□陶

承示□已破壞數語，真是見到之言。天下事，往往有彌補越不是者，且現在一片個個人看得出弄錯的。蓋老兄與竹丈、茗公用不著稟，亦斷無閣下稟中，直叙老伯大人如何行善之理，弟於此事頗亦代爲悶氣。此時欲請九帥聲明，并非閣下所稟，九帥豈肯認差？若詢其何以截去下文入志等事，原無不可，惟弟昨夜轉轉思維，意或者因李秋翁昌言胡雪岩善行，遂致何鐵生參其互相揄揚，九帥怕做沈文肅及周中丞，所以删而不奏歟？否則山西公事極爲應手，何獨於此事如此其難？竹丈請而不行，茗公請而不行耶！祈吾兄三思之。若謂茗公此公曾經抽出，則又閣下未知其細也。昔日茗公云，先接弟第二次信，但有老伯母姓氏，隨即具稟，并催坊事。又接弟第一次信，始知兼爲老伯大人請坊、老伯母入志，隨請抽去前稟，更换此稟。即現在擲還者。及至天津，始接味翁之信，及弟擬就稟稿之信，似脱去賢金昆大名，實因信札延擱所致。至於稱述閣下所稟及删去志書一節，斷非茗公所爲也。此事茗公於二十後到申，似可從長計議。就弟看來，於山西去表心迹求彌縫，總歸無益，還是在直想法，或可靈動些，仍祈閣下熟商萬全，不可草率。叨在至愛，不敢不盡其所知，實恐越弄實壞也！

致吴曉滄

别來行復數年，南北馳思，烏能已已？心藏不必心寫，魚雁書杳，想承心亮。頃由敬翁處轉到手示，拜悉一一。弟三年以來，習與信足莊夥爲伍，行年漸長，趁業愈卑，既不足爲賢者告矣。所最不堪者，始則因人之力，終至獵人之名，清夜捫心，如芒在背，乃以謡傳，遠道采及虛聲，辱承藻飾，浹背汗流。南中自西北被灾以來，生計寂然，好善之士剜肉補瘡，廣爲湊助，本省各善堂局因之百舉具廢，怨毒所歸，播爲謡言。或曰求名，或曰牟利，任事者遂無不灰心斂手。又加以經辦晉賑者，措言過當，謂山西之賑，實以有用之錢置之無用之地。吴下傳聞，遂謂山西如此荒，尚且未確，而况直隸？既失衆人之信，遂致無事不疑，弟南下虛名因之喪盡，尚何言哉？佑之先生衆望所歸，責望於南中者甚奢，殿兄致秋兄函云，書生之輩不肯聯絡當道，殷殷求懇，本省設法籌捐，總有限止，此言諒哉？秋兄奔走籌勸，力爲其難，令人佩服。俄、倭近事未穩，何似天河地近海疆，過言灾重，正恐戎狄生心，殊覺開口告人難也。

致費芸舫

下走行卑志亢，落落寡交。五六年前，獲交浙之龔甫，晨夕相處者兩載。龔甫返後，雞鳴風雨，悵然若有所失，氣不能達，病中於肝。賑事有作，即遨游齊魯之郊，歸又得執事而宗仰焉。快心悦志，沉疴若失。豫賑事頗繁劇，終不至卧疾不視事者，有身病，無心病也。自君宦游後，幾杜門不出，賴有轉輸之勞，藉分飢渴之思。然簿書錢穀中，豈有生氣？不諒我者，復加以萬不敢承之譽。沉浸米湯中，學識豈有進境？每一隙暇，念君及龔甫不能置然。遲之又久，不通音問者，一腔心事，無可描摹，滿腹離愁，難宣楮墨。書不盡言，言亦多事耳。書來，展誦數過，始之以欣欣，繼之以怏怏，以不如覿面之盡興也。我公以俊傑之資，處清閒之地，值紛擾之時，確似卷舒兩難。然乘此境界，不如拋却用捨仕隱之心，猛看有用之書，仕既有濟，隱亦破寂，寸心千里，禱祝以之。下走近數年來鬧成不高不低、不圓不方之一物，恐長爲大雅屏棄矣。曠觀時事，憂心如焚，直無從説起。近作三通，抄呈台覽，藉抵面談，幸勿笑我爲陳眉公也。十日以前，忽覺一切邪氣退藏於密，問之，輒曰：譚藩臺即日來也，好官之效如此。蘇、松、太屬蟲灾甚廣，大江以北，田土龜坼，尚未下麥，杞憂其何日慰耶？欲言無盡，未識何日何時可以把臂作竟日談，賤體漸不耐煩，心病、身病交相攻也。風便，乞惠數行，良劑無過於此。

致丁松生

昨布一函，略致相思相望之意，方冀即日達覽，以伸積悃。乃今得蓮翁書，知行旌在滬，惓念不才，情亦相等。極擬買棹來申，𢛳領大教，藉慰風雨雞鳴之意。惟念執事既有白門之游，勾留必無多日，弟俟漢線稍有眉目，浙行必不能免。此日匆匆一握臂，曾不如徐徐於後稍傾積想也。推廣漢、浙兩線，曾由胡雪翁言於侯相，而允比方公具一牘，由縠人兄携去。然此中曲折或須善爲設解，侯以國事待執事，言以人重，請勿惜齒頰之勞，俾玉成之。此事關中外通商大計者尚泛，關生民切己之事者甚重，辱承厚愛，幸三致意，感甚，禱甚！弟曠觀時勢，頗動矮屋秋風之想，然必不負良友，再謀進身之地，庶幾心身敬事，可無留戀。屈指計之，八年中衹能糊口四方，先空其負累，然又不欲爲多財負人實甚之事。故織布局皖江一席，才不勝任，皆恐有負良友見托之重，竭力辭去。惟漢浙綫較爲迫切，將審度事勢，擇爲枝棲。天不喪予，此願終償命也。天不相予，終古負人亦命也。知其命而推挽之者，大君子一啓口之勞也。爰忘疏愚而有是請，閣下其亦憐而察之。

致鄧小赤

前奉頒賜《勸善要言》、《庭訓格言》各一册，九叩祗領。恭讀之餘，仰見大公祖大人化民成俗，至意曷勝欽仰！職員幸隸帡幪，兼由王紳松森屢傳清問，分應隨時摳謁，親炙訓言。惟以病體支離，末由前趍，兼之出入公門，恐遭物議，情近迹疏，職是之故。儒寡一舉，限於不受商賈及他屬紳士之憐，致難籌勸。惟廉耻存於飽暖，目擊情形，時有不忍言者，萬不得已而有此請，特未識工賑典息、平餘閒款有無可以撥動，尚乞恩施格外，俯予熟籌，感激之私，有逾身受。至於入堂入局一層，倘能議准，保全更大，尚乞於諭飭中懇切及之，泥首尊嚴，無任惶悚。

致李傅相

敬禀者：竊生前禀，舊病加劇，未能辦理電局情形，奉到鈞批。如禀銷差，病痊後能否襄事織局，已批令鄭道會商。又奉憲札，給假醫調，遇有緊要事件，仍飭商辦各等因。奉此，仰見中堂於曲加體恤之中，寓下采葑菲之意，私衷感悚，曷其有涯！生上年來滬，本應鄭道招商織務，而終就電局之命者，於斯未能信耳。鈞諭所及，請直陳之。生前與今駐德國李星使同習西文於輿圖局，譯知棉布入口，歲值二千餘萬，與鴉片漏銀數實相埒，私心竊計收回利權。星使之言曰：「果其華花合用，華工合算。」善賈如西商，曾不計及水脚工價之餘贏，而必綑載以來乎？迄今思之，可疑者一矣；西商創立公司，有耐守至十年、二十年之外，耗成本於一次二次之後，始獲大利者。華商見其易不見其難，計其近不計其遠，事當未成，奢望著焉，獲利既微，怨謗興焉，事久不成，心力衰焉。可慮者二矣；幸而集事，有利可圖，在華西商或將尤效。西例創成一藝，許專其利者有之，事非創作不准仿辦者，即經特許權有所限，況法約十四款所載，可以援引比照乎？可慮者三矣。具此疑慮，而又有才不勝任，用非所習之懼，躊躇却顧，當在中堂鑒諒中矣。現在華花業已試織，股分業已糾集，雖未得十分把握，但使在事處以一志坦懷，恒心定力，其事自無不濟。惟杜絕西商添設公司，是否有例可援，生聞見側陋，不能不鰓鰓過慮，伏求明示，俾析疑衷。鄭道知生有素，人地未宜，才力不勝，實情當有灼見，無待自陳。

致李傅相

敬稟者：竊生前奉鈞諭，飭襄織局，當即稟達下忱，荷蒙批示周詳，深加訓勉，捧誦之餘，仰見中堂以利用厚生之道，爲富民足國之基，屬在草茅，亦知欽佩。謹將愚衷所及，再爲憲臺申言之。伏查海關歷年清帳，華花出洋之數，約居棉布進口之數六十分中之一。是洋布無藉華花，與華花不如洋花之理明甚。生前稟所述，實謂西商所以不用華花就地織布者，華花與洋花自有間耳。現在華花雖已試織，究竟不甚細密，終恐貨質不高，利息亦薄，不能如原約之數。且他項公司時會可乘利市十倍，此則盈絀有常，無可冀幸。區區之慮，恐局中之奢望難酬，局外則見獵心喜。以國勢論，華花多一分銷路，即洋布少一分進路，華銀少一分出路。無論中西各商，糾股仿辦，均不必力爲杜絶。以局勢論，設有西商争利，斷難於之争衡。蓋華人所恃者，工本較賤，生意路熟。然彼既在華織售，我不能獨擅其勝。華人所短者，機器不如洋人之便，工巧不如洋人之熟，資本不如洋人之厚。早在憲臺燭照之中，我不能驟與相抗。且他項公司利息較厚，雖遇排擠，不過勢分利薄。此項公司利息本輕，稍有牽制，必致有絀無盈。局中既無擅勝之端，利權即無收回之日，甚非所以富國利民策萬全也。爲今計，西商仿設公司，宜必先立之防。近聞上海自來水、火兩公司，均由各國領事批定年限，西商不得仿造。大北電報公司亦蒙中堂批立年限，中國添線不使干礙。各在案究竟能否援照，尚無把握。至各華商添設公司，則是共挽利權，但令兩不相仿，似不必過爲壟斷，自開漏卮。愚下之見，是否有當，應候鄭道等妥細籌商，稟候鈞裁。生一知半解，敢自靳夫芻蕘，薄植輇材，實無裨於布、電。現雖病體稍愈，尚難即日復原。乘此天氣秋凉，擬即回蘇静養，抑俟局務均有就緒，再行回里，以副憲臺不遺葑菲之意。當與鄭道酌商，再定行止，臨禀不勝惶歉之至。

致謝庚仙

帶水睽違，丰儀莫接，高風在望，企仰多時。奉展惠函，并賜新修《房譜承字號》全部六册，敬謹拜閲，具見體例精嚴，詳略各當。而於遷姚以前不列旁支，遷姚以後詳列八世至分房止，尤爲斟酌盡善，仰窺卓識，無人欽遲。敬當藏庋宗祠，奉爲世寶。并將原刊統宗系圖，隨時修改，以副嘉惠同宗之至意。咸同以來，族姓中庸，建功業有聞於時者，以貴房爲首推。披讀傳志，載揚先烈，振振有聲，尤足爲宗族吐氣。家福無具之躬，病廢［里］閈，負疚清時，齒冷族黨，相形之下，殊自恧焉。

公呈各憲文

竊蘇省六門城内河道紛歧，小艇千百，裝載貨客，各處皆通，賴以營生。自庚申兵燹以後，大多淹塞，惟通道官河尚可遄行。然而年久淤泥，加以河房居家烟户稠密，傾倒垃圾，日無停晷，以致運貨重載每虞淺擱。光緒十四年間，蒙前藩憲黄移營挑浚，三横四豎河挖出之泥，因未載運出城，堆積河干，旋復卸入。迄今兩年，淤塞如故。支幹小河，自剋復以來，有未及疏浚至今不通者。底水告竭，小舟千百，阻塞難通。船户恃運度日，今皆束手無策。商賈因駁運不便，物價漸見昂貴。且水勢既淺，臭穢不堪，城内烟户萬家，均資汲引，客秋鬱成癘疫，死亡相繼，職此之由。若不趕緊暢浚，其害何可勝言！可否趁此涸澈，春水未漲，容易施工之際，仰乞憲臺即飭就近各營官，轉飭各哨官，督率勇丁，將三横四豎及支幹各河逐段挑深，俾城内各河一律通流。飲水思源，莫不感頌功德。倘蒙俯准，再將應開各河開具清摺，上備鈞覽。

電報

致吴芳伯

十七信悉。今寄去竇奎信一件，電各件，唐稟一件，盛信一件，照會兩件，均注明請照辦爲要。朝鮮事不能不申明也。前年杏翁囑預備東三省學生十人，去年又囑備西三省二十人，均云速爲預備，毋致臨歧推諉，故將各生寄存各局，給發半薪。今越時既久，仍不來調，半薪太久說不過去。凡暫寄各局取半薪者，遇第十三個月准給全薪可也。今年年考俟愷翁擬定後，不必先寄弟，請指示隸雲兄爲要。弟即病愈，決不在家，堂事必難顧問矣。深恐寄來時徒然誤事，特先聲明。

致吴芳伯

廿三示悉，牘三件代閱。九江信乞附去，徐志宏記名東西三省可也，吉安信派徐樹春甚好。孝孺何人？乞示知。

致吴芳伯

廿六、七信悉，方信稍愈，即寫考單，暫存銷假。各生即派原局，新生亦寄存錫、蘇、嘉、潯各局。徐樹春派滬局補給全薪事，擬稿附去。瞿調膠，錢調濟南，甚好。

致吴芳伯

銷假原局不要之生，一律暫行開缺候補，先盡新生派完後再派。請愷翁登入開缺候補一類中，并將來信摘要叙明册上。重慶未囑添人，可以緩派。考單兩紙附去。濟南信、廣東信收到，烟稿、劉牘已注明。

致吴芳伯

遠道回來之生加半倍、半一倍者，與近地退回者有間，祇能無論有無惡劣考語，一律派出。如再退回，即開缺候補。華義方如係川、雲、貴退回，本應即派也，鄭、華兩生如不加半，即照原注。如係加半，即仍派出，原注作罷論。沈紹年送宜半薪監看，甚妙，竟即以楊抵缺，袁即記名函復可也。九江信請愷翁代復，至托。張蓉生留堂停薪亦可，然如此類者甚多，不若仍照前法，交鄰局察看，以定留革也。新章、名册、稿件均拜悉。

致滬堂

初十信悉。謝銘照例應减半薪，并調鄰局察看，徐志宏如九江察看退還，照例須斥革。病中實無心思替他想一圓場之法，望酌辦可也。

致吴芳伯

十六信悉，牘、信四件奉還，信已注明矣。謝銘已逃，照例緝辦。金若不在滬，則調别人赴南昌，劉仍至九江察看，亦無不可。

致吴芳伯

初八信及佩孜劃條、韓程儀照收，轉交嚴昌壽，俟袁長坤叔專辦時再商。滬局事未便袁參預也。

致方愷卿

示悉，具見精細慎重，敬佩之至！唐領班事既許歸入年考，似可大考單上僅載班等薪水，年考單上再扣十元也。

致周少逸

奉示，適束裝赴吴江，亟電致厚齋侄、德輝弟同至上海聽候鞭策。諸承台愛，感激無似！桂翃翁熟於局務，衹要能耐勞，一能員也。此次歸來，安然無恙，即是能耐勞吃苦之証。萬望鼎力設法，異以分局局員，當不負委任。求督辦不如求執事，故專向我公嘵舌，幸諒之。學生事乞隨時關會。芳翁、牛尚周有俞書祥派臺灣總管成例在，盡可使得。福已如退院僧，故不如徑商芳翁也。聞敬安候公已久，未知是否公有舊約，如欲招致，向紫局王景桴兄處一招即來也。

致吴芳伯

頃自吴江歸，奉初十日手示，并電稿三期、考單五紙、廣西文佩之信，一一照收。張荊樹進堂學習，盡可使得。今將保單、考單、信計三件，又考單一紙寄還，即請檢入。弟明早赴常、昭一帶，大約廿後方可回里。

致吴芳伯

弟十七在青浦感寒熱，三日不退，痰塞中焦，上不食，下不便。二十趕回，外治法治之，三焦已通，神志已清。今日讀十三、十九信均悉。七十二元已由亮甫經手送去，佩孜仍在吴江，四月初十可完工。寄去考單稿一紙、李案一宗、電三分、唐案一宗、牛案一宗，望收入。餘事弟總就以後事、大考事兩層細説。不見面則無如何，因現在熱尚未退也。上年幾個月之事非佩孜以私情懇求，必然無用。弟若向説，仍然侃侃而談，一派官話，於事無益，私情懇求又幹不來，故衹能兩路夾攻也。

致吴芳伯

廿二、廿五信悉。錢道生如未過班，准即照行。九局案一宗一并奉還。現在堂中内外司事姓名請開示一通，速即寄下。

致吴芳伯

連接廿二、廿八、初一信，因病在床，不能往候。杏公、佩伍事又未知向杏公如何説法，故遲遲無以奉復。茲將公牘三件閲過奉還。杏公今日來，弟面商四事，一加芳翁脩，一加學堂銓考司事脩，即令兄。一加愷翁脩，每月兩元。一每逢大考，改名會考。請酌貼另雇。抄寫人之薪水，一半歸芳翁，一半歸愷翁。均承面。惟上年閣空幾個月之加脩，弟不能言，應走原路。舍侄事知係到东後銷學堂差，現在應照常也。

致吴芳伯

初七信悉，杏翁處僅方脩説過加兩元，餘均討價而未還價。茲再附去一信，祈面投，恐其事忙忘却也。發鈴加札更名事，兄萬不可再有游移，不如此，必辦不到加薪故也。考單附還，錢選青囑再備稟聲明，可也。

致盛杏蓀

敬肅者，前因滬堂事繁，面陳分職加薪一則，仰荷曲鑒情形，同深感激。查滬堂事宜，有四學堂考核銓派留薪均極繁重，事倍於昔且不止加倍也。學堂已有陸馨吾部郎總辦，吴縣丞鐘史佐之。兩司事各給薪水八元可無遺憾。擬請比於收支所、材料所之例，加發上海電報學堂鈐記，遇事以陸、吴列銜。留薪一事已由收支所專派司事，月薪八元，隨同吴縣丞經理亦無遺憾。至於考核銓派兩事，昔皆吴縣丞任其勞，家福任其怨，現雖謝令庭芝代辦，然因帳務往來，不能常川駐堂，必須各專責成。吴縣丞幫辦十年，極爲熟悉，非此莫屬。擬請將銓考兩事責令專辦，比於收支所稽核處之例，請發專辦學堂銓考處鈐記，札令吴縣丞專辦，兼幫辦學堂事，月薪總支五十元，并令俞令書祥幫同考核，方縣丞存悌幫司履歷、功過册籍。凡遇每年年考及三年會考，均以三銜禀報。遇學堂四季甄别，則與陸部郎四人列銜咨報。俞令每月向於教習薪水三十元，外加支幫司考核薪二十元，應仍其舊。方縣丞向支專管學生履歷、功過、册籍，薪水十八元，銓考處文案鈔寫薪水六元。擬請將幫辦履歷、功過、册籍薪水每月加洋二元，亦合二十元，連文案鈔寫共二十六元。其吴縣所帶司事一人專管各生月課者，向來月支薪水六元。現在吴縣丞既經專辦，則不但考核銓派功過留薪等事，專辦者皆須經心，即司事承辦，事件亦更繁重，應請於原支六元外，從優加給，均從十六年四月分加起。至於三年會考，則本係外加之事。前届家福經辦時，另添桂司事一人，聲明一年爲止，以後即歸堂司帶辦。惟現在堂事日繁，所添者僅專管月課、專管扣薪司事各一人。然因添事而後添人，斷難再行兼顧。凡遇大考之年，勢必添雇抄寫之人。擬請每三年一次加給添雇抄寫薪水，洋一百元。所有十五年分者，應請補給，與吴縣丞、方縣丞另雇之抄寫各一人，及家福自請復核抄册人，三分勻攤。除經面陳外合，再備函請，伏乞裁定。如蒙允准請，徑札堂所委員祇遵，實爲公便。

致漢口報房王錫麟等

滬堂寄閱來函就悉。事關大衆，調退不能不由堂。徑達督辦，督辦勢必根究其事。如果事近瑣碎，無大關繫，鄙見似不可如此辦法，應將來信寄還，如無其事。倘實有爲難之處，則宜指實何事，作函堂中，由堂轉達督辦，方爲有用。望商諸萬鵬兄，切勿鹵莽從事，至要至要！

致吴芳伯

十六信悉，漢信寄回勿發，分調各處甚妙。察看注明月分者，俟届期來文酌看。不注明察看幾個月，應過三個年考定見革留，告退減半。各生出其本願，竟可一世減半，不必多議也。因并非降罰，無可議復。考單一紙附去，（内中如有不能大考而復試，則加薪以復試之日起，不補給以前薪水也。）附還原信四紙。

致吴芳伯

歸後與杏老之忙等，故來信不能隨復也。十九，廿二信均到漢口，原信似仍可寄去。洋總管處祈囑心存代弟寫一洋信，托其重開一紙，因往昔所開者已隔五年，情事不同耳。亦博怡生所開，係弟面囑其開擬也。沙生既調烟面質，應候督辦回音。十四元已交亮甫，此次姑免申斥。謝銘之母從前疊來求見，弟一次不見，以絶其妄求之心。此次并未來過，以收條换摺子甚妥。杏翁處弟因賑事曾發兩電，杳然無信。昨接來函即發一急報去，云堂事可否四月中改定，公信即求批復，至今亦無回電。恐或有人隔住，亦未可知。否則何以搭著堂事之電，總無即復。就舊年起便如此，見面時又事事接洽，實令人不解也。道署領班與堂中有無講究耶？抑不知杏翁究竟已回任否？

致吴芳伯

廿六信悉，公事四件，考單一紙，杏信一封，藉奉加脩事大約因司事加脩，躊躇所致。兹姑揭穿與説，仍未知有復否也。在上海時弟曾寄一信，早已提過堂薪而無復，甚不解也。前去急電已三日，亦無復信。此事其實兄自誤也。早將弟往時去信寄去，先就司事月加六元，大考加一百，辨定再想别法，早已定見，何致如此多費筆墨。杏老於司事加脩，從來無爽爽快快定見者。反是局員之薪，説得過去反不爲難。兄自未知底裏而聽答佩之語爲可操券，弟早知不能算數，故反以此爲帶筆。日前擱住情形，弟算來算去仍必爲此，閣下之事面陳時即爽爽快快應允者也。兹姑去一信再説。

致盛杏蓀

别後兩上蕪函，旋悉大從回任，又曾三布電音，計均次第入覽。未諗滬中事均得妥洽否？病處斗室，幾不復知人世間事。所祝因應咸宜，公私順遂而已。堂中加薪一事雖蒙面允照行，未奉復函，不敢擅便，且於芳翁處所添司事加脩一節，尊意既因收支司事新添一人，并非收支所所派，似嫌雙管齊下，尚有躊躇，則更未敢擅便。爲再具函申請，可否准於新添收支司事每月薪水八元外，再將芳伯所自請之筆墨司事原薪六元者從優酌加？雖於原議收支司事之薪加歸收支所，筆墨司事之薪加歸學堂已不甚相符，然欲收支、筆墨司事并歸一人，則勢亦爲難。尚祈速賜裁定爲禱。

致烟臺、雲南、蒙自、上海電

杏、蘭、稷公，滬堂高有成派蒙已滿三年，其寡母托嚴佑之屢請照章調近，聲淚俱下。今高生來電，亦請歸省。照章應由蒙局給發回滬盤川，是否如是？乞示，以便復該生及其母。

致烟臺、上海電

杏公，愷翁，此後年考册擬請寬限至下年五月底以前趕報到烟，四季名册擬請寬限至四孟月底以前趕報到烟，限前不到，請杏公原諒，過限不到，惟愷翁是問。

致烟臺、漢口、上海電

督辦迺丈、芳翁均鑒，前訪聞漢生金榮貴退班離局後，局外有人勾引花費，調襄察看。兹其父將該生家信送閱，既捏學堂扣罰三個月薪以欺父，并勒令其父勿請學堂扣薪，又不將三個月薪家。荒謬忤逆，較從前徐志宏尤甚。不嚴懲，不足爲大逆不孝者戒。擬即斥革，請漢派差押送回堂，交其父嚴，必俟伊父結報自新，方可再派别局察看，請電批存案。

致蕪湖、上海電

佐翁，芳翁，姚如此，蕪受累極矣。請面諭姚并詢其父，倘不能遠離，即調滬候補，永遠減薪一半。如可遠離，不准於丁、婚兩假外時常告假，詢後即電復。

後　記

蘇州博物館藏謝家福檔案的整理工作始於一九八七年，當時在圖書資料部工作的甘蘭經先生整理點校了王韜致謝家福函稿十四通（實爲十三通），發表于《近代史資料》總六十六號。二〇〇六年，蘇州博物館新館建成開放，圖書館六位同仁在加班加點，順利完成庫房兩次大規模搬遷工作的同時，仍然見縫插針，分工合作，出色地完成了謝家福《齊東日記》（稿本）的點校工作。二〇〇八年，圖書館又整理點校了謝家福《欺天乎》日記（稿本）一卷。二〇〇九年，爲進一步提高蘇州博物館的學術研究水平，弘揚學術精神，蘇州博物館啓動了館級科研項目申報制度，鼓勵各部門和個人積極申報科研項目，以學術研究來促進基礎業務工作。蘇州博物館圖書館結合自身工作特點，經討論研究，向我館學術委員會申報了館級科研項目「謝家福檔案整理與研究」，并順利通過了學術委員會各位專家的審核，於二〇〇九年三月正式立項。二〇一〇年十二月，「謝家福檔案整理與研究」項目如期完成各項研究工作，通過了我館學術委員會的考評，順利結項。

二〇一二年，圖書館對整理完畢的館藏謝家福檔案做了系統的分類，同時對尚未整理和點校的原始檔案做了明確的分工，在此基礎上，我們制定了謝家福檔案的出版計劃。二〇一三年，蘇州博物館與文物出版社合作，整理出版了館藏謝家福檔案第一輯《謝家福日記》（外一種）。此次整理出版的《謝家福書信集》是蘇州博物館二〇〇九至二〇一〇年度館級科研項目「謝家福檔案整理與研究」的又一成果。對於館藏謝家福檔案的整理和研究，我館陳瑞近館長、茅艷副館長、徐亦鵬副書記、魏保信副館長、程義館長助理、原館長張欣，以及蘇州博物館學術委員會多位專家都有十分具體的指導意見。在此，我們對各位館領導的關心和支持深表感謝。

此次《謝家福書信集》的出版，圖書館全體同仁積極參與了全書的整理和編纂工作，感謝各位同仁的辛勤工作和努力。

《謝家福書信集》一書具體整理點校分工如下：《直賑函鈔》、《賑函叢鈔》由李軍、顧霞整理點校，《蘇賑函鈔》、《電報》由邱少英整理點校，《雜著》由吕健、邱少英整理點校，《文牘叢抄》由李喆整理點校。此外，李軍和吕健完成了全書的統稿和校對工作。

由於謝家福檔案多爲稿抄本，内容豐富，事迹紛雜，限於編者水平，所以整理結果難免存在不足甚至錯漏之處，故此懇祈讀者方家不吝指正。

蘇州博物館圖書館

二〇一四年十一月十日